本书系教育部人文社会科学研究项目（21YJCZH252）、安徽省哲学社会科学规划项目（AHSKQ2021D17）、安徽省自然科学基金（1908085QG301）、安徽高校人文社会科学研究重点项目（SK2020A0170）研究成果

U0514719

网络零售业服务补救机制研究

朱婷婷　著

中国财经出版传媒集团

经济科学出版社

Economic Science Press

图书在版编目（CIP）数据

网络零售业服务补救机制研究/朱婷婷著 . -- 北京：
经济科学出版社，2022.8
ISBN 978 - 7 - 5218 - 3919 - 7

Ⅰ. ①网… Ⅱ. ①朱… Ⅲ. ①网上销售 - 零售商业 -
商业服务 - 研究 Ⅳ. ①F713.36

中国版本图书馆 CIP 数据核字（2022）第 147082 号

责任编辑：李一心
责任校对：蒋子明
责任印制：范 艳

网络零售业服务补救机制研究

朱婷婷 著

经济科学出版社出版、发行 新华书店经销

社址：北京市海淀区阜成路甲 28 号 邮编：100142

总编部电话：010 - 88191217 发行部电话：010 - 88191522

网址：www. esp. com. cn

电子邮箱：esp@ esp. com. cn

天猫网店：经济科学出版社旗舰店

网址：http://jjkxcbs. tmall. com

北京密兴印刷有限公司印装

710 × 1000 16 开 19.5 印张 320000 字

2022 年 8 月第 1 版 2022 年 8 月第 1 次印刷

ISBN 978 - 7 - 5218 - 3919 - 7 定价：78.00 元

（图书出现印装问题，本社负责调换。电话：010 - 88191510）

（版权所有 侵权必究 打击盗版 举报热线：010 - 88191661

QQ：2242791300 营销中心电话：010 - 88191537

电子邮箱：dbts@esp. com. cn）

前　言

　　本书是安徽省重点智库"安徽工业大学安徽创新驱动发展研究院"和安徽高校立项建设智库"安徽创新驱动与产业转型升级发展研究中心"以及教育部人文社会科学研究项目（21YJCZH252）、安徽省哲学社会科学规划项目（AHSKQ2021D17）、安徽省自然科学基金（1908085QG301）、安徽高校人文社会科学研究重点项目（SK2020A0170）的重点研究成果之一。

　　我国网络零售业迅猛发展，服务失败却屡见不鲜，不当的服务补救会对企业产生负面的影响，而学术界在相应的理论和方法探索方面却相对滞后，为此本书在对在线服务补救相关文献进行系统回顾和梳理的基础上，综合多种经典理论，构建了网络零售业服务补救机制模型，重点探讨了从发生"服务失败"到形成"顾客行为意图"过程中的网络零售业服务补救机制，系统提出了改进和优化网络零售业服务补救效果的策略。

　　本书的创新性在于：第一，本书以期望确认理论和社会交换理论为基础，探究了服务补救期望和服务补救公平经服务补救期望确认和服务补救满意度的链式中介而影响顾客公民行为的作用机制，从服务补救这一崭新视角来理解顾客公民行为，拓展了顾客公民行为研究。此外，本书通过结合服务补救期望和服务补救公平来揭示其经过服务补救期望确认而影响在线购物环境中的服务补救满意度的作用机制拓展了服务补救研究。第二，本书基于归因理论、公平理论和依恋理论，探究了服务失败归因和服务补救公平经服务补救满意度而影响品牌推崇的作用机制，从服务补救这一崭新视角来理解品牌推崇，拓展了品牌推崇研究。此外，本书将归因三因子和公平四因子相结合，构建了更加全面的研究模型，探究了先行研究较少涉及的服务失败归因对服务补救公平的影响，揭示了情感依恋在服务补救过程中的调节效应。第三，本书基于公平理论实证分析了服务失败严重性、服务补救公平、服务补救满意度、口碑传播意图之间的结构关系，结合网络零售情境深入探索了该情境下各服务补救公平维度的相对效用，并在线上环境中验证了服务失败严重性作为自变量影响服务补救公平和服务补救满意度的作用机制，探究了其作为调节变量在服务补救公平与服务补救满意度关系中的作用。

本书可供高等院校电子商务专业、市场营销专业的本科生、硕士生和博士生使用，也可作为电子商务和市场营销领域的专家学者、电子商务从业人员以及广大关注网络零售服务品质提升的研究人士的参考。

目录
Contents

第1章　绪论 ·· 1

　1.1　研究背景 ··· 1

　1.2　研究意义 ··· 2

　1.3　研究思路与技术路线 ································· 3

　1.4　研究内容 ··· 6

第2章　在线服务补救的相关研究动态 ················· 7

　2.1　引言 ··· 7

　2.2　国内外研究现状 ····································· 7

　2.3　研究述评 ·· 14

第3章　基于顾客视角的网购服务补救效果影响因素分析 ······· 16

　3.1　引言 ·· 16

　3.2　研究设计 ·· 16

　3.3　研究结果与讨论 ····································· 20

　3.4　本章小结 ·· 35

第4章　基于电商从业人员视角的网购服务补救效果影响因素分析 ········· 37

　4.1　引言 ·· 37

　4.2　研究设计 ·· 37

4.3　研究结果与讨论 ‥‥‥‥‥‥‥‥‥‥‥‥‥‥‥‥‥‥‥ 40

4.4　本章小结 ‥‥‥‥‥‥‥‥‥‥‥‥‥‥‥‥‥‥‥‥‥‥‥ 53

第5章　服务补救期望与服务补救公平对顾客公民行为的影响机制 ‥‥‥‥‥ 54

5.1　引言 ‥‥‥‥‥‥‥‥‥‥‥‥‥‥‥‥‥‥‥‥‥‥‥‥‥ 54

5.2　理论背景与研究假设 ‥‥‥‥‥‥‥‥‥‥‥‥‥‥‥‥‥‥ 56

5.3　研究设计 ‥‥‥‥‥‥‥‥‥‥‥‥‥‥‥‥‥‥‥‥‥‥‥ 63

5.4　数据分析结果 ‥‥‥‥‥‥‥‥‥‥‥‥‥‥‥‥‥‥‥‥‥ 68

5.5　研究结果的讨论 ‥‥‥‥‥‥‥‥‥‥‥‥‥‥‥‥‥‥‥‥ 78

5.6　本章小结 ‥‥‥‥‥‥‥‥‥‥‥‥‥‥‥‥‥‥‥‥‥‥‥ 81

第6章　服务失败归因与服务补救公平对品牌推崇的影响机制 ‥‥‥‥‥‥ 82

6.1　引言 ‥‥‥‥‥‥‥‥‥‥‥‥‥‥‥‥‥‥‥‥‥‥‥‥‥ 82

6.2　理论背景与研究假设 ‥‥‥‥‥‥‥‥‥‥‥‥‥‥‥‥‥‥ 84

6.3　研究设计 ‥‥‥‥‥‥‥‥‥‥‥‥‥‥‥‥‥‥‥‥‥‥‥ 92

6.4　数据分析的结果 ‥‥‥‥‥‥‥‥‥‥‥‥‥‥‥‥‥‥‥‥ 96

6.5　研究结果的讨论 ‥‥‥‥‥‥‥‥‥‥‥‥‥‥‥‥‥‥‥ 103

6.6　本章小结 ‥‥‥‥‥‥‥‥‥‥‥‥‥‥‥‥‥‥‥‥‥‥ 107

第7章　服务失败严重性与服务补救公平对口碑传播意图的影响机制 ‥‥‥ 108

7.1　引言 ‥‥‥‥‥‥‥‥‥‥‥‥‥‥‥‥‥‥‥‥‥‥‥‥ 108

7.2　理论背景与研究假设 ‥‥‥‥‥‥‥‥‥‥‥‥‥‥‥‥‥ 110

7.3　研究设计 ‥‥‥‥‥‥‥‥‥‥‥‥‥‥‥‥‥‥‥‥‥‥ 116

7.4　数据分析结果 ‥‥‥‥‥‥‥‥‥‥‥‥‥‥‥‥‥‥‥‥ 119

7.5　研究结果的讨论 ‥‥‥‥‥‥‥‥‥‥‥‥‥‥‥‥‥‥‥ 124

7.6　本章小结 ‥‥‥‥‥‥‥‥‥‥‥‥‥‥‥‥‥‥‥‥‥‥ 126

附录1　网购消费者深度访谈实录 ‥‥‥‥‥‥‥‥‥‥‥‥‥‥‥ 128

附录2　电商从业人员深度访谈实录 ‥‥‥‥‥‥‥‥‥‥‥‥‥ 200

附录 3　关于服务补救期望与服务补救公平对顾客公民行为的影响
　　　　机制的调查问卷 ……………………………………………… 264

附录 4　关于服务补救期望与服务补救公平对顾客公民行为的影响
　　　　机制的补充调查问卷 ………………………………………… 267

附录 5　关于服务失败归因与服务补救公平对品牌推崇的影响
　　　　机制的调查问卷 ……………………………………………… 270

附录 6　关于服务失败严重性与服务补救公平对口碑传播意图的
　　　　影响机制的调查问卷 ………………………………………… 273

参考文献 ……………………………………………………………… 275

第1章 绪　论

1.1　研　究　背　景

随着经济的持续稳定健康发展，"互联网＋"呈现出新业态。网络购物因其产品多样、价格实惠、方便快捷、不受时间地域限制等特点，不断释放出内需活力。据商务部公布的数据，受到疫情居家影响，2021年我国网络零售市场保持稳步增长。网购用户规模达到8.4亿人，较上年同期增长7.67％。网上零售额突破13万亿元，同比增长超过14％[①]。

网络购物是通过互联网检索商品信息，并通过电子订购单发出购物请求，使用电子邮件或电话进行沟通，而非直接的人际接触。与传统购物模式不同，网购用户缺乏与客服人员面对面的互动，无法在实体物理环境中体验商品的有形展示，只能通过网站了解商品，人机自助取代了传统的人际交流，增加了电子支付、物流配送、网站设计、信息安全等一系列不确定性因素，这使得电子商务环境下的服务失败以更多形式和更大概率出现。因此，即使是最优秀的电商，也不免因为商品配送延迟、货物包装破损、实际物品与订货有差异等种种问题，发生偶然的服务失败。根据市场监管总局发布的报告，2021年全国12315平台共受理网购投诉举报483.4万件，同比增长25.8％[②]。

相对于传统零售而言，网购商品替代性强，转换成本较低，顾客关系相对不稳定，商家难以主动觉察服务失败，而一旦出现服务失败又没有及

---

① 数据出自2022年1月27日，商务部新闻发言人高峰在商务部例行新闻发布会上介绍的2021年我国网络零售市场有关情况。https：//baijiahao.baidu.com/s？id＝1723094695400396543&wfr＝spider&for＝pc。

② https：//www.sohu.com/a/531264092_114731。

时进行补救，由此产生的负面口碑会随着网络的快速传播，像病毒一样四处扩散，给企业带来不容低估的直接和间接损失。因此电商企业更应该积极采取有效的服务补救措施，提高服务补救水平。

然而商家和学者更倾向于关注售前、售中阶段的服务质量研究，而针对能够挽回顾客满意度、提高顾客行为意向的服务补救关注较少，也并不关注网络购物的自身特点，关于网络零售业的服务补救研究十分有限。现有服务补救研究主要集中在实体商店环境，聚焦于人际型服务接触情境下服务失败和服务补救问题的研究，如餐饮、航空、酒店、邮局、物业管理公司、汽车4S店等，而网购服务补救属于科技型服务接触情境，由于二者研究情境的差异，它们之间存在着本质区别，所以在网络零售情境下极有可能出现与传统商务情境下不一致的现象，传统行业中得出的研究结论未必能直接应用于网络环境，也势必存在新增的影响变量以及不再适应的影响变量。针对这种情况，本研究针对电子商务的特殊性，分析影响网购服务补救效果的关键要因，进而构建研究模型，并通过大规模问卷调查来对研究模型进行实证检验，并根据实证检验的结果为网络零售企业实施有效服务补救提出对策建议。

1.2　研究意义

理论意义上，本研究能够弥补学术界关于服务补救的研究主要集中在实体商店环境，而针对电子商务环境下的服务补救研究却不足的问题，能够推进在线消费者行为学的发展。具体而言，本研究在五方面对在线服务补救研究有所贡献：（1）该领域的概念性研究较少，大多聚焦于研究模型分析，本研究不仅对在线服务补救的文献进行系统整理，而且将定性研究与定量研究相结合，综合采用多种研究方法，丰富了在线服务补救的研究方法。（2）先行研究大多集中在公平理论上，忽略了其他相关理论的重要性。本研究通过整合归因理论、公平理论、期望确认理论、社会交换理论和依恋理论等经典理论来提供更加综合的理论理解，完善了在线服务补救的理论体系。（3）尽管先行研究已经考察了在线环境中各种精神补救和物质补偿措施的有效性，但研究结论并不一致，这可能是由于服务补救措施的有效性会受到情境因素的影响，本研究针对网络零售情境分析服务补救公平各维度对服务补救有效性的相对效用，深入探索针对该情境适用的服务补救措施。（4）先行研究主要聚焦涉事顾客视角，本研究不仅从顾客视角，还从参与在线服务补救的企业员工视角展开更加全面的分析，丰富了在线服务补救的研究视角。（5）先行研究的结果变量大多集中在顾客满意度、忠诚度、口碑传播意图和重购意愿上，本研究引进了顾客公民行为、品牌推崇等测量在线服务补救有效性的新变量，开发了新模型，丰富了在线服务补救的研究框架。

现实意义上，本研究通过理论分析和实证研究向从事网络零售业的电商企业提供能有效提升服务补救效果的具有针对性和可操作性的对策建议，为在顾客经济时代解决因服务失败而导致的满意度下降问题提供参考意见和科学依据。本研究从消费者的视角展开网络零售业服务补救机制的调查分析，有利于帮助电商企业把握消费者心理，完善服务补救策略。此外，本研究将理论研究和实际调研进行反复多轮的交互验证，研究成果可以为电商企业提供科学的管理启示，帮助网络零售商提高服务补救质量，促进我国网络零售业的健康发展。

1.3 研究思路与技术路线

本研究是一个涉及电子商务、网络营销、消费者行为的跨学科研究，同时又是理论研究和实证研究的结合，我们在研究过程中综合采用了深度访谈、专家咨询、问卷调查、企业实地调研等多种研究方法，采用循序渐进的技术路线展开，具体如图 1-1 所示。

第一阶段：线上与线下服务补救的差异性研究。

把握线上与线下服务补救的差异性是进行有效在线服务补救的基础，为此我们采取文献研究和深度访谈的方法，展开以下研究：

（1）对电子商务、网络营销、消费者行为学等领域的相关文献进行系统收集和整理，整理线上与线下服务补救的差异性。

（2）对不同性别、年龄和职业的网购消费者进行深度访谈，了解他们在以往的网络购物过程中所经历的服务失败和服务补救，以及消费者视角中的线上与线下服务补救的差异性。

（3）对不同职位、从业经验、销售商品类别的电商从业人员进行深度访谈，了解他们在以往的网络零售过程中所经历的服务失败和服务补救，以及企业视角中的线上与线下服务补救的差异性。

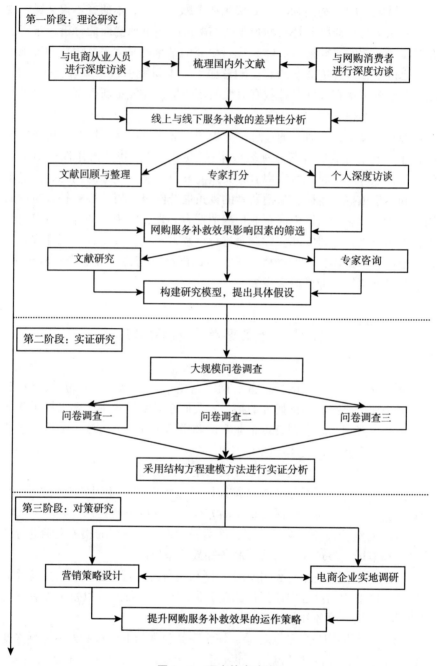

图1-1 研究技术路线

通过对不同领域相关文献的整理与分析，以及对网购消费者和电商从业人员的深度访谈，全面了解线上与线下服务补救的差异性。

第二阶段：网购服务补救效果影响因素研究。

把握网购服务补救效果影响因素是进行有效网购服务补救的基础，为此我们采取文献研究、深度访谈和专家打分的方法，展开以下研究：

（1）查阅电子商务、网络营销和消费者行为学文献，收集整理网购服务补救效果的影响因素集合 $X' = \{x_1', x_2', \cdots, x_m'\}$。

（2）对网购消费者进行深度访谈调研，详细了解他们在真实网购过程中的认知和情感状态以及他们对网购服务补救的真实行为反应，从消费者视角观察网购服务补救评价过程。

（3）对电商从业人员进行深度访谈调研，详细了解他们经常出现的服务失败类型及原因、一般使用的有效的网购服务补救策略以及影响网购服务补救效果的关键因素。

（4）组织专家，以问卷的形式对备选的网购服务补救效果影响因素进行打分，并做出概率估计，将概率估算的结果告诉专家，充分发挥信息反馈和信息控制的作用，使得分散的评估意见逐渐收敛，最后集中在协调一致的结果上。

整合文献研究和对网购消费者、电商从业人员的深度访谈调研结果以及专家问卷调查结果，剔除信息交叠较大的因素，构建主要影响因素集 $X = \{x_1, x_2, \cdots, x_n\}$，$n \leqslant m$。

第三阶段：网购服务补救机制的模型构建研究。

构建全面可靠的网购服务补救机制模型是制定有效网购服务补救策略的核心，为此我们采取文献研究和专家访谈的方法，展开以下研究：

（1）对电子商务、网络营销、消费者行为学等领域的相关文献进行系统收集和整理，了解相关领域的前沿发展和最新研究成果，认真研读重要文献，根据整理出的网购服务补救效果影响因素，初步提出研究框架及初步假设。

（2）通过专家访谈咨询在线消费者行为领域的专家，听取其意见建议，进一步完善研究框架和模型，提出具体的研究假设。

第四阶段：网购服务补救机制的实证检验研究。

本阶段通过对具有网购服务失败和服务补救经验的消费者进行一系列的问卷调查来检验研究模型和研究假设。

（1）采用非概率抽样来选取样本，利用方便抽样的方法，对具有网购服务失败和服务补救经验的消费者进行实证调查。

（2）由于本研究既涉及量表测量属性的检验，又涉及潜在变量之间的结构关系验证，因此主要采用结构方程（SEM）建模方法，结合描述性统计分析方法来进行实证分析。

第五阶段：提升网购服务补救效果的运作策略研究。

（1）对电商企业进行实地调研，将研究成果反馈给电商企业，并根据实际调研结果，进一步完善研究。

（2）将理论分析结果与实际调研结论相结合，提出电商企业优化服务补救的对策建议。

1.4　研究内容

全书由七部分构成，其中第一部分是绪论，包括研究背景、研究意义、研究思路与技术路线、研究内容；第二部分是在线服务补救的相关研究动态，包括文章类型、理论运用、在线服务失败和服务补救类型、在线服务补救的参与者视角以及在线服务失败和服务补救结果等方面的文献梳理；第三部分是基于顾客视角的网购服务补救效果影响因素分析，从消费者视角分析了网购服务失败类型及原因、常用且有效的网购服务补救措施、影响网购服务补救效果的关键因素、线上与线下服务补救的差异性；第四部分是基于电商从业人员视角的网购服务补救效果影响因素分析，从企业视角分析了网购服务失败类型及原因、常用且有效的网购服务补救措施、影响网购服务补救效果的关键因素、线上与线下服务补救的差异性；第五部分是服务补救期望与服务补救公平对顾客公民行为的影响机制，以期望确认理论和社会交换理论为基础，探究了服务补救期望和服务补救公平经服务补救期望确认和服务补救满意度的链式中介而影响顾客公民行为的路径机制；第六部分是服务失败归因与服务补救公平对品牌推崇的影响机制，以归因理论、公平理论和依恋理论为基础，探究了服务失败归因和服务补救公平经服务补救满意度而影响品牌推崇的作用机制；第七部分是服务失败严重性与服务补救公平对口碑传播意图的影响机制，基于公平理论探究了网络零售情境下服务失败严重性、服务补救公平、服务补救满意度与口碑传播意图之间的结构关系，考察了服务失败严重性在服务补救公平与服务补救满意度关系中的调节效应。

第2章　在线服务补救的相关研究动态

2.1　引　　言

近年来，在线服务补救受到学界越来越多的关注（Hutzinger and Weitzl，2021；Manu and Sreejesh，2021）。服务失败是由于服务提供商未能满足顾客的期望，顾客在与服务提供商进行交易的过程中遇到了问题（Maxham and Netemeyer，2002b；Hazée et al.，2017；汪旭晖和王东明，2017）。服务产品的无形性和生产消费的不可分离性导致服务失败难以避免（Bitner et al.，1990）。在网络环境下，服务失败会因信息、功能、系统故障等原因发生（Tan et al.，2016；朱艳春等，2017）。服务提供商能够通过适当的在线服务补救来解决问题（Azemi et al.，2019）。优秀的在线服务补救对服务补救满意度的提高及顾客维系意义重大（Weitzl and Hutzinger，2019）。更重要的是，适当的在线服务补救能帮助企业化危机为机遇（Huang and Ha，2020），它不仅对顾客重复购买意愿有积极影响，也会促使顾客进行正面口碑传播（Ding and Lii，2016）。尽管在线服务与传统服务有相似之处，但在线服务补救却与线下情境存在较大差异。在线上服务补救中，人际交互被人机交互所取代（Forbes et al.，2005），由于二者研究情境的差异，它们之间存在着本质区别。

2.2　国内外研究现状

尽管不少学者已经对在线服务补救进行了研究（Abney et al.，2017；Liu et al.，2019；Weitzl，2019），但就如何有效进行在线服务补救仍存在分歧，甚至出现结论相反的研究成果。例如，有的学者认为道歉是关键的在线服务补救策略（郭晓姝等，2021；张渝和邵兵家，2022），互动公平是影响在线服务补救结果的重要影响因素（Manika et al.，2015）。而有的学者则认为，赔偿才是关键的在线服务补救方式，分配公平才是在线服务补救机制的核心要素（Zhao et al.，2014）。同时，也有研究认为道歉可能会对消费者感知产生不利影响（Weitzl and Hutzinger，2017）。因此，需要对现有文献进行系统梳理，提高对在线服务补救的理解（Sreejesh et al.，2019）。为此，本章从文章类型、理论运用、在线服务失败和服务补救类型、在线服务补救的参与者视角以及在线服务失败和服务补救结果等方面进行文献梳理。

2.2.1　文章类型

该领域的大部分学者都通过实证分析方法进行研究，常用的定量研究方法有实验设计法（Van Noort and Willemsen，2012；Balaji et al.，2017；杨慧和康海燕，2021；钟科等，2021）、问卷调查法（Sousa and Voss，2009；Kim and Choi，2016）等。数据分析工具包括 ANOVA（Crisafulli and Singh，2017；Sengupta et al.，2018；Liu et al.，2019）、ANCOVA（Lii and Lee，2012；Mattila et al.，2013）、MANOVA（Abney et al.，2017；Sreejesh et al.，2019）、MANCOVA（Holloway et al.，2009；Weitzl and Hutzinger，2019）、结构方程模型（Manika et al.，2015；Hogreve et al.，2019）以及回归分析（Schaefers and Schamari，2016）。该领域常用的定性研究方法包括深度访谈（Ozuem et al.，2017；Azemi et al.，2019）和文本分析（Rosenmayer et al.，2018）等。也有学者将定量研究与定性研究相结合，综合采用多种研究方法（Bacile et al.，2018；Das et al.，2019）。然而该领域的概念性研究较少，大多聚焦于研究模型分析（Grégoire et al.，2015；Stevens et al.，2018）。因此，需要对在线服务补救的文献进行系统整理，引进新概念，开发新模型。

2.2.2　理论运用

该领域的大部分研究都具有理论框架（Gohary et al.，2016a；Weitzl and Hutzinger，2017；Chen et al.，2018；Liu et al.，2019），主要运用的

理论如下：

1. 公平理论

作为该领域运用最广泛的理论，公平理论将服务补救公平定义为顾客评估企业处理服务失败方式的公平性（Blodgett et al.，1997；侯如靖等，2012）。研究表明，在线服务补救结果受消费者感知公平的影响。学者使用公平理论来阐释在线服务补救对消费者满意度（Chang et al.，2012；秦进和陈琦，2012；郭晓姝等，2020）、口碑（Jung and Seock，2017）、重购意愿（Lin et al.，2011）和忠诚度（Wang et al.，2011；Gohary et al.，2016a；Das et al.，2019）的影响。此外，公平理论也被用来分析在线服务补救如何影响顾客关系质量（Holloway et al.，2009；侯如靖等，2012）。公平理论还与前景理论和社会交换理论相结合，被用来检验在线服务补救对网络负面口碑的影响（Liu et al.，2019），以及星级评分对服务补救满意度和后续消费者行为的影响（Tsao，2018）。

2. 归因理论

归因理论是关于个人阐释他人或自己行为原因的社会认知理论。作为该领域的另一重要理论，归因理论指出，当服务失败发生时，消费者会寻找服务失败的原因，并可能将服务失败的原因归咎于服务提供商。消费者对服务补救的反应取决于服务失败归因。福尔克斯（Folkes，1984）对服务失败的原因进行了划分：一是归属性，指服务失败发生原因的归属是属于顾客（内部归因）还是企业（外部归因）；二是稳定性，指服务失败发生的频率是经常发生（稳定性高）还是偶发（稳定性低）；三是可控性，指服务失败发生的原因是否是企业可以控制的。奥利弗和斯旺（Oliver and Swan，1989）认为归因会引发消费者的情感反应，从而影响顾客满意度，而倾向于内部归因的顾客的满意度高于外部归因的顾客的满意度。比特纳（Bitner，1990）指出在归因的三个维度中，稳定性只对顾客满意度产生负向影响，而可控性则对顾客满意度和顾客感知质量都产生负向影响。林等（Lin et al.，2018）使用归因理论，分析在线服务失败对网络负面口碑、感知质量和转换意愿的影响。瓦基尔等（Vakeel et al.，2018）在网络闪购情境中检验了服务失败归因对消费者遭遇服务失败后再惠顾意愿的影响。先行研究表明，消费者通过对服务失败归属性、稳定性和可控性的判断，形成归因结果，进而影响自己的情感与行为意向。

3. 期望确认理论

期望确认理论被用来解释消费者是如何评价服务补救的，它是服务补救对顾客行为影响研究的理论基础。期望确认理论认为，在购买前，顾客会对产品将会提供的各种利益和效用形成期望；在购买后，顾客会将通过产品所获得的真实绩效与购买前的期望进行比较。当实际绩效与期望相符或实际绩效超过期望时，顾客会满意；而当实际绩效达不到期望时，顾客会不满意。该理论也适用于服务补救情境。当发生服务失败时，顾客首先对服务补救有一个心理预期，企业的服务补救行为能否达到这种心理预期决定了顾客是否满意。如果所获服务补救低于预期，顾客就会不满，只有期望得到满足，服务补救才能成功（Yim et al.，2003；肖雨和袁勤俭，2021）。哈里斯等（Harris et al.，2006）使用期望确认理论作为探索在线服务补救对消费者满意度影响的理论基础。陈可（2009）研究了双期望下服务补救对顾客满意度的影响，认为可能期望与应该期望都显著影响顾客满意度。陈等（Chen et al.，2018）使用期望确认理论来研究在线服务补救程度对顾客满意度、重购意愿和口碑的影响。苏格桑等（Sugathan et al.，2018）运用期望确认理论、准社会互动理论和公平理论来检验感知投诉处理质量对顾客满意度的影响。达斯等（Das et al.，2019）整合了期望确认理论、代理理论和公平理论来检验在线服务失败对感知公平的影响。

4. 情绪认知评价理论

情绪认知评价理论被用来检验服务补救对顾客情绪和认知的影响。根据情绪认知评价理论，顾客情绪是顾客对服务补救认知评价的结果（Smith and Lazarus，1993）。徐等（Xu et al.，2016）使用情绪认知评价理论和归因理论探索顾客在线上服务交付过程中如何表达自己的情绪。韦茨和因威勒（Weitzl and Einwiller，2020）将情绪认知评价理论与归因理论来结合，证明了快速响应在减轻网络负面口碑方面的作用。韦茨（Weitzl，2019）应用情绪认知评价理论结合归因理论和公平理论说明了投诉动机不同的顾客对在线服务补救的反应也各不相同。廖和肯（Liao and Keng，2013）利用情绪认知评价理论指出，当遭遇在线服务失败时，顾客会产生认知失调状态，这会导致低满意度、低重购意愿和增加的投诉意愿。

5. 社会交换理论

社会交换理论也常被应用于该领域的研究。根据社会交换理论，在线上服务补救情境中，顾客与企业的关系取决于服务补救中顾客对所提供服务的公平感知。社会交换理论被用来解释顾客在进行投诉后却未得到及时回应后的行为反应（Mattila et al.，2013）。学者据此指出赔偿是有效的在线补救措施（Lii and Lee，2012；Liu et al.，2019），并认为在线服务补救影响公平感知、口碑传播和重购意愿（Ding and Lii，2016）。

此外，还有许多其他理论，如代理理论（Das et al.，2019）、社会认同理论（Stevens et al.，2018）、社会影响理论（Schaefers and Schamari，2016）、面子理论（Sengupta et al.，2018）、信号理论（Hogreve et al.，2019；杨慧和康海燕，2021）、社会学习理论（Weitzl and Hutzinger，2017）等也被用于该领域的研究。

然而，学界较少对已有理论进行整合，这限制了该领域的知识扩展，也不利于理解管理实践。因此，有必要通过整合现有的理论框架来进行理论拓展。

2.2.3　在线服务失败和服务补救类型

许多学者根据格罗鲁斯（Gronroos，1988）的研究把服务质量划分为结果质量和过程质量的观点，将服务失败划分为结果失败和过程失败。比特纳等（Bitner et al.，1990）根据服务失败发生的原因将服务失败划分为对服务提交系统的失败、对顾客需要和请求反应的失败、雇员自发而多余行动导致的服务失败以及由问题顾客引起的服务失败。由于网络零售业的特性决定了服务流程中极易出现服务失败。福布斯等（Forbes et al.，2005）认为网购服务失败主要有配送失败、质量不良、过程失败、客服信息失败、网站设计不佳五大类。霍洛韦等（Holloway et al.，2005）认为网购容易出现配送问题、网页设计问题、顾客操作问题等七类服务失败。如果不采取有效的服务补救措施予以应对，在线服务失败会给企业带来重大损失。

已有文献普遍强调了在网络环境下服务补救对减轻服务失败消极影响的作用（Van Noort and Willemsen，2012；Chen et al.，2018）。了解各种在线服务补救措施对顾客满意度的相对影响将帮助管理者决定最有效的在线服务补救措施（Jung and Seock，2017；郭晓姝等，2020）。塔克斯和布朗（Tax and Brown，1998）将服务补救定义为一种管理过程，他们认为首先要发现服务失败，分析服务失败发生的原因，然后对服务失败的后果进行评估并采取合适的措施予以应对。不同的服务行业，服务补救的方式和类型也不同。根据米勒等（Miller et al.，2000）的研究，服务补救策略可分为精神补救和物质补救两大类。从精神角度，企业应努力改善顾客的不满情绪（郭晓姝等，2020），服务提供商可以进行道歉（Manika et al.，2015；

Sengupta et al. ，2018；郭晓姝等，2021）和解释（Gohary et al. ，2016a），表示理解和同情（Sparks et al. ，2016），在服务补救主动性、响应速度等方面提供情感补偿（郑秋莹和范秀成，2007；常亚平等，2009）；从物质角度，企业应提供有形赔偿（Lii and Lee，2012），如退换货（Sharifi and Aghaza-deh，2016）、折扣（Sharifi and Aghazadeh，2016；Crisafulli and Singh，2017；Chen et al. ，2018）、优惠券（Zhao et al. ，2014；Liu et al. ，2019）等以弥补因服务失败而对顾客造成的实际损失（Kuo and Wu，2012）。学者们还研究了精神补救措施和物质补救措施对消费者感知公平的影响（Abney et al. ，2017；Liu et al. ，2019）。

在精神补救措施方面，先行研究强调了道歉作为代表性措施的作用（Manika et al. ，2015；郭晓姝等，2021）。有学者认为，道歉是必不可少的，即使不提供物质赔偿，只要有适当的沟通也可以解决在线服务失败问题（Jung and Seock，2017）。此外，研究还表明，道歉的效果会升级当它被企业高管在公共平台上使用时（Sengupta et al. ，2018）。研究人员还强调了同理心、倾听、对话等服务补救措施对减轻顾客负面评价的作用（Sparks et al. ，2016；Abney et al. ，2017），并指出这些措施对安抚投诉顾客有效（Bacile et al. ，2018；Sreejesh et al. ，2019）。

然而，也有研究认为，精神补救措施，如仅仅道歉、表示同情和理解，只能缓解顾客的不满；公司应该提供有形的赔偿以刺激顾客产生重购意愿和正面口碑（Zhao et al. ，2014）。此外，研究还表明，企业员工的道歉会被顾客理解为承认自己的错误，从而产生消极影响（Weitzl and Hutz-inger，2017）。丁和李（Ding and Lii，2016）认为分配公平才最具决定意义，相比其他服务补救措施，顾客更偏爱金钱赔偿以获得感知分配公平。通过提供折扣、优惠券、更换和退款等方式传递的分配公平有利于促进顾客的积极情绪、满意度和忠诚度（Lin et al. ，2011）。刘等（Liu et al. ，2019）对此却并不认同，指出只有当在线服务失败的严重性较低时，赔偿策略才有效。

尽管先行研究检验了不同类型的在线服务补救策略，但对于各服务补救措施的有效性似乎缺乏共识。因此，应该探索不同情境下各种服务补救措施的相对效用。

2.2.4　在线服务补救的参与者视角

先行研究主要从涉事顾客和观望顾客两大视角研究在线服务补救的影

响（Sreejesh et al.，2019），少数研究从企业员工视角分析了在线服务补救的有效性（Li and Fang，2016）。大部分研究都从涉事顾客视角分析在线服务补救的影响，因为涉事顾客亲身经历了在线服务补救，他们的行为反应会比观望顾客更强烈（Lin et al.，2018）。学者们发现在线服务补救会经感知公平的中介而影响消费者行为结果（Ding and Lii，2016；Jung and Seock，2017；Das et al.，2019），也验证了在线服务补救对消费者情绪反应（Kim and Tang，2016；Balaji et al.，2017；郭晓姝等，2020）和顾客关系质量（Holloway et al.，2009；侯如靖等，2012）的作用。除此之外，学者们还从涉事顾客的角度，研究了各种在线服务补救措施的有效性，如赔偿（Lii and Lee，2012；Liu et al.，2019）、优惠券（Zhao et al.，2014）、折扣（Sharifi and Aghazadeh，2016）、道歉（Manika et al.，2015；Sengupta et al.，2018），以及在线服务补救速度（Crisafulli and Singh，2017）、在线服务补救程度（Chen et al.，2018）、顾客参与程度（Gohary et al.，2016a）等因素的影响。

从观望顾客视角展开的研究主要集中于适当的在线服务补救对减轻顾客投诉以及社交媒体上发布的负面口碑的影响（Sreejesh and Anusree，2016；Bacile et al.，2018；Sreejesh et al.，2019；张初兵等，2020）。斯帕克斯等（Sparks et al.，2016）指出企业及时的回应和沟通能够提高潜在顾客对企业的可信度感知。企业在面临服务失败和网络负面口碑时的反应对潜在顾客来说是一个重要的信息线索，企业可以通过对这些负面评论的反应来加强与潜在顾客的关系（李爱国等，2017；钟科等，2021），也可以通过在社交媒体上透明地处理此类问题来增强积极结果（Hogreve et al.，2019），甚至因此出现服务补救悖论（Weitzl and Hutzinger，2017）。

了解哪种在线服务补救措施最能挽回顾客满意度是至关重要的，因此需要从参与在线服务补救的各方角度进一步比较各种在线服务补救措施的作用。

2.2.5　在线服务失败和服务补救结果

在线服务失败的现有研究结合了各种消费者行为、认知和情感结果变量（Kim and Tang，2016；Abney et al.，2017；Crisafulli and Singh，2017；Chen et al.，2018）。例如，先行研究表明在线服务失败可能会伤害顾客的情绪（Balaji et al.，2017）、感知公平（Das et al.，2019）、关系质量（Holloway et al.，2009）和忠诚度（Sousa and Voss，2009）。在线服务失败可能导致涉事顾客的转换意愿，并且涉事顾客和观望顾客都会表现出较高水平的网络负面口碑传播意愿（Lin et al.，2018）。在线服务失败也会导致消费者对背叛和无助的感知增强，这些消费者出于报复的目的会散布网络负面口碑（Obeidat et al.，2017）。此外，不回应顾客投诉也可能导致负面口碑等不良后果（Mattila et al.，2013）。

先行研究证明在线服务补救对服务补救满意度（Bijmolt et al.，2014；Singh and Crisafulli，2016；郭晓姝等，2021；张渝和邵兵家，2022）、口碑（Jung and Seock，2017；Sugathan et al.，2018；Liu et al.，2019）、重购意愿（Bijmolt et al.，2014；Zhao et al.，2014）、再惠顾意愿（Kim and Tang，2016；Sreejesh et al.，2019）、顾客满意度（Abney et al.，2017；汪旭晖和王东明，2017；Chen et al.，2018；郭晓姝等，2020）、忠诚度（Das et al.，2019）、感知质量（Hogreve et al.，2019）、信任（Sparks et al.，2016；Sreejesh and Anusree，2016；Bhandari and Rodgers，2018）等有显著影响。此外，成功的在线服务补救可以使顾客减少愤怒（Sharifi and Aghazadeh，2016），产生与品牌评价相关的积极情绪（Van Noort and Willemsen，2012；Weitzl and Hutzinger，2017），减少顾客转换行为（Das et al.，2019）。先行研究还表明，顾客对未来服务失败的容忍度（Abney et al.，2017）、未来进行价值共创的意愿（Gohary et al.，2016a）和对投诉处理的满意度（Schaefers & Schamari，2016），也是成功的在线服务补救的积极结果。少数研究从企业员工的角度展开分析，发现在线服务补救可以产生组织公民行为（Zhang et al.，2015），提高员工工作满意度、工作效率、责任感和绩效（Li and Fang，2016）。

尽管先行研究探讨了在线服务失败与服务补救的结果变量，但还应该开发更多能够衡量在线服务补救有效性的新变量。

2.3　研究述评

通过对现有文献的梳理发现，国内外学者在文章类型、理论运用、在线服务失败和服务补救类型、在线服务补救的参与者视角以及在线服务失败和服务补救结果等方面积累了丰硕的成果，但仍需进一步推进：（1）该领域的概念性研究较少，应通过系统性文献综述、提出概念框架、引入新概念新理论等方式来弥补这一研究不足。(2) 大多数研究都集中在公平理论上，忽略了其他相关理论的重要性。未来研究应通过整合相关理论框架来提供更加综合全面的理论理解。(3) 尽管先行研究已经考察了在线环境中各种精神补救和物质补偿措施的有效性，但研究结论并不一致，这可能是由于服务补救措施的有效性会受到情境因素的影响。未来研究应该设定情境，深入探索针对该情境适用的服务补救措施。(4) 未来的研究不仅要聚焦涉事顾客视角，还应该从执行服务补救的企业员工等参与在线服务补救的各方人士的视角展开更加全面的分析。(5) 先行研究的结果变量大多集中在顾客满意度、忠诚度、口碑传播意图和重购意愿上，还需要发掘更多测量在线服务补救有效性的新变量。

第3章 基于顾客视角的网购服务补救效果影响因素分析

3.1 引　言

电子商务通过使用信息技术将传统的线下商务模式成功迁徙到线上虚拟消费情境，顺应了消费结构升级发展的趋势。但是，服务本身的特性、虚拟消费情境下信息的不对称性以及消费者需求的多样性等导致服务失败屡见不鲜。在发生服务失败时，电商企业如果不能及时采取有效的服务补救措施，安抚消费者的负面情绪，那么由此产生的负面口碑传播速度更快、范围更广、靶向性更强，因此网购服务补救研究显得尤为重要。然而，现有文献多局限于探究网购情境下服务补救的作用，缺乏对其影响因素的深度挖掘，而把握网购服务补救效果影响因素是进行有效服务补救的基础，因此本研究通过深度访谈调查了 54 名网购顾客，了解他们在网购服务补救过程中的认知和情感状态以及他们对网购服务补救的真实行为反应，从消费者视角观察网购服务补救评价过程，整理网购服务补救效果影响因素，以期为电商企业实施有效网购服务补救提供指引帮助。

3.2 研 究 设 计

3.2.1 研究问题

本研究主要探讨以下问题：

（1）网购消费者遇到过哪些服务失败？造成的原因是什么？

（2）网购消费者经历过哪些有效的服务补救？

（3）网购消费者评价服务补救水平时，主要看重哪些方面？

（4）线上与线下服务补救的差异性是什么？

3.2.2　受访对象

本研究通过方便抽样选取了 54 名受访对象，其中男性 33 人（61%），女性 21 人（39%），他们均有两年以上的网购经验。从年龄来看，29 岁以下的受访者有 40 人（74%），30~39 岁的受访者 8 人（15%），40 岁以上的受访者 6 人（11%）。比例最高的四个职业是在校学生（35%）、普通职员（办公室、写字楼工作）（26%）、专业人员（如医生、律师、文体、记者、老师等）（9%）和商业服务业职工（如销售人员、商店职员、服务员等）（9%）。受访对象信息具体如表 3-1 所示。

表 3-1　　　　　　　　　　　受访对象信息

序号	性别	年龄（岁）	职业	网购经验（年）
1	女	23	研究生	5
2	女	24	研究生	6
3	男	25	研究生	6
4	女	23	研究生	7
5	男	26	教师	5
6	女	46	艾灸师	10
7	男	38	私营企业主	4
8	男	31	公司职员	8
9	女	28	全职妈妈	5
10	女	49	公司职员	8
11	男	54	公司职员	5
12	女	56	退休人员	10
13	男	61	退休人员	5
14	女	20	大学生	4
15	男	21	大学生	2

序号	性别	年龄（岁）	职业	网购经验（年）
16	女	23	会计	6
17	男	32	公司职员	5
18	男	23	大学生	5
19	女	44	教练员	10
20	男	23	研究生	7
21	女	19	平面模特	6
22	男	25	程序员	8
23	男	24	研究生	6
24	男	22	服务员	4
25	男	22	推销员	4
26	男	26	餐厅服务员	5
27	男	19	大学生	2
28	男	25	务工人员	6
29	女	28	公司职员	10
30	女	22	实习生	4
31	男	25	餐饮业服务生	8
32	女	27	公司职员	7
33	女	32	家庭主妇	9
34	男	22	大学生	4
35	男	21	大学生	7
36	女	35	私营业主	5
37	男	24	公司职员	7
38	男	23	大学生	4
39	女	29	采购	6
40	女	24	人力资源管理专员	6
41	男	26	大学生	7
42	男	34	程序员	9
43	男	30	标书制作员	8

序号	性别	年龄（岁）	职业	网购经验（年）
44	男	28	建筑工人	2
45	男	30	个体户	10
46	女	24	研究生	7
47	男	25	售前技术支持工程师	5
48	女	24	文案	7
49	男	25	研究生	5
50	男	25	房产销售	6
51	男	25	研究生	5
52	男	24	研究生	7
53	男	27	银行从业人员	8
54	女	19	大学生	2

3.2.3　研究工具

本研究采用半结构式访谈，根据实际情况调整访谈问题的顺序，并对受访对象进行追问（Brinkmann and Kvale，2015；Bryman，2015）。由于受访对象来自不同地区，研究者采用电话和面谈两种访谈形式。访谈问题共 12 个，涉及 4 个方面：（1）网购服务失败类型及原因（如：您在购买什么商品时遇到了什么问题?）；（2）常用且有效的网购服务补救措施（如：商家是如何处理的？是否道歉？是否承认错误?）；（3）网购服务补救效果影响因素（如：评价网购服务补救水平时，您看重哪些方面?）；（4）线上与线下服务补救的差异性（如：您所经历的网购服务补救与实体商店的服务补救有哪些区别?）。

3.2.4　数据收集与分析

访谈前，研究者得到受访对象的录音许可，并承诺数据仅用于研究。每次访谈持续 35～50 分钟不等，总计约 45 小时。访谈结束前，研究者对访谈的重要信息进行总结，供受访对象查漏补缺。数据收集历时 3 周。

访谈数据逐字转录后生成 60622 字文本。数据分析是循环、递归的过程。研究者反复研读转写文本，采用内容分析法对数据进行深度加工，通过自下而上和自上而下相结合的方式提炼主题，并进行一、二、三级编码，再根据编码选择代表性访谈片段作为支持例证（Patton，2015）。

3.3　研究结果与讨论

3.3.1　网购服务失败类型及原因

电子商务的非实体、非直接交互等特点使得网购过程中容易出现少发漏发错发货、缺货少货或延迟发货、尺码不合适、商品丢失或破损、产品有瑕疵、颜色与图片不符或者效果不理想等问题。

（1）少发、漏发、错发货，如颜色、尺码、款式、种类、数量、地址等出现错误。如10号买家表示："我在拼多多上买了一件鹅黄色的衣服，他给我发来一件白色的。"22号买家表示："购买价值698元的耳机时，我下单的颜色是石墨绿，但是商家发过来的耳机颜色是豹灰，与我想要的不符。"32号买家表示："购买羽绒服，商家颜色发错了，买的白色发成米色了。"39号买家表示："购买毛衣，少发漏发。"49号买家表示："在购买衣服时，码数和品牌发错了。"51号买家表示："在购买鞋子时，尺码发错了。"

（2）缺货少货、延迟发货。如3号买家表示："买衣服按约定应该72小时发货，最后发货延迟四五天。"8号买家表示："我考研需要买考研资料书，商家通知我，那个资料书没有货了。"11号买家表示："春节前在网上买东西，但商家没办法发过来，也没有主动和我联系进行解释。"23号买家表示："在买键盘的时候，因为那个键盘是新品，且卖家距离我比较近，所以我选择在那个商家购买。但其实卖家没有现货，为了避免我成为竞争对手的顾客，让我直接拍下，后来很久都没有发货。"

（3）尺码不合适。如13号买家表示："有一次买鞋，当时我感觉这个尺码合适，但是拿回来感觉小了。"21号买家表示："按照客服推荐的尺码购买了内衣，但是到货后发现尺码大小不合适。"50号买家表示："购买衣服时，网上的尺码和平时穿的不一样，要的是M码，卖家发的也确实是M码，但是穿上去非常修身。"

　　（4）商品丢失或破损（如全损、部分损坏）。如 1 号买家表示："买了一只 YSL 口红，店家发货一个星期，我都没收到。后来通知我去取件，发现快递丢失了，已经被人拿走了。"29 号买家表示："我在网上买的手机钢化膜，寄过来却是碎的。"44 号买家表示："购买一个玻璃杯子，运输过程中杯子碎了。"

　　（5）产品有瑕疵，如 2 号买家表示："购买衣服的时候，衣服少了一个扣子。"8 号买家表示："第一次从网上买衬衫，质量还挺好的，但第二次在他家买的时候，质量就不行了，洗了后容易起球。"16 号买家表示："买一条手链，寄过来就是坏的，根本就不能用。"24 号买家表示："购买一个手机壳，到货后发现是个半成品。"43 号买家表示："购买书本，书本后面有缺页，最后一页有脚印。"47 号买家表示："购买电子产品的时候，遇到商品质量问题。"52 号买家表示："购买外设键盘的时候，键盘反应不灵敏，点击后一两秒才会在电脑上显示。"53 号买家表示："在网络商家打印试题，发现标题和内容错位。"

　　（6）颜色与图片不符或者效果不理想。7 号买家表示："在阿里巴巴网上购买电气设备和灯具，广告上给的专业指标无法直观辨别。在网上看很理想，但实际接触后落差很大，灯的光照参数很难用数字量化。所以实际买回来之后，用肉眼直接看，和想象的不一样，差别特别大。"12 号买家表示："买一条裙子，商品介绍和实际收到的东西，在质量、材质布料上都有出入。"20 号买家表示："去年冬天在网上买一件大衣，有一家店的评价以及图片都很令我满意，但后来收到货，觉得自己受到了欺骗，衣服的质量以及款式都与图片上的描述不相符。"30 号买家表示："看到图片很好看，穿在模特身上很美观，但是自己买回来后就发现它有各种问题。"

3.3.2　常用且有效的服务补救措施

　　商家需要快速进行回复并解释说明导致服务失败的原因，争取顾客的理解，并诚恳道歉，勇于承认错误，同时还要积极处理问题，如退换货、补发等，还要通过补贴运费、赠送优惠券、红包、小礼品等方式尽可能弥补顾客的经济损失。如 3 号买家表示："卖家主动电话联系并解释原因，承诺后期到货发顺丰快递。"4 号买家表示："卖家让我申请退货，并承诺对那款口红以原订单价保价重拍，还对我进行了经济补偿。"16 号买家表示："客服立马跟我道歉，然后补发一条手链，还送了一个小的礼品袋，里面有一些小饰品。"21 号买家表示："商家提出来补偿 30 元现金，也向我道歉并承认错误。"32 号买家表示："商家同意退换货，进行了道歉也承认了错误。退回时也没有收运费，还赠送了 20 元优惠券。"39 号买家表示："联系商家，商家主动承认错误，进行补发。"41 号买家表示："商家承认错误，要求把误发的衣服寄回并承担邮费，重新发一件新的。"43 号买家表示："联系卖家说明问题，商家要求发送问题商品的图片进行验证。商家看完图片，就发送新的书本并道歉。"49 号买家表示："商家更换了出现尺码问题的衣服。另外一件衣服，因为商家卖的服装品牌比较多，自己当时是将衣服洗过后才发现衣服发错了，卖家便只补了差价。卖家有道歉，也有承认错误。"51 号买家表示："和商家沟通让商家重新发货。由于是商家的失误，商家道歉并承认了错误，同时也让我把这双错码的鞋子退了回去，并且补了运费。"

3.3.3　影响网购服务补救效果的关键因素

消费者评价网购服务补救水平主要看重商家的服务补救态度，是否主动承认错误、诚恳道歉，合理解释原因，而非质疑、狡辩、推卸责任。如 8 号买家表示："首先是服务态度怎么样。有问题的时候，他会主动来联系顾客，打电话进行解释。有的店铺，会很快地回应，有的店铺要过很久才有回应。还有的店铺，你必须要投诉，他才给你处理。"10 号买家表示："一般就是服务态度，我希望跟客服一联系，他就立刻看到说：'唉哟，真的不好意思！我们不小心发错货了。'"12 号买家表示："客服的态度，比如联系客服，他能及时回复你。"19 号买家表示："不要让我操心，遇到服务失败时，商家能主动地补救。"20 号买家表示："首先觉得商家在顾客收到货物时，应主动要求反馈，包括对衣服的质量、大小以及物流的速度等。在处理问题时，商家态度要诚恳，不能不理不睬，要问清是哪里不喜欢，提供相应的服务补救方法。"22 号买家表示："首先，态度很重要；其次，他们需要主动联系我并提供一个解决方案。但方案是否被采纳是我自己的选择，如果方案实在不行，双方可以协商。重要的是商家是否及时提出解决方案，如果速度很慢，我就会拒绝和他谈。"26 号买家表示："我比较看重诚信和态度。我希望在商品出现问题的时候，商家很诚恳地跟我们道歉。"27 号买家表示："比较看重服务态度，有一些商家可能服务态度比较恶劣，或者压根不理你，就是不退换。"28 号买家表示："我会比较看重他们的态度，对人说话的态度以及认错的态度，如果商家爱答不理的那种，直接就投诉了。"31 号买家表示："对于经济补偿没有太大要求，只要店家态度诚恳就没有什么是解决不了的。"41 号买家表示："态度和诚意。如果态度很好，即使问题很严重，也会接受服务补救；如果问题很小，服务态度不好，也不满意。"49 号买家表示："比较看重商家的服务态度，能否主动承认错误。有些商家会在第一时间表达自己的歉意，而有些商家则是对买方所陈述的问题表示质疑。之后就是商家的售后服务。像衣服这种商品，洗过后发现问题，卖家是很少对其进行退换的。如果是对衣服品牌没有太多的追求，那么补差价也是可以接受的。"

　　除此之外，在服务补救过程中，快速响应也是至关重要的。消费者希望商家能够快速解决问题。如 3 号买家表示："我主要看重两方面，一是诚意，是否诚心诚意地想要解决问题；二是解决问题的速度，把情况反映给卖家之后，他们对服务失败的处理效率。"4 号买家表示："响应速度，一定要及时回复，退换货速度要快，然后是解决方案，根据问题的严重性提出切实的解决措施，并尊重消费者意愿。"5 号买家表示："首先，我觉得是在最短时间内给我们一些补救，尽可能挽回一些时间方面的损失。其次，在服务态度上，如果用词、态度各个方面会让我们舒服，或者听着比较开心的话，就比较理想。"6 号买家表示："一是回复的速度和态度，就是千万不能问他以后半天都不理我，只在买东西的时候回复速度很快，反应售后问题的时候有些商家半天没有反应。二是有些商家，你跟他说漏发了或者东西有残次，他就是不相信你，要你拍照片，又要找这样或那样的证据，这就让人不太舒服。"9 号买家表示："态度诚恳，快速退换货。会先跟他沟通是进行退货换货，还是进行补偿？需要给我一个满意的答复。"11 号买家表示："一是时间，要在最短的时间给买家一个答复，因为货物的质量好坏是用过之后才知道，而信息对顾客来说非常重要，它甚至比质量还重要。买一个东西究竟有没有货，什么时候发货，必须要给我一个回复，我才会比较踏实。就算没货，给我一个答复，我听了也就不急了。就算商家现在没有货，去别的地方花几天调货，只要告知了顾客，顾客就会比较安心，因为知道了货物的信息。二是产品的质量。顾客最终是否满意还是要看质量，这是决定性因素。因为质量好，顾客不仅会买这个产品，还会向家人推荐，帮商家宣传。但如果产品质量不过关，就会进行负面宣传，让别人也不要买。质量是企业生存的基础，是企业的形象。"13 号买家表示："商家要及时回复，及时解决问题。不能不予理睬，商家可能有自己的难处，但也不应该态度不好，应该有问题解决问题。"15 号买家表示："服务态度以及能够及时回复客户信息，及时解决客户的问题。"17 号买家表示："第一是售后的态度；第二是补救的速度，比如说他补发的货是当天立马就发还是别的时间再发。"24 号买家表示："首先就是道歉的态度吧，其次就是他们重新发货的效率了，因为重新补发，如果再拖拉的话，会让顾客等很久。"32 号买家表示："一是时效，不能等太长时间；二是质量，补回来的商品质量是否还和原来一样，不要补的是残次品之类的。"35 号买家表示："首先，他道歉一定要有态度，承认是他错了，而不是我错了；第二，他一定要很主动；第三，发货一定要迅速。"37 号买家表示："我所关注的第一是当问题发生的时候商家能够用什么样的速度进行解决，也就是这个问题的处理效率。第二是商家对待因为自身原因造成的错误是什么态度。"39 号买家表示："卖家的服务态度；处理的效率，有些卖家处理不及时。"42 号买家表示："服务是否及时，补偿措施是否让我满意。"43 号买家表示："卖家的处理速度；卖家的处理质量，怎么帮你处理这件事，处理得好不好。"45 号买家表示："处理的速度要快一些。如果不是质量问题，要及时处理，如果是质量问题，就要退货。"46 号买家表示："第一是态度，如果商家态度好就很满意，如果态度不好就不满意。第二是处理的时间，就是响应时间要快。"47 号买家表示："第一是态度，第二是服务反馈的效率和速度。"48 号买家表示："首先服务态度要好，第二是解决问题一定要快，不要翻来覆去就一句'请稍等，请稍等'。如果商家主动地提出解决问题的办法和补偿措施，比如说返现金或者是返券给予优惠之类的，就比较满意。"53 号买家表示："卖家是否能做到及时应对；卖家的补救方式要满足消费者的心理预期。"54 号买家表示："态度和速度吧，但是态度我肯定是最看重的，态度要是不好，肯定是买东西的时候跟店家沟通出现了问题。"

另外，商品的质量也是消费者评价网购服务补救水平的重要影响因素。1 号买家表示："首先看所购买商品的质量；其次看服务态度，喜欢文字加表情的聊天方式，这样更加亲切，不喜欢死板的交流，不喜欢一下子弹出很多模式化的机器回答，喜欢有针对性的、具体的交流；最后看实时性，最好时刻在线。"25 号买家表示："我主要从这个重新发的商品的质量来看。"30 号买家表示："主要看重质量问题，另外商家的态度也很重要。"

此外，服务补救是否符合消费者预期也影响着消费者对网购服务补救水平的评价。2 号买家表示："我希望商家能够直接问我想要什么样的服务补救措施，那么我会给他直接的指示。比如我想退换货，那么以最快的时间退换货，是不是可以在我没有寄回去之前就把好的衣服发过来，这样就不会耽误我的时间。我更看重态度、速度以及与我的期望值的符合度。"16 号买家表示："我比较看重两方面，第一是店家的态度，第二是他所提供的服务补救方案。"21 号买家表示："态度以及补救方法，就补救方法来说，商家自己承担运费，以及现金补偿都是很好的补救方法。"23 号买家表示："首先，态度一定要好，语气尤其重要；其次，商家应给出具体的补救措施。补救方法也十分重要，譬如送点儿小礼物，给出明确的保证，比如今天一定发货或者明天一定发货。"44 号买家表示："主要是商家的处理方式，给顾客带来的心理感受，要让顾客心里觉得舒服。其次是有没有做出补偿，当受到损害的时候，顾客总是希望能得到一定的补偿。另外就是及时性，商家最好能及时处理问题。"

3.3.4　线上与线下服务补救的差异性

消费者普遍认为在电子商务情境下，传统的人际接触被网络科技所取代，服务补救面临更多的不确定性，如面对面沟通的难度加大，人与人之间的直接互动被网站导航、信息呈现等技术因素所取代，电子商务的非实体、非直接交互等特点导致了网购服务补救的特殊性。如 1 号买家表示："线上缺少面对面的交流，面对面的交流会好一点。我感觉线下更容易交流。线上店铺我希望可以跟卖家打电话交流，但是没有语音交流的工具，不能察言观色，感觉不到情感传递。"10 号买家表示："线上，因为他不能当面道歉，只能通过文字表达。但是线下，他当面给你道歉，感觉心里挺舒服的，感觉这个人挺诚恳的，这个商家或者这个服务员态度挺好的，立刻就会原谅。"12 号买家表示："沟通方式不一样：线下能看得见，能直接和卖家面对面地沟通。线上是靠和客服联系，没有线下方便。在网上沟通比较困难，在线下就更容易沟通，更好处理问题。"16 号买家表示："线上线下的区别，首先是在线上你只能通过聊天软件跟卖家沟通，然后你所获得的所有的反馈都是根据客服所打出来的字也就是字面意思的理解，但是在线下交流的话，你可以从服务员的面部表情或语气等来综合评价他的态度或给出的措施，这是最大的不同。"17 号买家表示："我觉得还是实体店更加便利，沟通也更加方便，购物平台的卖家有可能不回复你。"20 号买家表示："网上的服务不能面对面交流，交流不是很顺畅，态度不够诚恳；但是在实体店，遇到素质好的员工，他们可能会非常热情，让你觉得可以补救之前的不满意；而且网上补救耗时较长，实体店就可以及时补救。"23 号买家表示："在实体店进行服务补救时，我至少能与店员接触，这样更能明白她的想法；但在网上的话，只能通过对方的文字来进行判断。所以个人觉得实体店的服务补救成功率会更高。"26 号买家表示："网络的服务补救毕竟是在虚拟空间，人与人之间的交流感觉多了一层隔阂，所以相对来说少了一些面对面的交流过程。"28 号买家表示："差别是实体店可以与卖家面对面交谈，会好交流一些，而网络购物就打字聊天，没有实体店方便。"29 号买家表示："网上的客服有时候找不到人，自己会变得比较急躁，而且有一种迷茫感。实体店可以第一时间找到责任人。"35 号买家表示："第一，实体商店服务补救措施比网络上的服务补救措施更直接、时间更快、态度更好，因为是面对面的；第二，我觉得实体店的服务补救措施比较能让我满意，因为他们道歉都很诚恳。我曾经在网络上遇到一些商家他直接不理我，还好我是会员，支付宝马上把他的地址给我，我把东西寄回去然后退款了。"41 号买家表示："区别是一个是打字告诉你，一个就是面对面告诉你。网购服务补救需要经过一段时间，实体店服务补救更快捷。"51 号买家表示："实体店里是可以面对面交流的，从肢体语言、面部表情能够更好感受到卖家对于服务失败的态度。网购服务补救只能通过文字反映卖家的一个处理流程。"52 号买家表示："主要的区别是在实体店里，商家的态度及言语都能很好地反映出来，可以避免一些误解。而网络不能够充分表现出来。"54 号买家表示："我觉得实体店很少出错，他们的补救措施挺好的，比网络补救更好一些。衣服大了小了，都可以直接到店家那里换。衣服破了个洞，说不定店家还会给你补呢。网络上就不会有这样的情况。"

此外，许多消费者认为线下服务补救比线上服务补救时效性更强。如2 号买家表示："线下服务补救更快捷，反应非常迅速，而且我能看到对方的态度非常诚恳，交流也比较方便，有什么不满我会直接和他说。线下服务补救多为人与人之间的直接交流，可以更清楚地表达自己的补救期望，更加方便、快捷。但是线上的话，我看不见对方，不知道对方的表情，没有直观的感觉。而且线上可能我问一个问题，他要过很久才回复我，中间等待的时间太长，我就不想等了，不想再问第二个问题。线上服务补救相对来说速度比较慢，而且多为人机交流，不够及时，解决问题多以现金补偿为主，往往不那么让人满意。"8号买家表示："在线下的话，人家当面就给反馈给处理。如果是线上的话，总是需要一定的时间。时效性可能没有线下强。我主要看重时间和态度。"9号买家表示："线下肯定会方便一点，因为当面的话比较容易沟通。线上的话可能需要什么领导审批啊，需要再经历一个第三方进行中间的沟通，很浪费时间。"11号买家表示："网购时通过网络交流，时间稍微长一点。线下直接到商店，商家如果答应你解决，时间会稍微短一点。总的来说，实体店解决时间短一点。"15号买家表示："服务态度没有太大的区别，主要是服务的效率、是否及时、便于交流、便于表达自己的看法。实体店便于交流，便于当场表达自己的看法，效率较高，不会耽误自己太多的事情。"19号买家表示："网上的服务补救需要花费时间，还有运费这一块。"25号买家表示："实体店可能更加方便，特别是时间，他可能立马就给你换货，重新调换或者进行一些补救。但如果是网络购物的话，他需要再联系，重新发货，时间上其实就产生很大的差异。"27号买家表示："网络服务补救的话，他要邮过来，如果你发现买的东西不满意，要跟商家沟通，然后把东西寄过去，商家确认之后再要把正常的商品给你发过来，来来回回消耗的时间比较多，效率比较低。实体店的话，直接去那里换，时间比较快，效率比较高。我个人对实体店补救感觉更满意。"36号买家表示："实体店的话，商品不好我可以随时拿去换，网购的话中间有运输之类的问题，中途会比较折腾。"37号买家表示："第一，实体店的服务补救比较迅速，网购的服务补救会存在一个时间差。第二，线下问题的沟通要比线上的容易。总的来说，实体店对服务补救的效率要比网购服务补救效率更高。"42号买家表示："网购主要通过客服，如果客服不理你，还要打电话联系，流程复杂；实体店通过店员直接沟通，问题解决得比较快。"43号买家表示："网上服务补救，处理需要一个过程，在实体店购物能很快得到解决。"48号买家表示："虽然实体店服务补救看似比较麻烦，但是你直接去店里，跟商家反映问题，大部分马上就能给解决。而网购的话，有时候拖拖拉拉处理时间比较长，或者网店商家说要返现金，但是忘了，我还得提醒他们。"49号买家表示："能够理解网络服务失败，毕竟日常单子比较多，有些小失误也是在所难免的。实体店都是一对一服务，服务失败主要由于商家服务水平不高。由于存在时间上的问题，实体店在服务补救过程中表现得更加及时。"50号买家表示："比较看重补救的及时性，实体店处理得更加及时，当时就可以处理，而网络服务补救还需要一定的时间。另外就是交流的感觉。实体店里肢体语言、面部表情都能够很直观地在消费者面前表现出来，而网络服务补救仅仅是通过打字的方式交流，没有那么的直观，给消费者的感受不够强烈。"53 号买家表示："实体店的服务补救更加具有及时性，当时就可以处理问题。网络购物在服务补救上还有一个物流时间在里面。"

也有不少消费者认为在网络环境下，服务失败产生的负面口碑传播速度更快、范围更广、靶向性更强，因此网店更加在乎消费者的评价，进行服务补救的态度更好。如 18 号买家表示："网店的服务态度相对比较好。因为他们担心差评的影响。实体店就不会。因为他的信誉完全是靠口口相传。但我们可能也不会去议论一些小事情，人们也不知道他们在这方面做得不好，对他们造成不了多大的影响。所以他们的服务态度就比较差。"21 号买家表示："我个人觉得实体店的店员态度上可能更为强硬，他们就说不给退。但网上就可以退呀，相比较而言，我觉得网上的服务态度会更好一点。"22 号买家表示："就我自己的感受来说，网络购物的服务补救是可能的，因为产品的保修期、性能等我可以在产品介绍栏了解，而且可以通过退换货、换新等补救措施来解决。"30 号买家表示："网上客服会使用'亲'等友好用语，然后主动承认错误并且退货。实体店就不一样，有的店主会承认是他们的问题，给我们打折。但还有一些店主会推脱责任，说不是他们的原因。"32 号买家表示："网店很少纠结到底有没有问题，基本上如果我们反映有问题，他就会承认然后去解决问题。实体店中，往往我们说有这样的问题，他们就抵赖，不承认有问题，也不能很及时地处理问题。所以网店处理服务失败的效率还挺高的。"34 号买家表示："网购的话整体来说服务补救的态度要好一点。"39 号买家表示："实体店比较麻烦，态度可能不太好。"44 号买家表示："网购服务补救，商家在态度上更加客气，会采取更加积极的方式。"45 号买家表示："同一个问题，网购服务补救在处理过程中，会得体一点，网店更在乎消费者的评价，因此会尽可能地满足消费者，而实体店就是想把事情敷衍过去，处理结果不一定会让消费者完全满意。"46 号买家表示："网购如果不满意或者不合适可以退款，但是实体店的话一般不允许退款或者退货，遇到问题只能换货。"47 号买家表示："网购服务补救的商家一口一个'亲'，态度非常好，实体商店的服务补救态度没有网购商家好。"

3.3.5　补充分析

3.3.5.1　服务补救悖论是否真实存在

"服务补救悖论"认为企业可以通过积极有效的服务补救，得到比服务失败之前更高的消费者满意度（Sousa and Voss，2009）。学术界关于服务补救悖论是否真实存在仍然争论不休，本研究通过对网购消费者的深度访谈发现，在网络零售行业，优质的服务补救的确可以消除商家与消费者之间的恩怨，重塑良好的交易关系，增加消费者满意度，最终留住现有顾客。经历过优质在线服务补救的顾客甚至比未经历在线服务失败的顾客具有更高的忠诚度。如 1 号买家表示："卖家没有斤斤计较，怀疑顾客，表现得相信我；并且响应速度特别快，处理速度非常快。而且不管责任是否在他本身，他愿意给顾客提供补偿。在经历服务补救后，我会更加信任这个卖家，之后会继续回购。因为我被他的服务吸引，而且这家网店的产品质量也很好。"3 号买家表示："因为卖家主动解释原因并加紧发送快递，衣服不是紧急物品，卖家服务态度很好。"4 号买家表示："更加满意。因为我觉得这个服务补救还比较到位，以后也会更放心在这家店买东西。"16 号买家表示："第一，回复很快；第二，他态度特别好；第三，他的补救措施让我很满意。以后我买东西肯定还是会选择这家网店。"25 号买家表示："虽然出现了一些问题，但是他尽力给我解决，尽力做到让我满意，也给我道歉，我觉得这样反而会让我对他的印象更好。"26 号买家表示："他的态度很诚恳而且还将邮费给我，同时发了一个红包。我对这家网店的服务补救措施很满意。"27 号买家表示："他如果处理好的话，服务态度也比较好，第一印象应该是不错的。平常买东西，应该是会先考虑这家网店的。"31 号买家表示："觉得他态度比较诚恳，都是做生意的，也不太容易。对卖家更加满意了，以后还是会光顾。"32 号买家表示："商家及时地退换货，不仅补发了对的货物，还赠送了优惠券。因为一直在他家买，这次也算他的失误，但他也及时补救了。所以觉得也没有什么特别大的问题。事后还在他家购物。"35 号买家表示："我对海澜之家特别满意，他们发现问题之后，马上跟我道歉，然后立刻顺丰给我重新发了一件衬衫，只用了一天时间就到了。我以后肯定还愿意在这购物。"36 号买家表示："他如果做到令我满意的话，我还是会在他家买东西。最起码，他负责任了，他想方设法把中间的事情都处理好，所以我还是愿意在他家买。"
38 号买家表示："售后特别好的话，他会给你退钱、重新补发或者给优惠
券，那肯定以后还会回去购买。"39 号买家表示："商家主动承认错误，
进行补发。我对此很满意，觉得商家的服务态度比较好，守诚信。后续有
需要的话会优先考虑此商家。"43 号买家表示："挺满意的，因为这种书
本不是急用，换一本书的机会成本挺小的。以后还在他家购物。"47 号买
家表示："看我对产品是否很喜欢。如果对产品喜欢，会经常去询问商家
一些问题，如果商家态度很好，都一一回答了问题的话，我就会对商家很
满意，以后还继续光顾。"49 号买家表示："商家在这件事情的处理过程
中，态度比较好，处理也比较及时，更换衣服的来回运费都是卖家出的。
总体服务补救水平还是可以接受的。以后一般情况下还会继续在此商家购
物。"50 号买家表示："因为卖家在处理上比较及时，态度很好，所以我
比较满意，以后也肯定会继续在此店铺购物，毕竟卖家态度还是很好的。"
51 号买家表示："处理时间也在能够接受的范围内，并且还补了运费。如
果有一些合适的商品，一般情况是会继续在此购物的。毕竟从态度到补救
措施来看都处理得很到位。"

3.3.5.2　消费者主要在网上购买什么类型的商品？为什么选择在网上购买

与传统零售业相比，网络零售业既有优势又有劣势，其最大特点是以
互联网为平台进行服务的传递。企业能够通过网络向消费者展示销售的商
品，消费者也可以通过网络搜索自己想要的商品，并且通过信息搜索获得
丰富的商品信息，还可以对同一款商品进行多家对比以获得最满意的商
品。消费者一般在网上购买衣服、食品、鞋类、生活用品、化妆品、书
籍、文具、玩具、箱包、饰品、礼品、母婴用品、汽车配件、电脑手机等
电子产品及配件。

消费者选择网购的主要原因一方面是由于网购更加便捷，可以不受时
空限制进行购物。6 号买家表示："方便送货上门，不用我跑，价格相较
于实体店，便宜很多。"11 号买家表示："在网上买方便，到商店不好找，
在网上买，可以找几家商店，比较方便。"20 号买家表示："网上很方便，
还可以货比多家，在实体店，可能易受导购员的影响。"26 号买家表示：
"现在网络比较发达，当天买了，隔几天就给你送来，比现实购物还方
便。"27 号买家表示："在网上购买比较方便，足不出户。去实体店购买

的话，浪费的时间比较多、比较累。"28 号买家表示："网上购买会很方便，不用出门，而且产品种类很多，如果你去实体店的话，你要跑这个店那个店，比较麻烦。在网上可以直接通过手机看各个商家的产品。"29 号买家表示："有时候下班了，有的店已经关门了，没办法买。但网购即使躺在床上也可以购买，第二天、第三天就送达了。"39 号买家表示："比较方便，拥有 7 天无理由退货。"47 号买家表示："因为懒得出门，网购节省时间，比较方便。"53 号买家表示："方便而且价格便宜又种类齐全，有些东西实体店很难买到，只能通过代购平台进行购买。"

　　另一方面，由于网络零售有利于企业降低成本和减少存货压力，所以商品价格更加实惠。如 4 号买家表示："价格便宜，而且容易进行价格比对。在实体店一家家逛，很累，可能逛一天都没找到自己想买的东西。我在网上买日用品，次日达，快递帮我送到楼下，很方便。"16 号买家表示："第一，因为它价格有优势。第二，也挺方便的嘛，不用出去。平时上班太忙，没有时间出去逛街。"18 号买家表示："网购比实体店便宜。实体店会有人工费、店面费之类的，成本相对更高。而且，网购可以货比三家。如果到实体店买东西的话，需要看看这家店，再到别的店去看一下，可能还要问问熟人，问问以前在这个店购买过的人。但你身边不可能总有这种人，所以就没法了解别人的购物经验或者他们的想法。而在网络购买就可以实现。"19 号买家表示："因为网上会有折扣，还有直销、团购，相对来说价格比较便宜，而且这些东西可以囤很久也不会坏。"25 号买家表示："一方面是它的价格比较便宜，另一方面是它的种类比较多，有可能在实体店买不到，或者现实生活中根本就碰不到的一些东西，我在网上都能找到。"35 号买家表示："考试用的书籍因为网上很便宜，实体店很贵，网店有打折促销，一到节假日会有满减活动。还有一点，如果想在实体店买一本书的话要去找很久，还不一定有，但是网上只要知道书名，就可以找到。"36 号买家表示："第一，它的价格比实体店便宜，第二就是网上产品琳琅满目，比实体店还齐全，也能节省时间。还有就是有的东西在网上你一搜就能找到。有的东西你在实体店都还不一定能买到，网上都能买到。"46 号买家表示："因为便宜、购买方便、节约时间，比如网购衣服的话，用网页浏览很方便，可以直接看到很多款式。"

　　此外，消费者利用网络能够了解产品的全面信息，易于搜索，便于比较，能够有效节约时间。5 号买家表示："因为要节约时间，比如说我要去一个商场买，那会浪费很多时间。但你在网上用手机点一点就能购买，可以节约时间。"8号买家表示："首先没太多时间去实体店买，再就是网上跟线下价钱也差不多，而且比较畅销的手机线下有时候也没货，但网上可能就有货。实体店说这个东西在调货，时间会比较长，那我就从网上买了。"9号买家表示："快，也经常有打折活动，比实体店会划算一些。"13号买家表示："网上购买基本上有保障，可以看销量、厂家信誉、顾客的评论，但是在线下我无法比较，线上同样的东西我可以在很多家店进行比较。"45号买家表示："网上容易进行挑选、对比，节省时间。"

而且网络上可选商品的种类繁多。12号买家表示："种类多而且省时间。"15号买家表示："网上品种多，便于选择和对比，还有不用受时间和地点的限制，在手机上轻松购物，比较方便。"22号买家表示："因为一些商品国内可能没有，必须要在网上购买；还有我个人非常讨厌导购员，我可以在网上把喜欢的产品加入购物车，然后直接购买；最讨厌的就是'您需要办卡吗？您有积分吗？我们这边有活动'之类的。"34号买家表示："有的东西在网上买不到，有的东西在实体店太贵，还有的东西懒得去实体店买。比如有的化妆品在实体店买不到，有的化妆品在实体店买到的可能是假的。但我在天猫或者唯品会上买，他会保真。再比如说买衣服，男生一个人去买衣服好麻烦，我也懒得去实体店买。在网上买的话，一个人无聊的时候看看，觉得这件衣服还不错，买回来穿觉得还行我就懒得换了。"37号买家表示："第一个可能是商品种类的原因，第二个网购相对于实体店，价格会更具优势，第三个就是我网购的时间比较长了，已经养成习惯，买东西想到的第一方式就是网购。"42号买家表示："网购种类较多，价格便宜；实体没有你想要的东西，要去逛好多地方。"44号买家表示："网上选择的余地更大，比如衣服的话，实体店还要一家店一家店地逛，没手机上购买方便。书籍的话，网上的价格会比实体店便宜很多。"50号买家表示："选择的种类较多，价格透明且低廉；不需要花太多的时间在购物上；也能跟随潮流。"

3.3.5.3 消费者在网上购物主要担心什么

深度访谈结果显示，网购消费者的主要顾虑是担心商品质量没有保障。如2号买家表示："主要担心产品质量问题，像电子设备及婴幼儿食用品都尽量在实体店买，总感觉质量会更有保证。"3号买家表示："担心质量，因为在网上不能近距离接触实物，不能观察实物的质感、颜色。现在网上购物假货、刷单太多，很担心产品质量没有保障。"6号买家表示：

"担心以次充好和质量问题，因为付款的时候看到的只是图片和评价，而很多评价都是刷出来的，一看就是假的，所以信任度不高。"11 号买家表示："担心会不会有假冒产品、虚假的网络商店。买了东西，钱也不退给你，货也不发给你。另外还担心质量是不是和介绍的一样，质量能不能过关。"12 号买家表示："担心衣服的质量。所以我会看评价，看以往买家对产品的评价，还有自己以前经常光顾的老店。虽然有一些编造的评价，但是旗舰店、品牌店都是可以信赖的。"16 号买家表示："如果买衣服，我会担心它的质量或者是跟图片相不相符，适不适合我。生活用品还好，我觉得它的购物风险会低一点。"19 号买家表示："主要担心质量，害怕质量不过关。"22 号买家表示："担心质量以及售后保证与承诺不相符。"23 号买家表示："担心质量以及真伪，或者图片与实物不符。"24 号买家表示："在网上购物，首先担心质量问题。衣服之类的就会担心尺寸问题，还有这个是不是新品，是不是二手假冒的。"28 号买家表示："如果是电子产品，就担心会不会是盗版的、二手的、被别人用过的，然后被别人翻新的那种。如果买衣服的话，就会担心尺码不对，或者是质量、掉颜色之类的。"29 号买家表示："不会买金额过大的，担心质量、售后服务、快递会不会掉之类的。"36 号买家表示："在网上购物最担心的问题第一个就是寄过来的东西不让自己满意，不是我自己想要的那种品质，第二个就是发货慢。"37 号买家表示："网购时无法对商品质量有一个直接的感受，所以购买商品时可能会不符合自身的要求，如果商品出现质量问题，可能会浪费比较多的时间。"39 号买家表示："担心产品的质量和尺寸。"40 号买家表示："担心质量问题和色差。"43 号买家表示："担心购买商品的质量、物流的速度。"46 号买家表示："主要担心质量不行，还有假货问题。"47 号买家表示："担心质量问题，不管是吃的东西还是电子产品什么的，质量不好都有隐患。还有衣服的图片与实物不符的问题，收到货会有比较大的心理落差。"50 号买家表示："主要担心质量问题，卖家处理事情的及时性。"51 号买家表示："主要担心质量问题，是否是正品和保修问题。"52 号买家表示："主要担心产品质量问题，因为一开始看不到这个产品，只能通过图片和评论去了解，而且网上还存在大量故意刷好评的，无法真实了解这个产品。"53 号买家表示："主要担心买到假货和产品的质量问题。"54 号买家表示："最担心货物的质量，尤其是真假问题。"

最为突出的关键词是"假货太多""货不对板"，这是网购消费者对商品质量不良担忧的集中反馈。一方面，不少消费者担心自己收到的商品是假货。如 4 号买家表示："假货问题。我在不同网购大平台买的同一款产品，收到的东西有差异，我不知道是批次问题还是说其中有一方的产品是假的，但是双方都称他们是百分百正品，可以追溯到进口流程。"5 号买家表示："最担心的就是假货，还担心东西的来路可能不明，碰到一些假货或者次品之类的。"44 号买家表示："首先是假货问题，其次是发货时间，怕发货时间太长，第三就是怕路上遭到损坏，物流暴力。"另一方面，也有不少消费者担心虚假宣传问题。如 10 号买家表示："网络晒图，特别好看，什么都说得特别好。我也不知道是不是刷出来的虚假好评，最后等拿到货物的时候，发现不是那么回事"。20 号买家表示："主要担心描述与实物不符，有些产品是不可退换的，还担心物流比较慢。"21 号买家表示："图片与实物是否相符，第二个就是质量问题了。"27 号买家表示："网上购物看不到实物，只能看产品图片。毕竟图片和实物还是有差别的，可能有误差，比如说衣服可能有色差，然后还担心产品质量问题。"30 号买家表示："担心图片与实物不符，达不到自己的预期。如果购买护肤品，就担心是不是会皮肤过敏。"48 号买家表示："担心衣服的实物与图片有差距、尺码不合适、假货问题、发货时间太久，导致想穿衣服的时候还没拿到手。"

还有不少网购消费者担心配送问题，如运输过程中物品丢失、破损等。8 号买家表示："主要担心运输过程中商品会不会有损坏，快递途中物品会不会被调包，所以我一般都选择正规的厂家、服务评价比较高的店铺。"18 号买家表示："首先担心运输问题有可能导致货物损坏，还有质量问题。网络上也有虚假信息、刷好评的现象，怕自己盲目跟风购买，买完以后才发现商品的质量其实并不好。"31 号买家表示："担心快递是否会丢，或者付了钱不发货。"

另外，也有网购消费者担心个人隐私可能被泄露。15 号买家表示："最担心的可能就是个人信息泄露以及假货问题，遇到不良商家。"17 号买家表示："主要担心个人信息的泄露，或者是遇到一些水货之类的。"

同时，也有网购消费者担心出现无售后保障及发货速度缓慢等问题。25 号买家表示："主要担心购物遇到问题之后，商家根本就不给解决，或者对我不予理睬。"1 号买家表示："在网上购物主要担心速度，一般超过三天不发货就会退货。因为通常都是需要了才想起要买，并不提前囤货。"

3.4　本 章 小 结

本研究通过对网购消费者的深度访谈，调查了解他们的网购服务失败和服务补救经历，探知其评价网购服务补救水平的标准及线上与线下服务补救的差异性。研究表明，网购消费者遭遇过少发、漏发、错发货、缺货、少货或延迟发货，尺码不合适，商品丢失或破损，产品有瑕疵，颜色与图片不符或者效果不理想等问题。商家需要快速进行回复并解释说明导致服务失败的原因，争取顾客的理解，并诚恳道歉，勇于承认错误，同时还要积极处理问题，如退换货、补发等，还要通过补贴运费、赠送优惠券、红包、小礼品等方式尽可能弥补顾客的经济损失。通过优质的服务补救可以消除商家与消费者之间的矛盾，重塑良好的交易关系，增加消费者满意度，最终留住现有顾客。影响网购服务补救效果的关键因素是商家的服务补救态度、服务补救的响应速度、商品的质量以及服务补救措施是否符合顾客预期。消费者普遍认为由于电子商务的非实体、非直接交互等特点导致了网购服务补救的难度加大，线下服务补救比线上服务补救时效性更强，而由于网络环境下，服务失败产生的负面口碑影响巨大，因此网店更在乎消费者的评价，进行服务补救的态度更好。消费者一般在网上购买衣服、食品、鞋类、生活用品、化妆品、书籍、文具、玩具、箱包、饰品、礼品、母婴用品、汽车配件、电脑手机等电子产品及配件。消费者选择网购是由于网购更加便捷，可以不受时空限制进行购物，而且价格低廉，种类繁多，易于搜索，便于比较，能够有效节约时间。消费者在网上购物主要担心产品质量不佳、假货泛滥、虚假宣传、运输过程中物品丢失或破损、个人信息泄露、缺少售后保障以及发货延迟等问题。这些研究成果不仅对服务补救理论研究实有裨益，更是对电商企业进行有效网购服务补救具有重要启示。

本研究有两点不足之处。第一，访谈对象覆盖面欠广。研究只访谈了 54 名网购消费者。未来研究可以进一步扩大访谈对象范围，再将新的研究结果与本次结果进行比较，进一步将网购消费者服务补救评价过程细化。第二，访谈获得的只是网购消费者自我报告数据，而研究对象的自我描述不一定能够百分百反映真实情况。要得到准确、客观的数据，最好采用"有声思维"，即让网购消费者边接受服务补救边说出自己的想法。不过这种方法实际实施起来会有一定难度。但是，就本研究获得的数据而言，受访网购消费者所谈内容发自肺腑，不存在故意伪装自己的现象。

第4章 基于电商从业人员视角的网购服务补救效果影响因素分析

4.1 引　　言

我国网络零售业发展迅速，市场潜力巨大，然而由于购物环境的虚拟化，网络零售业的购物形式决定了购物服务流程中不可避免地会出现服务失败，如果不采取妥善的服务补救措施予以应对，会给电商企业带来重大损失。而学术界主要从顾客视角研究网购服务补救，少有研究从企业员工视角展开分析（Li and Fang, 2016）。全面把握网购服务补救效果影响因素是制定有效服务补救策略的核心，因此不仅要从顾客视角，还应该从执行服务补救的电商从业人员视角展开更加全面的分析。因此本研究采用深度访谈的方式调查了电子商务从业人员，了解他们在以往的网络零售过程中所经历的服务失败和服务补救，分析他们经常出现的服务失败类型及原因、一般使用的有效的网购服务补救策略、影响网购服务补救效果的关键因素以及线上与线下服务补救的差异性，以期为电商企业实施有效网购服务补救提供指引帮助。

4.2 研　究　设　计

4.2.1 研究问题

本研究主要探讨以下问题：

（1）电子商务从业人员易出现哪些网购服务失败？造成的原因是什么？

（2）电子商务从业人员一般采用什么策略进行网购服务补救？

（3）影响网购服务补救效果的关键因素是什么？

（4）线上与线下服务补救的差异性是什么？

4.2.2 受访对象

本研究通过方便抽样选取了28名受访对象，其中男性12名，女性16名，他们均有一年以上的网络零售从业经验。从职位来看，网店店主16名、客服人员5名、店长3名、销售人员和运营人员各2名。销售的商品包括服装、水果、花、化妆品、生活用品等，月销售额均达到1万元以上。具体信息如表4-1所示。

表4-1　　　　　　　　受访对象信息

序号	性别	年龄（岁）	职位	从业经验（年）	销售的商品	月销售额（万元）
1	男	27	店主	3~4	服装	4~5
2	女	28	店主	5	服装	20
3	女	24	店主	2	服装	1
4	女	24	店主	5	代购国外服装、化妆品、包鞋	10
5	男	41	店主	11	水果	20
6	女	25	店主	2	代购国外服装、化妆品、包鞋	1.5
7	女	24	客服	2	服装	15
8	女	23	店主	1	代购国外服装、化妆品、包鞋	1
9	女	24	店长	1.5	零食饮料、生活用品	1.5~2
10	女	28	销售	3	智能体脂称、智能路由器	1
11	女	30	销售	4	云南白药品牌系列产品	1
12	男	25	店主	4	服装	17
13	男	27	店主	7	服装	30
14	男	27	店主	5	水果	30
15	女	21	客服	2	服装	1~2
16	女	20	客服	1	花	3.2~7

续表

序号	性别	年龄（岁）	职位	从业经验（年）	销售的商品	月销售额（万元）
17	女	22	客服	1	自拍杆	2.4 ~ 5.4
18	男	23	店主	3	化妆品	2
19	男	22	客服	2	水果	5
20	男	23	店主	2	服装	1
21	女	26	店主	3 ~ 4	女士皮包	10
22	女	30	店主	2	保温杯和卫生用品	5
23	女	20	运营	1	派对用品	2
24	男	21	店长	1	日用百货	2.5
25	男	23	店主	1	化妆品	1
26	女	27	店主	1	洗眼液、湿疹膏、护肤品等	1
27	男	22	运营	1	藕粉、奶茶、香飘飘果汁茶	60
28	男	23	店长	2	杂货，如杯子、帽子等	6 ~ 7

4.2.3　研究工具

本研究采用半结构式访谈，根据实际情况调整访谈问题的顺序，并对受访对象进行追问（Brinkmann and Kvale，2015；Bryman，2015）。由于受访对象来自不同地区，研究者采用电话和面谈两种访谈形式。访谈问题共 9 个，涉及 4 个方面：（1）网购服务失败类型及原因（如：您在网络零售过程中发生过哪种类型的服务失败？造成服务失败的原因是什么？）；（2）常用且有效的网购服务补救措施（如：您有哪些常用的、有效的服务补救措施？如何运用这些措施？）；（3）影响网购服务补救效果的关键因素（如：您认为影响服务补救成功的关键因素是什么？）；（4）线上与线下服务补救的差异性（如：您认为处理网店的服务补救与实体商店的服务补救有哪些明显的区别？）。

4.2.4　数据收集与分析

访谈前，研究者得到受访对象的录音许可，并承诺数据仅用于研究。

每次访谈持续 35～50 分钟不等，总计约 18 小时。访谈结束前，研究者对访谈的重要信息进行总结，供受访对象查漏补缺。数据收集历时 6 周。

访谈数据逐字转录后生成 49626 字文本。数据分析是循环、递归的过程。研究者反复研读转写文本，采用内容分析法对数据进行深度加工，通过自下而上和自上而下相结合的方式提炼主题，并进行一、二、三级编码，再根据编码选择代表性访谈片段作为支持例证（Patton，2015）。

4.3　研究结果与讨论

4.3.1　网购服务失败类型及原因

电子商务的非实体、非直接交互等特点使得网购过程中容易出现配送失败、质量不良、过程失败、客服信息失败、网站设计不佳等问题，具体而言主要有：

（1）发错或漏发货，如颜色、尺码、款式、种类、数量、地址等出现错误。因为商家做活动打折时，订单量比较大、配送的货物比较多，仓库容易把货物弄混。而且商家为节约成本雇佣临时员工，所以在双十一、双十二等大促销需要很多货一起发的时候，会经常出现发错或漏发货的情况。此外，当商家没有存货，厂家无法供货时，商家也只能故意发错货，这样买家会申请退款，这是没有选择的情况下采取的无奈之举。还有是因为不同快递公司分拣，会有漏发或拿错的情况，或顾客虽然修改了收货地址，但商家没有及时修改。

（2）延迟发货。可能是由于顾客购买时，没有跟商家协调好，导致某一产品需求激增而没有存货。也有可能是因为商家使用多个平台进行销售（淘宝、微店、拼多多），每个平台有软件可以自动统计库存，但是不能跨平台统计，所以会导致库存量错误。还有可能是由于物流原因。虽然仓库很早就已经发货了，但是物流有延迟的话，也可能会延迟 2～3 天，这种情况虽不经常发生，但商家需要和买家做好解释沟通，然后联系快递公司处理。

（3）尺码不合适、颜色与图片不符或者效果不理想。这种问题较多。由于是线上销售，买家会根据自己平时的穿衣大小来购买衣服，但是收到的衣服会有误差，因为衣服详情页里的尺码表都是根据实物手工测量的。商家会通过客户对身高、体重等方面的数据，根据自己多年的销售经验给出推荐建议。对于尺码不合适的问题，商家会承担来回运费给买家调换尺码。另外，也可能是由于前期为了销售，商家故意夸大其词，吸引消费者购买，导致过度宣传的问题。

（4）商品丢失或破损问题（如全损、部分损坏）。这可能是因为快递公司的原因，如快递在中转站丢失或者新的快递员不知道位置送错等原因。另外，由于快递暴力运输，物流工人不负责任，不爱护客户产品，使得上下车装货时容易出现产品破损，也有可能是由于商家与签约委托的物流服务商沟通工作做得不到位，又或者是由于商品包装出现漏洞导致物流运输途中出现商品破损问题。该问题经常发生。所以商家应尽量用上防震膜，预防暴力快递。

（5）产品有瑕疵，如衣服上有小污渍，这是由于商品出厂时商家未仔细检查导致的。

（6）用户对购买的产品不会使用。这是由于商家与用户的沟通工作做得不到位，而用户又不会自觉研究产品说明书导致的。这种问题经常发生。

（7）商家没有进行有效的售后跟踪，没有及时更新物流状况。

（8）晚上 11 点 ~ 早上 8 点无人工作，顾客问询但商家没有及时回应。

4.3.2　常用且有效的服务补救措施

4.3.2.1　网购服务补救策略

网购服务补救策略主要分为物质补救和精神补救两大类，物质补救以退换货等有形补偿为主，而精神补救主要是道歉、补救主动性、响应速度等情感补偿为主。1 号电商卖家表示："一般先问问客户，能不能接受给他进行补发，接受不了的话就退货，给他送一些小礼品或者发店铺红包 2 ~ 3 元，进行一些经济上的补偿。当然也肯定会道歉和承认错误。"3 号电商卖家表示："小问题的话就会返现金 5 ~ 10 元。如果是店里已经下架该产品了，就会选择补钱给顾客。还有赠送一些小礼品，比如发货时间太久，让顾客等久了，就会去超市买一些精致的小礼物放在快递里赠送给顾客。"13 号电商卖家表示："对于尺码大小不合适需要更换的问题，因为我们这是天猫旗舰店，所以会有运费险。没有运费险之前，换货是通过各自承担己方的运费来解决的，因为当时的运费都比较便宜。对于丢件，我们会第一时间主动联系客户，根据客户的意愿，如果选择继续要就会再补发，如果不愿意等的话就会进行退款。如果丢件是快递公司的责任，则快递公司负责赔偿，如果是由于我们自身的责任则由我们自己承担。"16号电商卖家表示："一般都是先耐心听买家反映商品有哪些问题，和买家解释。如果商品有破损的话，会根据情况进行那个部分的赔偿退款，或者退货、退款、补发。"

在众多手段中，最常用且有效的服务补救措施还是进行物质补偿，包括赠送小额现金红包、小礼品、商品小样等。19号电商卖家表示："在当代互联网的电商平台中，比如美团、拼多多、淘宝等，初期都是运用价格战，所以这些服务补救措施对顾客来说都已经习以为常，因此我们在遇到服务失败时，给的优惠力度也比较大。会采取免单或者赔偿2倍的方式来留住自己的客户。因为创业初期实在是没办法，为了留住顾客，我们还会发红包补贴。因为如果直接用现金，消费者可能没有什么感觉。用红包的话，这个红包是和我们的产品挂钩的，客户只能用这个红包去买我们的产品，不能提现，所以还是能带动我们产品的销量。在创业初期我们的物质补偿比较多，这当然会增加经营成本，但是到后期我们会通过实际的行动让顾客感觉到我们的亲和力。"14号电商卖家表示："最常用的方式就是退款，因为比较方便而且比较及时，通常都是按平均单果价格，坏了几个就乘以几。顾客通常都很满意，因为网上卖水果比在超市和商场要便宜很多。有时候如果客户实在不满意或者坏果确实很多，我也会进行全额退款。通常这种补救措施是比较有用的。退款一般会通过加微信发红包的形式，这样顾客还能看见我的朋友圈，有折扣或者大促活动他们也能看见，就当作打广告了。只要顾客联系我，说需要补偿，并拍了照片，我们核实后就会立刻加微信进行补偿。这当然会增加经营成本，但是会少很多差评。"11号电商卖家表示："有时会提供物质补偿，具体看情况。赔偿金额大约占商品总金额的百分之三十。我们还会选择赠送同类商品的小样进行赔偿，这样赔偿的物品顾客也能用得上，比较实际。因为商品的售价一般在10~50元之间，我们赔偿的金额不算太多，这样我们卖家的经济压力也不太大。顾客买商品本身没有花很多钱，赔偿30%，顾客也能接受。我们一般在确定顾客需要物质补偿后，才进行物质赔偿。另外，我们也会询问顾客能否下次在我家买商品的时候，搭配赠送相应的商品作为补偿。若顾客同意的话，就可以在顾客下次购买时进行赔偿。提供服务补救在很大程度上来说并不会增加我们的经营成本，因为我们卖家本身就会划出一部分的可流动资金和商品作为我们的备份，就是为这样不可预见的情况做的准备，以保证我们的运营顺利进行。这也加速了服务补救决策流程，不用向上打报告，也节省了大量时间。"6 号电商卖家表示："会向顾客赠送一些小样品，让顾客觉得花较低的钱可以买更多的商品。小样品的成本不是很大，如果东西寄错或者丢失，会给顾客赠送样品、优惠券、承诺下次购物打折等。此类措施会增加经营成本，但顾客的利益是第一位的，卖家所做的都是为了让顾客满意，这是我们网上销售产品的宗旨。"9 号电商卖家表示："我们服务的群体是大学生，不会有很高金额的商品，补偿的话用零食或者日用品就好。年轻人往往不太在意最终结果，反而他需要你的这种服务态度和解决过程。提供物质补偿一方面可以安抚顾客，另一方面这种物质补偿的成本对于整体销售来说是可以忽略不计的。当我们给顾客送错东西，顾客不满意甚至投诉的时候，我们会主动协商赔偿顾客一定的商品。只要这种服务能让顾客满意，我们的销售额一定会增加的。"12 号电商卖家也持相同观点："送小礼品，如卖童装的话就送小棉袜、小围巾给小朋友，或者退一点钱，通常是 5 ~ 10 元。通常这种方式比较有效，因为童装本身利润不高，而且大促销的话价格更是便宜，所以退钱的话通常都很有效。"22 号电商卖家表示："会提供一定的物质补偿，如向顾客发个小红包，一般金额在 1.68 元、5.20 元这种比较吉利的数字。之所以选择这种方式进行补偿，主要是因为现在的人会觉得能够占一点小便宜，心情就会好点。这种服务补救不会增加经营成本，因为一般货物卖出去后，有一定的利润空间，所以物质补偿在我们可以接受的范围之内。"25 号电商卖家表示："物质性的补偿一般会发些小礼品，比如化妆品的小样。之所以选择这种补偿方式主要是因为购买这些化妆品的客户不是很缺钱，如果发些小红包，他们一般都不在意。但是发些小礼品，例如化妆品小样，如果他们喜欢的话，下次还会再次购买。一般对运营成本不会有太大的影响。"27 号电商卖家表示："会进行物质补偿。赠品是搅拌勺、毛巾、纸巾、收纳盒等，或者搭配线下一些临期的食品。如果顾客在江浙沪一带，快递费比较便宜，就考虑用物质补偿。用物质补偿会更划算，例如一条毛巾，店里拿只要 1 ~ 2 元，顾客认为超过两杯奶茶钱。很远的地方就直接赔钱。"10 号电商卖家表示："在进行服务补救时会提供物质补偿。具体金额根据客户消费金额和事态情况综合确定。一般会投其所好地选择物品进行补偿。例如，与本产品相关的物品或者互补的产品，一些令人心情愉悦的小礼品也包括在内。因为这类产品一般能够帮助客户解决实际问题或者能起到安抚顾客情绪的效果。"

电商卖家会针对不同的顾客采取不同的措施。2 号电商卖家表示："为了节约成本，如果顾客不要求赔偿，我们是不主动给红包的。只有特别难缠的顾客才会给红包。"19 号卖家也认为："有的顾客态度好一点，补偿就会少一点，有的顾客态度凶一点，补偿就会多一点。"而 3 号电商卖家则相反："态度比较好的顾客，我们会给予更多的补偿，态度比较差的顾客，就可能补偿得少。"4 号电商卖家也持相同观点："有些顾客比较好讲话，发错货了也可以接受，我会给予一点折扣，她会继续购买她原先想要的产品。"27 号电商卖家表示："会根据顾客价值来进行赔偿，有价值的顾客，赔偿会多点。也会根据服务失败的责任以及顾客是否好讲话，情绪是否很生气等来判断，例如顾客扬言要通过平台投诉，就会尽快处理。"对于恶意差评的顾客，12 号电商卖家表示："淘宝通常偏向买家，所以给差评对销售产品本身还是有很大影响的，遇到这种买家，我们会私下给他打电话，告诉他衣服不要了，也给他退款，希望他撤销差评。顾客的投诉对店铺没有太大影响，但是会影响那件产品的销量。这种恶意差评一年也就一两笔。"

一些电商卖家会积极承认错误并进行服务补救，如 7 号电商卖家表示："当发生服务失败时，我们会第一时间向顾客承认错误然后进行补救。比如说，快递寄错第一时间进行补发；快递丢失的话，会首先弄清丢失的原因再进行补救。"还有一些电商卖家会先进行服务失败归因，然后采取服务补救措施，如 5 号电商卖家表示："先看这个订单是顾客的问题还是我们的问题，比如说是因为电话联系不上顾客，快递无法被及时签收的情况就属于客户自己的责任，我们只能表示歉意，无法补偿。但是如果顾客及时签收了，发现果子坏了的情况，那我们基本都是第一时间按果子坏掉的情况进行赔偿或者重新补发，坏果太多的话我们一般是补发或者全额退款。"

4.3.2.2 发生服务失败后安抚顾客不满情绪的手段

大部分电商卖家都能够理解顾客的不满情绪，并向顾客真诚地道歉，解释产生服务失败的原因，并进行物质补偿。6 号电商卖家表示："作为卖家，要理解顾客的不满情绪，因为顾客花了钱没有拿到商品。站在顾客的角度进行思考，顾客的情绪是因为商品没有及时发货，作为卖家要加紧发货，让顾客第一时间拿到商品。"11 号电商卖家表示："我会向顾客耐心解释我们这次服务失败发生的原因和造成了什么影响，然后向顾客介绍我们应对服务失败的解决办法或相应赔偿。用礼貌的口吻安抚顾客的投诉抱怨。抱怨是一种痛苦的表达方式，是顾客发出的一种信号：我希望下次再来，但请你改进，下次不再发生问题，给我一个再次回来的理由。抱怨直接反映了我们卖家存在的问题，提供了改进提高的建议。所以我会积极听取顾客提出的建设性意见并改正我们出现的失误。"7 号电商卖家表示："当顾客产生不满情绪时，首先要给顾客道歉，再对顾客列举一些解决方案让顾客自己选择，顾客如果觉得合适就按照客户的意愿来解决。"9 号电商卖家表示："首先是主动打电话，表示歉意，这时候的语气一定是温和的。其次是给予顾客一定物质上的补偿。"3 号电商卖家会用以下这些语言进行安抚："亲，实在不好意思呢，我们这边给您返现，您看行不行；亲，不好意思呢，我们这边给您换货，您看行不行；亲，实在不好意思呢，我们没有补上货，实在不好意思。希望亲能谅解我们呢。"

也有很多电商卖家会进行服务失败归因后再进行服务补救。10 号电商卖家表示："判断责任方在我们还是在客户。如果责任在我们，主动承认自己的失误，根据实际情况，做出相应赔偿。如果责任在客户，耐心并婉转地梳理客户的思维。在服务过程中，严禁与客户发生争执。即便是客户的责任，在能够为客户提供方便的前提下，尽自己最大可能帮助客户。"14 号电商卖家表示："首先我们会主动承认错误，并真诚地向顾客表达我们的歉意，然后第一时间进行补救，让他们知道如果是我们的错误，我们愿意尽力去补偿。"20 号电商卖家表示："先是认真看顾客反映的问题，如果真的是我们的错误，就和顾客道歉，满足顾客的需求。"5 号电商卖家表示："一般来说我们也只能表示歉意，生鲜水果坏掉也是不可避免的。作为消费者来说，在网购水果的时候也是有这个心理准备的，不能说因为水果坏了就是我们的责任。水果坏了这个事情也不是我们卖家希望看到的，都是相互不希望看到的，出现这个问题呢，损失也不能让顾客承担，一般都是我们卖家承担。"

大部分电商卖家在服务失败发生后会主动向顾客道歉，主动承认错误，积极地进行服务补救。11 号电商卖家表示："我会主动向顾客道歉，首先尽最大努力消除顾客的愤怒与不满，这样也好开展接下来的工作，拉近与顾客之间的距离。我会根据服务失败的原因决定是否立即主动承认错误，事先会认真思考这个服务失败是怎么造成的，是由什么原因造成的，分析这个服务失败的主要责任方是谁。当然，在与顾客沟通时还是应该承认我们做得不尽如人意。如果是顾客的原因而导致的服务失败，我们卖家也不能得理不饶人，还是应该耐心礼貌地向顾客说明原因，真诚地询问顾客的想法，提出我们卖家的解决方法，征询顾客的意见。"10 号电商卖家表示："倘若是我们的错误，我会主动向客户道歉，主动承认错误，积极进行服务补救。若不是我们的责任，那自然不存在向客户道歉、承认错误、服务补救这种说法。但有时从大局考虑，也会做出相应让步，属于被动行为。"4 号电商卖家表示："会主动道歉，主动承认错误，然后问顾客是要退货、重新发货还是说给予折扣，由顾客自行选择服务补救措施。"

4.3.2.3 电商卖家对顾客投诉的回应速度

电商卖家普遍重视顾客的投诉，会通过旺旺、微信、电话等通信工具第一时间进行回应。如 5 号电商卖家表示："我们一般通过牵牛（卖家版）联系，买家版称为阿里旺旺。客服的话，从 8：30 ~ 24：00 都是有人在线的。如果顾客来问的话，都能直接对接的。如果客服处理不了的会告诉我，我再授权给他怎么处理。基本看到消息就回应，我们对客服的要求是响应时间在 15 秒之内。因为这本身就是淘宝对商家的一个考核指标。"10 号电商卖家表示："我们一般通过第三方联系平台，如淘宝、微商、京东、转转、闲鱼等购物服务平台和 QQ、微信、微博等进行及时回复。因为及时回复能体现我们的工作态度，对树立品牌形象有益无害。"11 号电商卖家表示："顾客一般通过我们商品交易界面的'联系卖家'那一处的服务通道联系到我。若是工作日的话，当天的投诉，我会安排到下午五点之后处理。若是工作日下午五点之后的投诉，会在晚上十二点之前回复。选取下午五点之后，是考虑到工作日，大多数人都在工作，就选取一个基本都下班的时间。下午五点之后的投诉，就是立即回复，须在当天晚上十二点之前，绝不拖延到第二天。这样安排的原因及解释我都会标注在我们商品包装的表面，在我们商品购买的界面上也会标注。若是在周末接到投诉，我看到的话，就会立即回复顾客，及时解决顾客的问题，提高服务效率。"14 号电商卖家表示："顾客通常是通过淘宝客服联系我们，也有打电话联系的，但是非常少，还有就是直接给差评我们主动联系他们的。我们通常都是及时回复，因为我们这边有轮流值班的工作人员，所以回复还是很及时的。因为我怕时间耽搁太久，顾客会觉得我们效率低，然后很生气，那解决起来就比较麻烦。"13 号电商卖家表示："对于顾客的投诉抱怨，我们一般会在当天解决，能当时解决的都会及时解决，所有的问题都会第一时间给予回复。我们不会设置机器的自动回复，因为太假了。"

4.3.3　影响网购服务补救效果的关键因素

大部分电商卖家认为影响服务补救成功的关键因素是卖家的服务态度与服务能力。卖家对顾客的态度要好、服务要到位，让客户感受到诚意，竭力让客户满意。11 号电商卖家表示："首先，态度非常重要，我们说话和解决问题的态度也直接决定着我们问题解决的最终结果。在服务补救中，我们秉承一个谦和恭敬的态度，对顾客给予极大的尊重，这直接影响到顾客对我们网店的态度与印象。其次，是我们处理事务的能力。顾客也看我们服务补救能力与方法，我们所做的一切是为了使顾客消费得开心和满意，这也是我们销售的理念，使顾客放心，也会使我们安心。这两点因素比较重要，直接并深刻地影响我们销售的成功与否。"13 号电商卖家表示："最重要的是态度问题。小礼物也会有，但只是一个形式，主要是看服务态度。因为我们是天猫，会承诺在 48 小时内发货，如果没有在给定时间内发货，我们会退回卖家违约金，违约金是商品价值的30％，如果客户选择退款，我们会将定金和违约金一并退回给客户。"

其次，服务补救要尽量符合顾客的期待和需求。顾客开心，服务补救就比较容易成功。5 号电商卖家表示："关键因素还在于是否达到顾客的预期标准，比如坏果少的赔钱，坏果多的补发，一般顾客都会满意。"15号电商卖家表示："关键因素是我们能否满足顾客的基础需求。如果我们能够满足他的需要，他对此次的补救就会比较满意。"

另外，提供充足的物质补偿也很重要。12 号电商卖家表示："第一是服务态度；第二是对客户的补偿，补偿占很大的一方面；但是态度比补偿更为重要，有时候你态度不好，就算补两件衣服也没有用。当然，如果补偿大到一定程度，也会有一定作用。有一个同行就是，他的服务态度很差，但是卖一件衣服赔了四件衣服给顾客，那顾客也很满意。"19 号电商卖家表示："与客户直接对接的客服的态度一定要好，要倾听客户，不能做出歪曲的辩解。但关键还是你的补偿力度够不够。"

4.3.4 线上与线下服务补救的差异性

电商卖家普遍认为在电子商务情境下，传统的人际接触被网络科技所取代，服务补救面临更多的不确定性，沟通难度加大。1 号电商卖家表示："实体店补救的方式多，而网店的服务补救局限性较大。比如卖一件衣服，实体店可以给顾客承诺几次售后服务的机会，比如清洗。网店就没有办法这样操作，只可以让买家寄回来，再进行处理。从成本的角度来说，网店也没有实体店灵活，比如给顾客寄一些小礼品，运费是一部分成本，所以就决定了赠品不一定很贵重，但在实体店我可以给他送稍微贵一点的东西，因为没有运费。来回运费都是由卖家承担。服务失败会对利润造成一定的影响，但影响不是特别大，因为这种服务失败不是很常见，可能一个月就发生几件。就算利润空间不太大，我们还是会进行服务补救，因为我们看重的是长远的利益。"2 号电商卖家表示："实体店面对面的交流更方便，语气、眼神交流、肢体语言等，解决问题更容易。网店的交流方式过于单一，只有文字，没有语气和感情。回复有时间差等，都会对服务补救产生影响。"9 号电商卖家也持相同观点："最大的区别就是，我们可能有一百分的服务态度，但也只能通过语言文字或者图片表达，也不一定能补救成功。实体商店可能用了五十分的服务态度就会达到满意的效果。"11 号电商卖家认为："网店的处理速度会慢一点，实体店可以立即就解决了。实体店的服务态度可以显得更好，毕竟是面对面交流，有很多注意事项是能够考虑在内的，但是网店就不易做到。就拿售后服务来说，网店一般可以七天无理由退换货。由于顾客可以对商家进行评价，而评价对商家的信用影响极大，所以在网购过程中，退换货一般相对简单。而在实体店，如果顾客因为不喜欢而要求退货，往往导购会加以刁难，主要原因还在于'已经到手的销售又要退掉'的心理。要是因为产品质量问题，实体店的导购甚至会予以推诿。"12 号电商卖家也认为："网上补救比实体补救更难一点，因为网店在售后 15 天都需要对产品负责，但实体店有可能产品出门就概不负责，而且网上看不见实物，可能收到货和想象得不一样，退货概率较大。"

由于缺乏商品的实体展示，容易导致顾客对商品产生肤浅的认识，虽然商家能够提供关于商品的数据与指标，但顾客往往缺乏对这些信息内涵的了解，也缺乏评估商品的专业知识，因此网络购物过程中不可避免地会出现服务失败。5 号电商卖家表示："我们网店只能通过视频和图片来形容产品，和有些顾客的想象不太一样，我们只能尽量去表达产品的真实性，比如重量、甜度、包装等，尽量详细地描述，但是顾客在认知上还是有差异，导致得到的东西觉得不满意。"15 号电商卖家表示："顾客在实体店可以直接接触到商品，能够非常直观地看出商品质量的好坏，但是网店只能通过评价来进行判断。即使产品质量比较好，有些顾客看到中差评，他们的购买欲望也会受到影响，这个我们也无能为力。"

在网络零售业的服务过程中增加了填写个人信息、在线支付、物流配送等环节，这使得网络情境下的服务失败以更多形式和更大概率出现。10 号电商卖家表示："网店服务补救一般涉及的路途都相对较长，涉及物流、快递、交流困难的问题较多。实体商店的服务补救一般都是短途，涉及的物流、快递、交流困难问题较少。"25 号电商卖家表示："实体店的话，当时就可以拿着小票去实体店补救，可以马上退还，没有时间成本。网络购物的话程序就比较复杂，关系到仓库还有物流，周期比较长。"21 号电商卖家也表示："网络购物发错货、退换货主要体现在物流上；实体店，可以马上进行退换，没有时间成本。"

4.3.5　补充分析

4.3.5.1　服务补救成功的标准

大部分电商卖家认为服务补救成功的标准是顾客满意、好评、重复购买、向他人推荐。12 号电商卖家表示："因为开店不是只做一笔生意，当然希望客户满意，觉得这家店的衣服还不错，服务也可以，以后还在这家店买。但是遇到难缠的，就会解决到这件事结束为止。"22 号电商卖家表示："因为回头客的生意还是比较多的，他们的重复购买就是对我们卖家的一种认可。做生意需要诚信，这样也可以赢得更多的回头客。"25 号电商卖家表示："客户重复购买，就说明服务补救比较成功，像好评这种很多都是刷出来的，不能真实反映。但是重复购买就能够真实反映这家店的运营效果。"26 号电商卖家表示："让顾客开心，感觉我用心了，这点很重要，是否购买并不是最重要的。只有顾客开心了，才会购买。"

大部分电商卖家认为自己所提供的服务补救效果较好。11 号电商卖家表示："我们的服务补救效果挺好的。我和团队经常开会讨论服务补救的最佳方案，以达到顾客的理想程度。在每次服务补救后，我都会发放一份简短的顾客满意度调查表，了解自己的服务补救效果。结果显示我的工作效果挺好的。顾客也还继续在我的店里购买商品，这也是对我的服务的肯定。"21号电商卖家表示："其实我觉得，只要服务态度比较好就行了，要从顾客开始询问商品的时候就要保持一个良好的服务态度，这样就算后期发生了一些意外情况，顾客也是可以理解的。要是一开始态度不怎么样，到后期商品出问题，顾客就很容易退货、投诉。他们会继续选择在我家购物，因为我们服务态度很好，而且产品质量不错，活动也比较多。"

不少电商卖家认为经历过有效的服务补救之后，消费者甚至会比之前更加满意。3号电商卖家表示："因为我们服务态度比较好，解决问题比较及时，甚至有他们意想不到的惊喜，比如赠送了一些小礼品，让他们觉得还挺惊喜的情况下，他们可能更满意。顾客知道店主是两位小姐姐，有时候还会来聊聊天。"11号电商卖家表示："经历过服务补救之后，消费者确实会比之前更加满意，不仅是我的服务态度，还对我的整个网店的印象都变得越来越好。原因是人与人的相处总有是否真诚一说，如果你真诚待人，那么别人也基本不会以一个差脾气待你。我们做服务工作的，最讲究真诚的心。我会真诚地帮顾客解决问题，也会适当地讲解我们的商品的成效等，会让顾客觉得自己得到无上的尊重，被真诚对待，顾客也会以真诚待我们服务工作者的。在顾客心中，我们网店会排在较前的位置，那与其他同类型的网店相比，我们会比较有优势，也会有更多的机会卖出商品。"26号电商卖家表示："接受服务补救后，顾客会感觉不好意思，好像占了便宜，有一个惊喜，补救超出了预期。我感觉服务补救后，跟顾客的距离更近了，顾客更爱跟我说一些贴心的话，这种效果很明显。"

很多电商卖家认为服务补救会较大程度地影响消费者给店铺的评价。5号电商卖家表示："如果消费者不满意，肯定会给我们不好的评价，如果他满意的话，会在评价中表现出来。这个影响程度很大，中差评包括评分是考核我们天猫卖家的一个最主要的标准，后面的顾客也会根据这个评价和评分来作为他购买的参考依据。"7号电商卖家表示："如果我们的服务补救没能使客户满意，有可能导致客户给我们差评；如果我们的服务补救让客户比较满意，有的客户还是会给我们好评或者是后期回购。"11号电商卖家表示："服务补救是会影响到消费者给店铺好评或差评，因为在与顾客的交谈中，顾客比较注重店家的态度好坏，以此来评判网店的好坏，所以我们要做到面面俱到，增加店铺的好评量。若我们的服务补救处理得较好，那么顾客会接受我们的再次服务，很可能会给好评；但若处理得不好的话，可能顾客会以较强硬的态度给我们网店差评的，这样对我们网店的影响很严重，直接影响到我们的销售成绩。所以，服务补救是会影响到消费者给店铺好评或差评，我们也应多注重这方面的工作。"

　　大部分电商卖家都积极以服务补救为契机改善服务质量。11 号电商卖家表示："凡是需要进行服务补救的话，就说明我们买卖双方一定出现了小的问题。这时候，最快的方法就是进行服务补救，因为我们不是实体店，不能直接快速地和顾客面对面交流，我们大多数还是通过讯息来联系顾客，字面语言不易解释清楚，我们直接做出服务补救，及时地解决问题，不给顾客留下一个坏印象。积极改善我们的服务质量，让顾客看到我们的努力，也会极大程度地解决问题。"9 号电商卖家表示："我认为包括我个人在内的每个人，都是要先犯错再成长，当然我们谁都想一帆风顺，但是往往会不尽如人意，出现错误了，下次我们就会努力改正，争取不犯同样的错误，我觉得这也是改善服务质量的表现。"10 号电商卖家表示："服务补救属于我们售后服务的特殊模块，我们要以此作为教训进行学习和反省。每次的服务失败，我们都会认真分析，以'不在同一个地方摔倒两次'为宗旨，提高产品质量，改善服务质量。"14 号电商卖家表示："每一次问题的发生都说明有一些地方我们需要改进，而且我们是做长期生意的，也不是做一两次，所以我们都会积极补救，让顾客满意。"

4.3.5.2　服务补救时最苦恼的问题

　　大部分电商卖家最苦恼买家的无理由差评。14 号电商卖家表示："最苦恼的就是遇上那种不讲道理的顾客，他根本不听你解释，就觉得自己被骗了，非要给差评。我们当然会主动联系道歉，也提出退款或者给点钱补偿，但他如果就是不愿意，我们也没辙，但好在这都是极个别现象，我卖了 5 年也才遇到两三个。"15 号电商卖家表示："最苦恼的是极少数顾客会没有理由地打差评。在我们和他沟通之后，他仍然无法给出很具体的原因。这种情况我们只能说明情况。就是在评论区内说明情况，尽量不要影响到其他顾客的购买。"18 号电商卖家表示："主要怕自己的顾客不满意，不久之后他还会给我一些差评，但是这样的情况也比较少。遇到故意刁难的顾客，正常来说我会给他耐心解决问题，毕竟是自己方面出现的问题。但也还得看顾客，因为顾客如果就是不想要了，那就没有办法，我能做的只有退款。对我们不满意的顾客，我们一般会进行金钱方面的补偿或者物品方面的补偿。"1号电商卖家表示："有些顾客,你问他要怎样才能补偿他,他就一直不给你回复,他一直说产品不好,让他退他也不退,最后给差评。一般遇到了,尽量去沟通,实在不行也没办法。恶意差评对店铺的影响也不是非常大。因为大多数的评论还是比较中肯的。衣服质量还行,只是尺码发错货了等,很多买家对于偶然性失败都是可以理解的。有时候确实是发货比较多弄混淆了。"4号电商卖家表示:"就怕顾客这也不认同那也不认同,收到货以后要退,还要给差评,提出的解决方案都不认同,还到处跟人说这不好那不好,对我提出的解决方案都不予理睬。"

另外,很多电商卖家也对顾客不理解表示苦恼。5号电商卖家表示:"最苦恼的就是顾客可能觉得我们有意欺骗老顾客。特别是水果很难有一个统一标准,比如说顾客第一次购买的时候,收到的果子比较大,然后第二次购买的时候,收到的就比较小。但实际上,按照我们的标准,就应该是第二次比较小的那种,只不过第一次给他发了比较大的。顾客就会以第一次为标准,觉得第二次给他发的果子小了。遇到这个问题,解释也解释不清楚,顾客就觉得我们是欺骗老顾客。其实天然种植的水果,我们也不可能每次都收到一样大的果子,当然我们是尽量控制在标准范围之内的。有时候果农送过来的果子相对比较大,那我们也就发货大果了,第二天果农送过来的果子比较小,但也达到我们的收购标准,那我们肯定也是发货的。同一个顾客就可能以同样的价格,收到的果子确实是有差异的,他就会觉得不满意,特别是第二次收到比较小的果子,就会找我们。那我们只能解释。顾客不理解我们,比如今天遇到一个顾客说果子少重量,这个情况也是有可能的,但是顾客就觉得我们是故意欺骗,我们承诺坏果包赔、少的话也包补偿的。还有一个问题就是,这个链接以前卖的是中果,他买的也是中果,后来我们中果收不到货,后期链接就改成了卖大果,顾客就误认为他买的是大果,我们解释了很多遍也解释不清楚,后来没有办法,就直接全额退款了。与其在这个事情上浪费时间精力去解释,还不如吃点亏,相对来说还节约下不少的时间成本。"25号电商卖家表示:"苦恼的就是客户不能够理解我们,他们就希望能够马上收到货物。我们这边不仅要和仓库沟通还要和物流沟通,需要一定时间。"

不少电商卖家对于少数买家的无理要求也表示苦恼。11号电商卖家表示:"会遇到顾客提出全额退款且不退商品的无理要求,却还称是在维护自己的消费者权益,说我们的商品他用着也没有看见效果。面对这样的问题,我们会耐下心来,仔细想应对方法,切不能和顾客对着干,这样只会恶化我们双方的协商过程。我们一般会补偿百分之三十的货款并赠送合适金额的优惠券。"7 号电商卖家表示："最苦恼的是遇到一些不太好说话的客户。在跟客户讨论服务补救方案时，提出的一些要求，我们不太能接受。"

4.4　本 章 小 结

　　本研究通过对电子商务从业人员的深度访谈，调查了解他们在网购服务补救中采用的策略和持有的态度。研究表明，电子商务的非实体、非直接交互等特点使得网购过程中容易出现配送失败、质量不良、过程失败、客服信息失败、网站设计不佳等问题，电商卖家一般采用退换货等物质补救和道歉等精神补救策略。他们会充分理解顾客的不满情绪，向顾客进行真诚的道歉，解释产生服务失败的原因，并进行金钱补偿。此外，他们还重视顾客的投诉抱怨，会通过旺旺、微信、电话等通信工具第一时间进行回应。他们认为在电子商务情境下，服务补救面临更多的不确定性，而影响服务补救成功的关键因素是卖家的服务态度与服务能力，服务补救要尽量符合顾客的期待和需求，提供充足的物质补偿。取得服务补救成功的标准是顾客满意、好评、重复购买、向他人推荐。他们愿意积极以服务补救为契机改善服务质量，但最苦恼的是买家的无理由差评和不理解。

　　本研究有两点不足之处。第一，访谈对象覆盖面欠广。研究只访谈了 28 名电子商务从业人员。未来研究可以进一步扩大访谈对象范围，再将新的研究结果与本次结果进行比较，进一步将电子商务从业人员的服务补救策略和态度概念化。第二，访谈获得的只是电商卖家自我报告数据，而研究对象的自我描述不一定能够百分百反映真实情况。要得到准确、客观的数据，最好采用"有声思维"，即让电子商务从业人员边进行服务补救边说出自己的想法。不过这种方法实际实施起来会有一定难度。但是，就本研究获得的数据而言，受访电商卖家所谈内容发自肺腑，不存在故意"拔高"或"装饰"自己的现象。

第5章 服务补救期望与服务补救公平 对顾客公民行为的影响机制

5.1 引 言

随着数字技术的快速发展，中国的在线购物趋势有望快速增长（Xu et al.，2020；Zhu et al.，2021）。与实体店相比，网店更依赖于顾客公民行为（即顾客自愿主动地参与对其他顾客和该公司有益的行为）来获取和保持竞争优势（Gong and Yi，2019；Liu and Lin，2020）。因为在成熟的同质市场中面临太多模仿者和竞争者的网络零售商更依赖于网购用户的帮助和推荐（Yi and Kim，2017；Burnham et al.，2020）。与线下购物不同，消费者在网购时缺乏与销售人员的实时面对面互动，无法触摸、品尝或试穿商品（Wu et al.，2020a）。此外，物流配送的不确定性和信息泄露的风险也在增加。因此，与线下零售相比，网购服务交付过程中可能会出现更多的服务失败，然而网络零售商很难发现在线购物环境中的服务失败。一旦出现服务问题且无法有效补救，负面口碑就会像病毒一样传播，造成巨大损失。而由于没有高昂的转换成本，网购者只需单击鼠标即可轻松切换到其他的网络商店。总而言之，在网络零售环境下，服务失败对消费者行为的影响更加重大且不可避免，消费者的"主动性"对网络零售商更具价值（Anaza and Zhao，2013）。因此，通过在线服务补救促进顾客公民行为是一个亟待关注的重要问题。

然而，针对服务补救情境中的顾客公民行为及其前因的研究较少。现有研究分析了顾客公民行为的前因，例如顾客自身特征因素（如顾客满意度、顾客承诺、公平、信任、自我牺牲、公众自我觉知、顾客的专业知识、自我效能、社会资本、积极情绪、共情关怀、乐于助人、主动性人格等）（Bettencourt，1997；Groth，2005；Yi and Gong，2008；Chen et al.，2010；Di et al.，2010；Curth et al.，2014；Alves et al.，2016；Dang and Arndt，2017；Choi and Hwang，2019）、其他顾客的特征因素（如来自其他顾客的支持、顾客间的互动质量、他人的顾客公民行为等）（Rosenbaum and Massiah，2007；Yi et al.，2013；Verleye et al.，2014）、服务特征因素（如服务质量、品牌体验、品牌关系质量、品牌依恋、品牌社群认同等）（Nguyen et al.，2014；Verleye et al.，2014；Xie et al.，2017；Wei et al.，2019；Mandl and Hogreve，2020）、员工特征因素（如员工情商、员工承诺、员工信誉、员工善行、员工忠诚度、组织公民行为等）（Yi and Gong，2008；Bove et al.，2009；Chan et al.，2017）和组织特征因素（如组织合法性、组织支持感、组织社会化、组织认同感、组织声誉）（Bettencourt，1997；Verleye et al.，2014；Chen et al.，2019；Kim et al.，2020）。然而，迄今为止，顾客公民行为尚未在服务补救情境下得到充分探索，服务补救期望和服务补救公平对预测顾客公民行为的作用尚未得到验证。本研究使用期望确认理论（ECT）和社会交换理论（SET）来检验消费者对服务补救的行为反应。具体来说，我们通过服务补救期望确认和服务补救满意度的链式中介来研究服务补救期望和服务补救公平是否以及如何促进顾客公民行为。

感知公平被认为是顾客评价服务补救的关键因素。先行研究表明，顾客的感知公平可以在服务补救过程中直接产生满意度（Karande et al.，2007；Cheung and To，2016；Balaji et al.，2018；Chao and Cheng，2019）。研究人员验证了服务补救公平（交互公平、程序公平、分配公平）在线上/线下环境中都对提高服务补救满意度有显著直接影响（Jung and Seock，2017；Cantor and Li，2019），但造成这种影响的心理机制仍不清楚。因此，需要更多的工作来研究服务补救的感知公平如何影响服务补救满意度。基于期望确认理论，本研究旨在分析服务补救公平对服务补救满意度的直接影响，及其通过服务补救期望确认而对服务补救满意度产生的间接影响，以深入了解顾客对服务补救的评估过程，拓展现有的服务补救研究。

此外，尽管先行研究已经证实在线下服务补救情境中服务补救期望和服务补救绩效通过服务补救期望确认间接影响满意度（Andreassen，2000；McCollough et al.，2000），但很少有实证研究检验这一法则是否也同样适用于在线环境。本研究在期望确认理论的基础上，通过探讨在线购物环境中服务补救满意度是如何通过服务补救期望和服务补救公平而进行服务补救期望确认从而形成服务补救满意度的过程来加深我们对服务补救研究的理解。

具体来说，我们建立了一个期望确认理论和社会交换理论相结合的理论框架，以研究如何通过在线服务补救来促进顾客公民行为。从期望确认理论的角度，满意度是购前期望与购后绩效的比较结果，它决定了消费者行为（Oliver，1980）。从社会交换理论的角度，如果消费者对服务提供商感到满意，他们可能会认为该企业除按合同约定之外还提供了额外服务，因而愿意在未来交易的过程中参与自己角色之外的行为来回报企业（Groth，2005）。因此，本研究通过整合期望确认理论和社会交换理论来解释和预测网购消费者对服务补救的反应来拓展顾客公民行为研究。

本研究从三方面对顾客公民行为和服务补救文献做出了贡献。第一，通过探索服务补救期望和服务补救公平影响顾客公民行为的路径来将顾客公民行为拓展到服务补救情境。第二，通过考察服务补救公平经服务补救期望确认的中介作用而对服务补救满意度施加影响的过程来揭示服务补救公平—服务补救满意度的作用机制。第三，我们揭示了在线购物环境中服务补救期望和服务补救公平对服务补救期望确认和服务补救满意度的共同影响，开发了一个较线下情境研究更全面的研究框架来了解如何从在线服务补救中促进顾客公民行为。

本章的结构如下：首先介绍了理论背景，系统回顾了相关文献。其次，提出研究假设和研究模型，研究模型整合了关键变量之间的关系，特别是服务补救期望、服务补救公平和顾客公民行为。再次，介绍了研究方法和数据分析的结果。最后，我们讨论了研究结果、对理论和实践的启示、研究局限性及对未来研究的建议。

5.2　理论背景与研究假设

5.2.1　理论背景

5.2.1.1　顾客公民行为

根据格鲁斯（Groth，2005）对顾客公民行为的定义：网购消费者的顾客公民行为是指网购消费者在虚拟网络环境中为促进产品或服务的交付、购买和消费而表现出的自愿和自主行为，它能帮助企业获得成功。网购消费者在服务交付中的额外角色有助于网络零售商根据顾客提供的信息找到问题的解决方案，为网店带来丰厚的回报（Anaza and Zhao，2013）。

由于顾客公民行为对建立竞争优势的重要作用，鼓励顾客公民行为一直是热点问题，越来越受到关注。学者们研究了顾客特征、其他顾客特征、服务特征、员工特征和组织特征对顾客公民行为的影响。许多研究指出，顾客满意度和顾客公民行为呈正相关（Bettencourt，1997；Groth，2005；Chen et al.，2010）。该定律也适用于承诺、信任、公平和忠诚度（Bove et al.，2009；Di et al.，2010；Curth et al.，2014）。一些学者强调了顾客个人特征（如顾客专业知识、顾客情感和顾客个性）作为顾客公民行为前因的重要性（Yi and Gong 2008，Alves et al. 2016）。也有研究发现其他顾客特征也对顾客公民行为非常重要。例如，来自其他顾客的支持（Rosenbaum and Massiah，2007；Verleye et al.，2014）、顾客与顾客的互动质量（Kim and Choi 2016、Jung and Seock 2017）及他人的顾客公民行为（Yi et al.，2013）。而且，众所周知，服务特征（例如服务质量）会增加顾客公民行为（Nguyen et al.，2014；Verleye et al.，2014）。品牌体验、品牌关系质量、品牌社群认同和品牌依恋与顾客公民行为呈正相关（Cheng et al.，2016；Xie et al.，2017；Mandl and Hogreve，2020）。另外，员工特征（例如员工情商、员工承诺、员工信誉、员工善行、员工忠诚度）对顾客公民行为有很大影响（Bove et al.，2009；Delpechitre et al.，2018）。组织公民行为被证明与顾客公民行为密切相关（Chan et al.，2017）。此外，组织特征，例如组织合法性（Chen et al.，2019）、组织支持感（Bettencourt，1997；Verleye et al.，2014）、组织社会化（Guo et al.，2013）、组织认同感（Ahearne et al.，2005）、组织声誉（Bartikowski and Walsh，2011）、企业社会责任（Kim et al.，2020）已被证实对顾客公民行为有影响。然而，在服务补救情境下，顾客期望和感知公平对满意度和顾客公民行为的影响却很少受到关注。本研究将期望确认理论与社会交换理论相结合，从服务补救期望和服务补救公平的角度考察如何通过服务补救来鼓励顾客公民行为以深化顾客公民行为研究。

5.2.1.2　服务失败和服务补救

服务失败被定义为消费者在购物或与企业沟通时遇到的错误或问题，这会导致顾客不满意并对顾客关系造成潜在损害和收入损失（Maxham，

2001）。当企业对服务失败进行有效的补救后，顾客满意度会大大提高，但如果企业没能及时向消费者承认错误并采取有效的补救，企业的形象会受到破坏（Spreng et al. , 1995）。因此，服务提供商应积极使用服务补救来挽回因服务失败而受损的顾客信任（Weun et al. , 2004），通过有效的服务补救挽回顾客满意度的损失，提高顾客忠诚度，并与顾客保持长期关系（McCollough et al. , 2000）。

在网络零售环境中，导致服务失败的原因有很多。例如，延迟交货、包装不当、支付安全问题和个人信息泄露（Holloway and Beatty, 2003；Forbes et al. , 2005）。由于更多的互动交流，网络零售环境中的消费者相比实体环境的消费者信息更灵通、知识更丰富、要求也更高（Miller et al. , 2000；Wind and Rangaswamy, 2001）。网络零售商更有可能在线上环境中使顾客不满意，消费者只需轻敲鼠标即可轻松转换网络零售商（Shankar et al. , 2003）。因此，更好地理解网络零售情境下的服务补救至关重要。

感知公平被认为是顾客评价服务补救的关键因素。先行研究表明，顾客的感知公平可以在服务补救过程中直接产生满意度（Karande et al. , 2007；Balaji et al. , 2018；Chao and Cheng, 2019）。研究人员验证了服务补救公平的三个维度（分配公平、程序公平、互动公平）与顾客的服务补救满意度之间存在显著的直接关系（Gohary et al. , 2016a；Jung and Seock, 2017；Cantor and Li, 2019）。然而，服务补救公平影响服务补救满意度的机制尚不清楚。此外，虽然先行研究已经证实在线下环境中服务补救期望和服务补救绩效经期望确认而间接影响服务补救满意度（Andreassen, 2000；McCollough et al. , 2000），但很少有研究关注在线服务补救情境中期望、公平、期望确认及满意度之间的复杂关系。本研究通过在网络购物环境中检验服务补救期望确认在服务补救期望—服务补救满意度以及服务补救公平——服务补救满意度关系中的中介作用来拓展现有研究。

5.2.1.3 社会交换理论

社会交换理论（SET）一直是理解组织公民行为的主要研究框架。它基于人们与他人建立和维持关系的原则是因为他们相信双方都可以从合作中受益。人们相信互惠原则一直存在（Homans, 1958），并认为当他们从他人的行为中受益时回报恩惠是他们的责任（Gouldner, 1960）。研究表明，服务提供商和顾客之间的社会交流可以提高服务接触的感知满意度（Anaza and Zhao, 2013；Jung and Seock, 2017）。基于社会交换理论，我们调查了网络零售商的服务补救努力如何影响网购消费者的行为意图。具体而言，我们假设在网络零售情境下，当网购消费者从网络零售商那里获得有效的服务补救时，他们会心怀感激，并尝试通过积极的情绪和认知反应以及参与顾客公民行为来回报网络零售商。

5.2.1.4　期望确认理论

期望确认理论（ECT），也称为期望不确认理论（EDT），在营销领域通常被用来理解消费者满意度和购买后行为。期望确认理论中有五个主要概念：事先期望、感知绩效、期望确认、满意度和消费者行为意图。期望确认理论认为消费者在消费之前对产品或服务产生预先的期望。在消费产品或服务后，他们感知产品或服务的实际性能。然后，消费者将感知绩效与之前的期望进行比较，并确定期望实现的程度，这又决定了他或她的满意度（Kima and Baker，2020）。满意的消费者表现出积极的行为意图，而不满意的消费者则传播负面口碑并发生转换行为（Hossain et al.，2012）。在本研究中，我们使用期望确认理论来了解服务补救过程中顾客的服务补救期望（事先期望）和服务补救公平（感知绩效）（Oliver and Bearden，1985；Oliver and Swan，1989）的作用机制。我们检验顾客的服务补救满意度和顾客公民行为是否会根据服务补救工作是否符合他/她先前的期望而有所不同。换言之，我们提出：顾客在遭遇服务失败时，会对即将获得的服务补救产生期望；在经历服务补救后，顾客对服务提供商所提供的服务补救会产生实际感知。当顾客认为服务补救绩效达到或超过服务补救期望时，他们会经历正面的服务补救期望确认，服务补救满意度就会增加。然而，当服务补救绩效不及服务补救期望时，顾客会经历负面的服务补救期望不确认，他们的服务补救满意度会下降，并进而影响消费者购买行为。

图 5-1 描述了概念模型与研究假设。基于社会交换理论与期望确认理论，综合考虑认知、情感和行为因素，本研究模型描述了一个顺序过程，从网购消费者的服务补救期望和对服务补救公平的感知开始，最后引出顾客公民行为。期望确认理论被用来探索网购消费者是如何形成他们的补救前期望，如何经历服务补救过程，并形成服务补救公平感知。补救期望确认可被视为认知因素。服务补救期望与服务补救公平预计将对服务补救期望确认产生巨大影响。许多研究将服务补救满意度看作是服务补救期望与服务补救公平之间差距的情感结果，是指消费者在经历服务补救之后，由于期望得到满足而产生的一种愉快的情绪状态。服务补救期望确认

被假定为会影响服务补救满意度。顾客公民行为被视为认知与情感因素的行为结果。服务补救满意度预计将对网购消费者的顾客公民行为产生重大影响。

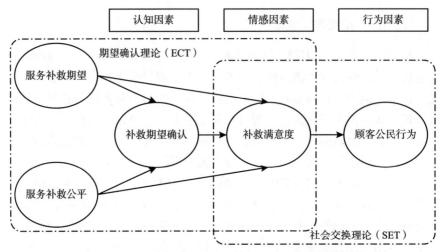

图5-1　服务补救期望与服务补救公平对顾客公民行为的影响机制的研究模型

5.2.2　研究假设

5.2.2.1　服务补救满意度对顾客公民行为的影响

基于社会交换理论，许多研究证实顾客满意度与顾客公民行为之间存在很强的相关性。贝当古（Bettencourt，1997）发现顾客满意度与顾客公民行为正相关。当顾客觉得有义务回报企业的恩惠时，他们采取顾客公民行为的形式（Chen et al.，2010）。对企业满意的顾客倾向于参与顾客公民行为以进行回报（Groth，2005）。这个结论也可能适用于服务补救情境。当消费者对超出他们预期的服务补救感到满意时，他们更有可能参与能使服务提供商受益的互惠行为。此外，经历过有效服务补救的顾客比未经历服务失败的顾客可能表现出更高的积极行为意图。因此，有效的服务补救可以提高顾客满意度并激发顾客公民行为。为此，提出以下假设：

H1：服务补救满意度对顾客公民行为有正向影响。

5.2.2.2　服务补救期望确认对服务补救满意度的影响

期望确认理论认为消费者在经历服务失败时会根据经验对自己即将获得的服务补救产生期望。在经历服务补救之后，经过比较进行服务补救期望确认，会产生以下两种情况：（1）感知服务补救绩效达到或超过先前预期的正面状态；（2）感知服务补救绩效未达到先前预期的负面状态（Oghuma et al.，2016）。实证研究证明，当结果达到或超过初始预期时，个体会感到满意，而在预期落空情况下会不满意（Nam et al.，2020）。巴塔切吉（Bhattacherjee，2001）指出，在网银行业中用户的期望确认程度与他们的满意度正相关。同样，李和权（Lee and Kwon，2011）发现用户期望确认的程度积极影响他们对网络服务的满意度。在服务补救领域，麦科洛等（McCollough et al.，2000）指出，如果服务补救绩效与服务补救期望不符，会产生期望差距，从而影响服务补救满意度。与博肖夫（Boshoff，1997）的结论一致，安德烈亚森（Andreassen，2000）也认为服务补救满意度与服务补救期望确认相关。因此，提出了以下假设：

H2：服务补救期望确认对服务补救满意度有正向影响。

5.2.2.3　服务补救期望和服务补救公平对服务补救满意度的影响

期望一直被认为是影响顾客在服务补救后判断和评价企业及其产品或服务的重要来源（Bhattacherjee，2001）。奥利弗（Oliver，1981）认为期望是满意的前因变量。研究发现，顾客的期望越高，满意度越低（Anderson and Sullivan，1993）。期望作为一个事前概念，为服务补救评价提供了基础。安德烈亚森（Andreassen，2000）发现顾客的高水平补救期望可能会降低服务补救满意度。赫斯等（Hess et al.，2003）也认为，服务补救期望较低的顾客会对服务补救工作更满意。因此，我们提出以下假设：

H3：服务补救期望对服务补救满意度有负向影响。

感知公平对满意度的影响已经在服务补救情境下进行了研究。先行研究证明，高水平的感知公平与高水平的服务补救满意度紧密相关（Cantor and Li，2019）。因为顾客的满意度和行为意图都取决于顾客是否觉得他们得到了公平对待（McColl - Kennedy and Sparks，2003）。与张和丹（Cheung and To，2016）一样，巴拉吉等（Balaji et al.，2018）也认为，感知公平是服务补救满意度最主要的预测变量。朝和成（Chao and Cheng，2019）的研究表明，顾客的服务补救满意度随着服务补救公平的提高而改善，这在餐饮业（Mattila and Patterson，2004）、航空业（Wen and Chi，2013）和手机行业（del Rio - Lanza et al.，2009）也适用。而在网络零售行业，荣格和世凯（Jung and Seock，2017）和古哈利等（Gohary et al.，2016）也指出感知公平影响服务补救满意度，因为从顾客的角度考虑感知公平可以让企业更深入地了解顾客并提高顾客的服务补救满意度（Gohary et al.，2016a；Jung and Seock，2017）。基于以上论述，提出以下假设：

H4：服务补救公平对服务补救满意度有正向影响。

5.2.2.4 服务补救期望和服务补救公平对服务补救期望确认的影响

服务补救期望被视为与服务补救的感知绩效进行比较的基准。它是指顾客对未来可能发生的服务补救的预测，会影响顾客对服务补救绩效的感知水平（Jomnonkwao et al.，2015）。服务补救期望确认取决于个人对服务补救绩效的感知和服务补救前对将获得的服务补救的预期（Oliver，1980）。越高的期望越容易导致期望落空，反之亦然。麦科洛等（McCollough et al.，2000）还指出，服务补救期望越高（越低），正面的服务补救期望确认就越少（越多）。服务补救期望与服务补救期望确认呈负相关（Yim et al.，2003）。因此，我们假设：

H5：服务补救期望对服务补救期望确认有负向影响。

根据期望确认理论，消费者在消费产品或服务后会产生感知绩效。在服务失败情况下，消费者通常会获得服务补救（Oliver，1980）。因此，消费者从服务提供商处获得补偿过程中的公平感知成为服务补救的感知绩效（Adams，1965）。根据麦科洛等（McCollough et al.，2000）服务补救绩效越高（越低），正面的服务补救期望确认程度越高（越低）。服务补救公平作为服务补救期望确认的比较标准，较高的服务补救公平越容易增加正面的服务补救期望确认。因此，我们提出以下假设：

H6：服务补救公平对服务补救期望确认有正向影响。

5.2.2.5 服务补救期望确认与服务补救满意度的链式中介效应

服务补救期望确认的中介作用已在先行研究中得到验证。有学者指出，期望确认在感知服务质量与满意度之间起完全中介作用（Oh，1999）。服务补救满意度在先行研究中也被视为中介变量。韦斯特布鲁克（Westbrook，1987）将满意度看作"购买后行为的核心中介，将先前的产品信念与购买后的认知结构、消费者沟通和重复购买行为联系起来"。塔克斯等（Tax et al.，1998）指出，服务补救满意度可以在感知公平与抱怨后评价中起中介作用。沃茨和马蒂拉（Wirtz and Mattila，2004）指出，服务补救满意度是服务补救特征和行为意图之间的中间变量。还有学者认为服务补救满意度在感知公平和行为意图之间起中介作用（Sui et al.，2013）。本研究基于期望确认理论和社会交换理论，认为消费者首先对自己遭遇服务失败后未来可能获得的服务补救做出预测，在经历服务补救之后，又会基于自己的经验形成服务补救公平感知，并将服务补救公平与服务补救期望相比，明确服务补救期望在多大程度上得到确认，这会影响服务补救满意度。满意的消费者表现出积极的行为意图，而不满意的消费者则表现出消极的行为意图。为此，提出以下假设：

H7：服务补救期望确认与服务补救满意度链式中介服务补救期望与顾客公民行为之间的关系。

H8：服务补救期望确认与服务补救满意度链式中介服务补救公平与顾客公民行为之间的关系。

5.3　研　究　设　计

5.3.1　调查程序与样本特征

5.3.1.1　调查程序

在本研究中，我们使用中国最大的在线调查网站——问卷网（www.wenjuan.com）来收集自我报告式的调查问卷。与线下调查相比，在线调查网站提供了更大的匿名性、多样性和可记录性，并且敏感信息的收集也更真实（Stewart and Johnson，2009）。

我们通过问卷网平台随机发放调查问卷给有服务补救经验的网购者。无论受访者使用电脑还是手机，都可以通过扫描二维码或使用超链接的方式填写问卷。为防止同一受访者重复回答问卷，每个 IP 地址只允许填写一份问卷。我们收集每个样本的人口统计信息并将其视为控制变量，因为这些信息可能会影响顾客公民行为，包括性别、年龄、学历、平均月收入、职业、网购经验和网购频率（Kim et al.，2010；Gong and Yi，2019）。为了减少受访者的抵制，敏感的人口统计信息问题被置于问卷末尾，以提高调查问卷的回复率（Teclaw et al. ，2012）。问卷的其余部分包含多题项量表，用于测量服务补救期望、服务补救公平、服务补救期望确认、服务补救满意度和顾客公民行为等变量。

5.3.1.2 样本特征

在回答所有调查问题之前，受访者必须回忆所遇到过的印象最深刻的网购服务补救事件。本研究通过问卷网平台向 600 名受访者随机发放问卷，共收集问卷 420 份。其中，剔除未填或疑似不实回答的问卷 19 份，保留有效问卷 401 份做进一步分析，有效回收率为 66.8%。表 5−1 显示了受访者的人口统计数据和网络购物行为。超过一半的受访者为女性（61.8%），而约 38.2% 为男性。25 岁以下的受访者占总数的 57.6%。234人（58.4%）的平均月收入为 2501~5000 元，其中 85 人（21.2%）的平均月收入在 5001~10000 元，42 人（10.5%）人的平均月收入低于 2500元，23 人（5.7%）的平均月收入在 10001~15000 元之间，其中 17 人（4.2%）的平均月收入超过 15001 元。比例最高的三个职业是在校学生（32.4%）、专业人员（如医生/律师/文体/记者/老师等）（16%）和普通职员（办公室/写字楼工作）（12.5%）。受访者大都拥有本科（50.1%）或研究生学位（38.9%），4~6 年的网购经验（44.9%），每月网购 1~3次（42.6%）。

表 5−1　　　　　　　　样本人口统计变量分析结果（N=401）

变量	分类	人数（人）	百分比（%）
性别	男	153	38.2
	女	248	61.8
年龄（岁）	18~24	231	57.6
	25~30	62	15.5
	31~40	42	10.5
	41~50	53	13.2
	≥51	13	3.2

续表

变量	分类	人数（人）	百分比（%）
学历	高中及以下	11	2.7
	大学专科	33	8.2
	大学本科	201	50.1
	研究生	156	38.9
职业	在校学生	130	32.4
	政府/机关干部/公务员	38	9.5
	企业管理者（包括基层及中高层管理者）	42	10.5
	普通职员（办公室/写字楼工作）	50	12.5
	专业人员（如医生/律师/文体/记者/老师等）	64	16.0
	普通工人	17	4.2
	商业服务业职工（如销售人员/商店职员/服务员等）	17	4.2
	个体经营者/承包商	15	3.7
	自由职业者	18	4.5
	其他职业人员	10	2.5
网购经验（年）	1~2	16	4.0
	2~3	45	11.2
	3~4	45	11.2
	4~6	180	44.9
	>6	115	28.7
网购频率（次/月）	1~3	171	42.6
	4~7	131	32.7
	8~10	39	9.7
	>11	60	15.0

变量	分类	人数（人）	百分比（％）
平均月收入（元）	≤2500	42	10.5
	2501～5000	234	58.4
	5001～10000	85	21.2
	10001～15000	23	5.7
	>15001	17	4.2

5.3.2 变量测量

为确保充足的内容效度，本研究的测量问项主要来自先行研究，但根据研究背景进行了适当调整。受访者用 7 级李克特量表对每一条语句分别表示同意的程度，从非常不同意（1）到非常同意（7）。原始量表均来自英文，我们先请专业翻译人员将英文量表翻译成中文，再邀请另一位精通中英双语的翻译进行反向翻译以确保所有问题的中英文意思表达一致。此外，我们通过对 30 名网购消费者的试调查来修正调查问卷的缺陷和漏洞，保证调查问卷质量。

5.3.2.1 服务补救公平的定义与测量

服务补救公平被定义为当网络零售商进行服务补救时，网络消费者对公平的感知（Wang et al.，2011）。服务补救公平的测量量表参考苏等（Sui et al.，2013）和史密斯等（Smith et al.，1999）的研究，由四个问项组成："在服务补救过程中，该网店公平地处理问题（RJ_1）""在服务补救过程中，该网店给予我应有的尊重（RJ_2）""在服务补救过程中，该网店与我的沟通是适当的（RJ_3）""在服务补救过程中，该网店的工作人员对我的问题关注恰到好处（RJ_4）"。

5.3.2.2 服务补救期望的定义与测量

服务补救期望被定义为网络消费者对网络零售商在服务失败后将采取何种行为的期望（McCollough et al.，2000）。为了与服务补救公平相对应，服务补救期望的量表参考麦科洛等（McCollough et al.，2000）的研究，用四个问项来测量："服务补救前，我对于该网店能公平地处理问题，抱有高度期望（RE1）"　"服务补救前，我对于该网店能给予我应有的尊重，抱有高度期望（RE2）"　"服务补救前，我对于该网店能与我适当沟通，抱有高度期望（RE3）"　"服务补救前，我对于该网店能恰到好处地关注我的问题，抱有高度期望（RE4）"。

5.3.2.3　服务补救期望确认的定义与测量

服务补救期望确认被定义为网络消费者对服务补救期望和服务补救的实际绩效之间的差距的评估（McCollough et al.，2000）。为了与服务补救公平相对应，服务补救期望确认的量表参考傅等（Fu et al.，2018）的研究，用四个问项来测量："最终，该网店公平地处理了问题，其程度超出了我的期待（EC1）"，"最终，该网店给予我应有的尊重，其程度超出了我的期待（EC2）"，"最终，该网店与我的沟通是适当的，其程度超出了我的期待（EC3）"，"最终，该网店的工作人员对我的问题关注恰到好处，其程度超出了我的期待（EC4）"。

5.3.2.4　服务补救满意度的定义与测量

服务补救满意度被定义为网络消费者在服务补救后对网络零售商的总体满意度（Harris et al.，2006）。服务补救满意度的量表参考马克斯汉姆和内特迈耶（Maxham and Netemeyer，2002a）的研究，用四个问项来测量："我对该网店的服务补救流程感到满意（PS1）"　"我对该网店处理问题的方式感到满意（PS2）"　"我对该网店在服务补救上所做的尝试感到满意（PS3）"　"我对该网店在服务补救上的投入感到满意（PS4）"。

5.3.2.5　顾客公民行为的定义与测量

顾客公民行为被定义为网络消费者在网络环境中为了回报网络零售商而采取的自发自愿支持网店的行为（Groth，2005）。顾客公民行为的量表参考成等（Cheng et al.，2016）的研究，用四个问项来测量："我愿意将该网店推荐给同伴（CB1）"　"我愿意将该网店推荐给对其产品、服务感兴趣的人（CB2）"　"我愿意帮助其他顾客搜索该网店的产品（CB3）"　"我愿意帮助其他顾客购买该网店的产品（CB4）"。

5.3.3　数据分析步骤

本研究通过验证性因子分析（CFA）检验研究模型，在主要分析阶段之前进行信度（Cronbach's alpha 和组合信度）和效度（聚敛效度和区别效度）分析。使用结构方程模型对研究模型进行测试，并使用 Mplus 7.0 的 bootstrapping 检验链式中介效应。

5.4 数据分析结果

5.4.1 共同方法偏差检验

本研究根据成等（Cheng et al., 2019）的研究通过验证性因子分析来检验共同方法偏差。如表 5-2 所示，五因子模型的拟合指数（χ^2/df = 2.324，CFI = 0.973，TLI = 0.968，SRMR = 0.026，RMSEA = 0.057）优于（$\Delta\chi^2$ = 3151.174，Δdf = 10，p < 0.001）单因素模型（χ^2/df = 20.724，CFI = 0.578，TLI = 0.528，SRMR = 0.142，RMSEA = 0.222），说明本研究数据不存在明显的共同方法偏差问题。

表 5-2 验证性因子分析结果

模型		χ^2/df	CFI	TLI	SRMR	RMSEA
五因子模型	RE, RJ, EC, PS, CB	2.324	0.973	0.968	0.026	0.057
单因子模型	RE + RJ + EC + PS + CB	20.724	0.578	0.528	0.142	0.222

注：RE 表示服务补救期望，RJ 表示服务补救公平，EC 表示服务补救期望确认，PS 表示服务补救满意度，CB 表示顾客公民行为，+ 表示两个因子合并为一个因子。

5.4.2 信度与效度检验

本研究样本量为 401，大于题项数的 5 倍，满足数据分析的样本量要求。运用 SPSS 22.0 软件分析变量的 Cronbach's α 系数，检验量表的信度。如表 5-3 所示，各研究变量的 Cronbach's α 系数均大于 0.8，服务补救期望的 Cronbach's α 最低，为 0.898，其次是服务补救公平 0.923、服务补救期望确认 0.946、服务补救满意度 0.946，顾客公民行为的 Cronbach's α 最高，为 0.947，表明量表具有较高的信度（Bagozzi and Yi, 1988）。

表 5 - 3　　　　　　　　　　信度检验表

变量	测量项数	均值	标准差	删除题项后最大的 α 值	Cronbach's α
服务补救期望	4	5.162	1.147	0.892	0.898
服务补救公平	4	4.768	1.129	0.905	0.923
服务补救期望确认	4	4.190	1.169	0.940	0.946
服务补救满意度	4	4.495	1.141	0.932	0.946
顾客公民行为	4	4.219	1.295	0.936	0.947

　　量表的效度通过聚敛效度和区分效度来检验。如表 5 - 4 所示，各变量的组合信度（CR）取值在 0.8968 到 0.9486 之间，皆高于 0.7 的建议值。所有的标准化因子载荷值大于 0.5（P < 0.001），各潜变量的平均方差提取量（AVE）最小值为 0.6858，大于建议标准 0.5。因此，所测变量的聚敛效度较好。

表 5 - 4　　　　　　　　　　聚敛效度检验表

变量	题项	因子载荷	AVE 值	CR 值
服务补救期望	RE1	0.745	0.6903	0.8988
	RE2	0.853		
	RE3	0.883		
	RE4	0.836		
服务补救公平	RJ1	0.873	0.7501	0.9231
	RJ2	0.846		
	RJ3	0.862		
	RJ4	0.883		
服务补救期望确认	EC1	0.867	0.8166	0.9468
	EC2	0.936		
	EC3	0.922		
	EC4	0.888		

变量	题项	因子载荷	AVE 值	CR 值
服务补救满意度	PS1	0.902	0.8141	0.946
	PS2	0.910		
	PS3	0.898		
	PS4	0.899		
顾客公民行为	CB1	0.881	0.8174	0.9471
	CB2	0.902		
	CB3	0.913		
	CB4	0.920		

注：CR = composite reliability；AVE = Average variance extracted。

各变量之间的相关性如表 5 - 5 所示，各变量的 AVE 平方根都大于其他因子的相关系数，表明各变量具有较好的区分效度（Fornell and Larcker，1981）。因此，研究模型中的所有因子都达到了令人满意的效度。

表 5 - 5   区分效度检验表

变量	M	SD	RE	RJ	EC	PS	CB
服务补救期望（RE）	5.162	1.147	**0.831**				
服务补救公平（RJ）	4.768	1.129	0.511 **	**0.866**			
服务补救期望确认（EC）	4.190	1.169	0.198 **	0.558 **	**0.904**		
服务补救满意度（PS）	4.495	1.141	0.333 **	0.725 **	0.676 **	**0.902**	
顾客公民行为（CB）	4.219	1.295	0.134 **	0.491 **	0.535 **	0.676 **	**0.904**

注：粗体字为相应变量的 AVE 平方根。* $p < 0.05$，** $p < 0.01$，*** $p < 0.001$。

5.4.3 假设检验

Mplus 7.0 用于检验本研究中的假设。图 5 - 2 展示了研究模型的假设检验结果。在考虑了控制变量之后，服务补救满意度对顾客公民行为有显著正向影响（$\beta = 0.771$，$p < 0.001$），服务补救期望确认对服务补救满意度有显著正向影响（$\beta = 0.378$，$p < 0.001$）。服务补救期望对服务补救期望确认有显著负向影响（$\beta = -0.175$，$p < 0.01$）。服务补救公平对服务补救期

望确认（β=0.691，p<0.001）和服务补救满意度（β=0.583，p<0.001）有显著正向影响，因此 H1、H2、H4、H5 和 H6 成立。然而，服务补救期望与服务补救满意度之间没有显著关系（β=−0.059，p>0.1），因此 H3 不成立。

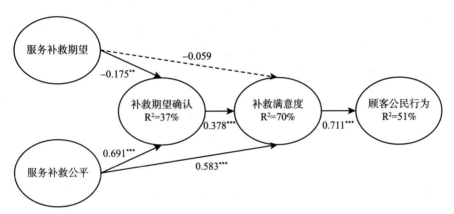

图 5−2　基于被试印象最深的服务补救经历的调查研究假设检验结果

注：——▶表示显著，---▶表示不显著。* p<0.05，** p<0.01，*** p<0.001。

本研究利用 bootstrap method 进行链式中介效应的检验，结果如表 5−6 所示。如果 95% CI 的下限和上限包含零，则中介效应不显著。反之，如果中介效应的置信区间不包括零，则中介效应在统计意义上显著（Hayes，2013）。所以，服务补救期望经服务补救期望确认和服务补救满意度显著负向影响顾客公民行为（β=−0.057），因为中介效应的置信区间不包括零 [−0.109，−0.019]，研究结果为 H7 提供了实证支持。此外，研究结果表明，服务补救公平经服务补救期望确认和服务补救满意度显著正向影响顾客公民行为（β=0.200），因为中介效应的置信区间不包括零 [0.131，0.307]，研究结果也为 H8 提供了实证支持。

表 5−6　　　　　　　　　　　链式中介效应检验结果

中介效应	效应值	SE	p 值	95% 置信区间	
				下限	上限
RE→EC→PS→CB	−0.057	0.023	0.011	−0.109	−0.019
RJ→EC→PS→CB	0.200	0.044	0.000	0.131	0.307

注：RE 表示服务补救期望，RJ 表示服务补救公平，EC 表示服务补救期望确认，PS 表示服务补救满意度，CB 表示顾客公民行为。

尽管我们的研究模型显示了足够的模型拟合指数，我们还考察了两个竞争模型以找到最佳解释模型。在第一个竞争模型中，我们假设服务补救期望和服务补救公平对顾客公民行为而非服务补救满意度有直接影响。在第二个竞争模型中，我们考虑了服务补救期望确认对顾客公民行为的直接影响。表 5 - 7 显示了研究模型和竞争模型之间的模型拟合指数比较结果。与两个竞争模型相比，研究模型具有较小的 AIC、BIC、ABIC，因此我们的研究模型具有最佳模型拟合指数并提供了解释观察数据的最佳方式（Wang and Wang，2012）。

表 5 - 7 模型拟合指数比较结果

模型	χ^2	df	p-value	SRMR	RMSEA	CFI	AIC	BIC	ABIC
假设模型	382.892	163	<0.001	0.035	0.058	0.972	19185.158	19452.753	19240.157
竞争模型1	516.419	163	<0.001	0.095	0.074	0.955	19318.685	19586.281	19373.684
竞争模型2	520.606	164	<0.001	0.090	0.074	0.955	19320.872	19584.473	19375.050

5.4.4 补充分析

为了减少回忆偏误，我们还调查了受访者最近一次的网购服务补救经历来收集数据。在本次调查中，我们使用与第一次调查相同的问卷和程序。发放问卷600份，回收414份，有效问卷373份，回收率62.2%。如表 5 - 8 所示，在此次调查中，多数受访者（59.8%）是男性。将近三分之二（61.2%）的受访者年龄在18~30岁之间。大多数（68.9%）具有本科或以上学历。148人（39.7%）的平均月收入为2501~5000元，103人（27.6%）的平均月收入为5001~10000元，86人（23.1%）的平均月收入低于2500元，18人（4.8%）的平均月收入在10001~15000元之间，18人（4.8%）的平均月收入超过15001元。比例最高的三个职业是企业管理者（包括基层及中高层管理者）（36.5%）、政府/机关干部/公务员（17.7%）和在校学生（11.5%）。受访者在网购经验方面分布较平均：4~6年（26.5%）、6年以上（23.1%）、3~4年（22%）和2~3年（19.3%）。关于网购频率，许多受访者每月网购4~7次（37.3%）。

表 5-8　　　　　　样本人口统计变量分析结果（N=373）

变量	分类	人数（人）	百分比（%）
性别	男	223	59.8
	女	150	40.2
年龄（岁）	18~24	92	24.7
	25~30	136	36.5
	31~40	60	16.1
	41~50	43	11.5
	≥51	42	11.3
学历	高中及以下	68	18.2
	大学专科	48	12.9
	大学本科	185	49.6
	研究生	72	19.3
职业	在校学生	43	11.5
	政府/机关干部/公务员	66	17.7
	企业管理者（包括基层及中高层管理者）	136	36.5
	普通职员（办公室/写字楼工作）	17	4.6
	专业人员（如医生/律师/文体/记者/老师等）	35	9.4
	普通工人	15	4.0
	商业服务业职工（如销售人员/商店职员/服务员等）	25	6.7
	个体经营者/承包商	15	4.0
	自由职业者	17	4.6
	其他职业人员	4	1.1
网购经验（年）	1~2	34	9.1
	2~3	72	19.3
	3~4	82	22.0
	4~6	99	26.5
	>6	86	23.1

续表

变量	分类	人数（人）	百分比（%）
网购频率（次/月）	1 ~ 3	120	32.2
	4 ~ 7	139	37.3
	8 ~ 10	76	20.4
	>11	38	10.2
平均月收入（元）	≤2500	86	23.1
	2501 ~ 5000	148	39.7
	5001 ~ 10000	103	27.6
	10001 ~ 15000	18	4.8
	>15001	18	4.8

5.4.4.1 共同方法偏差检验

由于本研究数据来源单一，可能存在共同方法偏差问题。采纳波德斯科夫等（Podsakoff et al., 2003）的建议，对数据进行 Harman 单因子检验。如表 5 – 9 所示，验证性因子分析结果表明，单因子模型拟合效果最差（$\chi^2/df = 11.098$，CFI = 0.700，SRMR = 0.123，RMSEA = 0.165），未达到可接受的最低水平。同时，单因子模型明显劣于五因子模型的拟合效果（$\chi^2/df = 2.767$，CFI = 0.950，SRMR = 0.039，RMSEA = 0.069）。因此，本研究数据不存在明显的共同方法偏差问题。

表 5 – 9　　　　　　　　　　验证性因子分析结果

模型	χ^2	df	p-value	SRMR	RMSEA	CFI	AIC	BIC	ABIC
假设的五因子模型 RE、RJ、EC、PS、CB	451.042	163	<0.001	0.039	0.069	0.950	20239.650	20502.395	20289.824
竞争的四因子模型 RE + EC、RJ、PS、CB	1063.705	164	<0.001	0.106	0.121	0.843	20850.313	21109.137	20899.738

模型	χ^2	df	p-value	SRMR	RMSEA	CFI	AIC	BIC	ABIC
竞争的三因子模型 RE + RJ + EC, PS, CB	1495.108	167	<0.001	0.116	0.146	0.768	21275.715	21522.775	21322.894
竞争的二因子模型 RE + RJ + EC + PS, CB	1566.243	169	<0.001	0.118	0.149	0.756	21342.850	21582.067	21388.532
竞争的单因子模型 RE + RJ + EC + PS + CB	1886.609	170	<0.001	0.123	0.165	0.700	21661.217	21896.512	21706.149

注：RE 表示服务补救期望，RJ 表示服务补救公平，EC 表示服务补救期望确认，PS 表示服务补救满意度，CB 表示顾客公民行为，+ 表示两个因子合并为一个因子。

5.4.4.2　信度与效度检验

总样本量为 373，大于题项数的 5 倍，满足数据分析的样本量要求。运用 SPSS 22.0 软件分析变量的 Cronbach's α 系数，检验量表的信度。如表 5 – 10 所示，各研究变量的 Cronbach's α 系数均大于 0.8，服务补救期望的 Cronbach's α 最低，为 0.875，其次是服务补救公平 0.880、服务补救期望确认 0.890、服务补救满意度 0.907，顾客公民行为的 Cronbach's α 最高，为 0.920，表明量表具有较高的信度（Bagozzi and Yi，1988）。

表 5 – 10　　　　　　　　　信度检验表

变量	测量项数	均值	标准差	删除题项后最大的 α 值	Cronbach's α
服务补救期望	4	5.467	1.135	0.850	0.875
服务补救公平	4	4.995	1.115	0.848	0.880
服务补救期望确认	4	4.509	1.128	0.861	0.890
服务补救满意度	4	4.771	1.155	0.893	0.907
顾客公民行为	4	4.604	1.344	0.904	0.920

量表的效度通过聚敛效度和区分效度来检验。如表 5 - 11 所示，各变量的组合信度（CR）取值在 0.8760 到 0.9202 之间，皆高于 0.7 的建议值。所有的标准化因子载荷值大于 0.5（P < 0.001），各潜变量的平均方差提取量（AVE）最小值为 0.6394，大于建议标准 0.5（Fornell and F. Larcker, 1981）。因此，所测变量的聚敛效度较好。

表 5 - 11　　　　　　　　　　　　聚敛效度检验表

变量	题项	因子载荷	AVE 值	CR 值
服务补救期望	RE1	0.770	0.6394	0.8760
	RE2	0.830		
	RE3	0.818		
	RE4	0.779		
服务补救公平	RJ1	0.819	0.6478	0.8803
	RJ2	0.783		
	RJ3	0.805		
	RJ4	0.812		
服务补救期望确认	EC1	0.795	0.6697	0.8901
	EC2	0.802		
	EC3	0.856		
	EC4	0.819		
服务补救满意度	PS1	0.881	0.7096	0.9071
	PS2	0.811		
	PS3	0.867		
	PS4	0.808		
顾客公民行为	CB1	0.865	0.7426	0.9202
	CB2	0.866		
	CB3	0.886		
	CB4	0.829		

注：CR = composite reliability；AVE = Average。

各变量之间的相关性如表 5 - 12 所示，且各变量的 AVE 平方根都大于其他因子的相关系数，表明各变量具有较好的区分效度（Fornell and

F. Larcker，1981）。因此，研究模型中的所有因子都达到了令人满意的效度。

表 5 – 12   区分效度检验表

变量	M	SD	RE	RJ	EC	PS	CB
服务补救期望（RE）	5.467	1.135	**0.7996**				
服务补救公平（RJ）	4.995	1.115	0.379 **	**0.8049**			
服务补救期望确认（EC）	4.509	1.128	0.104 *	0.613 **	**0.8184**		
服务补救满意度（PS）	4.771	1.155	0.198 **	0.711 **	0.794 **	**0.8424**	
顾客公民行为（CB）	4.604	1.344	0.119 *	0.606 **	0.696 **	0.752 **	**0.8617**

注：粗体字为相应变量的 AVE 平方根。* $p<0.05$，** $p<0.01$，*** $p<0.001$。

5.4.4.3 假设检验

图 5 – 3 展示了研究模型的假设检验结果。考虑控制变量后，服务补救满意度对顾客公民行为有显著正向影响（$\beta=0.830$，$p<0.001$），服务补救期望确认对服务补救满意度有显著正向影响（$\beta=0.647$，$p<0.001$）。服务补救期望对服务补救期望确认有显著负向影响（$\beta=-0.221$，$p<0.01$）。服务补救公平对服务补救期望确认（$\beta=0.785$，$p<0.001$）和服务补救满意度（$\beta=0.353$，$p<0.001$）有显著正向影响，因此 H1、H2、H4、H5 和 H6 均成立。然而，服务补救期望与服务补救满意度之间没有显著的统计关系（$\beta=-0.009$，$p>0.1$），因此 H3 不成立。

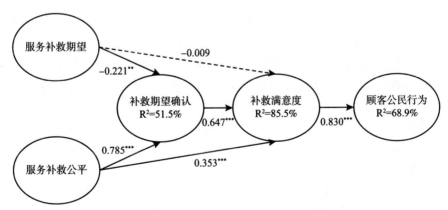

图 5 – 3 基于被试最近一次的服务补救经历的调查研究假设检验结果

注：──▶表示显著，- - -▶表示不显著。* $p<0.05$，** $p<0.01$，*** $p<0.001$。

表 5 – 13 展示了链式中介效应的检验结果。根据分析结果，服务补救期望经服务补救期望确认和服务补救满意度显著负向影响顾客公民行为（β = – 0.119），因为中介效应的置信区间不包括零 [– 0.197，– 0.046]。研究结果为 H7 提供了实证支持。此外，研究结果表明，服务补救公平经服务补救期望确认和服务补救满意度显著正向影响顾客公民行为（β = 0.422），因为中介效应的置信区间不包括零 [0.321，0.558]，研究结果也为 H8 提供了实证支持。总而言之，两次调查研究的结果一致。

表 5 – 13　　　　　　　　　　链式中介效应检验结果

中介效应	效应值	SE	P 值	95% 置信区间	
				下限	上限
RE→EC→PS→CB	– 0.119	0.038	0.002	– 0.197	– 0.046
RJ→EC→PS→CB	0.422	0.060	0.000	0.321	0.558

注：RE 表示服务补救期望，RJ 表示服务补救公平，EC 表示服务补救期望确认，PS 表示服务补救满意度，CB 表示顾客公民行为。

5.5　研究结果的讨论

5.5.1　研究结果

本研究的目的是探讨服务补救期望和服务补救公平如何促进网络零售行业的顾客公民行为。为此，我们运用期望确认理论和社会交换理论构建了研究模型，即服务补救期望和服务补救公平通过服务补救期望确认和服务补救满意度的链式中介作用影响顾客公民行为。研究结果表明，服务补救期望对服务补救期望确认有显著负向影响，而服务补救公平对服务补救期望确认有显著正向影响。此外，服务补救公平和服务补救期望确认对服务补救满意度有显著正向影响。服务补救满意度对顾客公民行为有显著正向影响。而且服务补救期望确认和服务补救满意度在服务补救期望与顾客公民行为的关系以及服务补救公平与顾客公民行为的关系中起链式中介作用。总而言之，研究结果表明，服务补救期望和服务补救公平可以通过提高服务补救期望确认和服务补救满意度来鼓励顾客公民行为。

5.5.2　理论启示

本研究在三方面对服务补救和顾客公民行为研究有所贡献。首先，尽管顾客公民行为研究取得了重大进展（Yi et al.，2013；Revilla-Camacho et al.，2015；Tung et al.，2017），然而很少有实证研究专门探讨服务补救情境下的顾客公民行为。据我们所知，这是首个关注如何通过在线服务补救促进顾客公民行为的研究。本研究发现服务补救期望和服务补救公平通过引发服务补救期望确认和服务补救满意度影响顾客公民行为，这有助于加深我们对顾客公民行为的理解。

其次，尽管许多学者强调了服务补救中感知公平对顾客满意度的作用，并分析了不同类型的感知公平对服务补救满意度的影响（Cheung and To，2016；Gohary et al.，2016a；Jung and Seock，2017；Balaji et al.，2018；Cantor and Li，2019），然而服务补救公平影响服务补救满意度的作用机制尚不清楚。本研究通过检验关键变量之间的中介效应为服务补救研究做出贡献。具体而言，我们将服务补救期望确认作为服务补救公平与服务补救满意度关系之间的中介变量，从而凸显服务补救期望确认的重要作用。结合结构方程模型检验的直接路径，中介效应检验进一步阐述了服务补救过程中的复杂路径（Wirtz and Mattila，2004；Sui et al.，2013）。基于期望确认理论，我们阐释了服务补救公平通过服务补救期望确认来提高服务补救满意度的清晰路径。本研究关注了虽然重要却被广泛忽视的中介效应，拓展了服务补救研究。

最后，虽然针对传统零售渠道的服务补救研究表明，服务补救期望和服务补救绩效对服务补救期望确认有显著影响，并进而影响服务补救满意度（Andreassen，2000；McCollough et al.，2000），但这一法则是否也在网络购物环境中成立尚不清楚。鉴于感知公平是消费者形成对服务补救有效性认识的重要因素之一（Maxham and Netemeyer，2002a；del Rio-Lanza et al.，2009），本研究将服务补救公平视为一种特殊的服务补救绩效，并在网购情境下证实了服务补救期望与服务补救公平对服务补救期望确认和服务补救满意度的影响作用，弥补了现有服务补救研究的不足。

5.5.3　实践启示

本研究为电商从业人员在网络零售环境中实施有效的服务补救提供对

策建议。研究结果可作为网络零售商了解消费者行为、提高顾客满意度和鼓励顾客公民行为的行动指南。

研究结果表明服务补救期望确认在服务补救管理中起着关键作用。满足消费者期望的服务补救会引发正面的服务补救期望确认，从而使消费者满意并产生顾客公民行为。因此，网络零售商应了解顾客对服务补救的期望并采取有效措施弥合服务补救期望与服务补救公平之间的差距。这既可以通过使用数据挖掘技术来分析网购消费者的偏好，也可以通过直接询问网购消费者来解决，只有这样网络零售商才能充分了解网购者所需并预测服务补救措施能否满足他们的期待。由于网购者的年龄、职业、学历和收入水平的不同，他们的期望会有所不同。因此，处理在线服务补救中不同顾客的期望时，应采用不同的服务补救策略，而不是提供标准的服务补救方案。即使定制的服务补救解决方案可能比标准服务补救解决方案要求更高并且需要更多资源来实施，但它仍然是在线服务补救情境中提高服务补救满意度和顾客公民行为的最有效方法，因为网购消费者期望更有针对性的服务补救措施（Mattila，2001）。

此外，研究结果还表明，服务补救公平对服务补救满意度甚至顾客公民行为都有很大影响。适当的服务补救可以将危机转变为改善管理的机会。这一发现与威茨和赫茨英格（Weitzl and Hutzinger，2017）的研究结论一致。因此，网络零售商需要提供充足的经济补偿（如退款、换货、优惠券和折扣），告知网购消费者服务补救政策、程序以及服务补救的最新进展，对网购者的投诉抱怨立即作出回应，并对服务失败表示诚挚的歉意。此外，网络零售商应培训一线员工，使他们在服务补救过程中对消费者表现出礼貌、尊重和同理心，并且具备充分的专业知识，能够有效地识别不同的服务失败并做出适当的反应。此外，网络零售商应设计完善的服务补救系统，以迅速响应服务失败。通过这种方式，网络零售商可以提高消费者对服务补救结果和过程的满意度，并最终影响顾客公民行为。鉴于获取新客的成本高于维持老客的成本，大力改善服务补救从长远来看是具有丰厚回报的。

我们还发现，网购消费者的服务补救满意度对顾客公民行为有显著影响。这一结论可与先行研究关于满意度对行为意图具有显著影响的论述相互印证（Jones and Su，2000；Zboja and Voorhees，2006）。因此，网络零售商应确保消费者的服务补救满意度，为此他们应努力跟踪网购消费者以获得及时反馈。如果网购消费者对服务补救满意，他们更可能产生顾客公民行为。

5.5.4 研究局限性

尽管这项研究取得了一些有趣的发现，但也存在一些局限性。考虑到个体的认知和情感会随时间变化，应该对服务补救期望和服务补救公平进行纵向考察。因此，本研究的一个局限是我们使用了横断面调查方法，该方法只能显示某一时点或一个特定的时间内影响因素的关系，而不能准确揭示动态联系。这一问题存在于所有横断面调查中（Gallivan et al.，2005），因此未来需要进行纵向研究。本研究的另一个局限是所有数据都是由被调查者自我报告的。由于受访者可能隐瞒自己的真实想法，未来的研究应该使用其他数据收集方法来获得更丰富的数据，并对数据进行进一步的解释和分析。此外，其他与服务补救满意度相关的因素也可能发挥作用。未来的研究应该包括其他影响因素，如客户关系（Hess et al.，2003）和服务失败归因（Webster and Sundaram，1998）。

5.6 本 章 小 结

在线购物环境下的顾客公民行为对于网络零售商的成功至关重要。然而，目前尚不清楚服务补救期望和服务补救公平是否以及如何预测电子商务环境下的顾客公民行为。本研究以期望确认理论和社会交换理论为基础，探究了服务补救期望和服务补救公平经服务补救期望确认和服务补救满意度的链式中介而影响顾客公民行为的路径机制。我们共收集了来自网购消费者的 774 份样本数据，其中 401 份样本数据是源于被试印象最深的服务补救经历，373 份样本数据是源于被试最近一次的服务补救经历。通过使用结构方程模型和 Bootstrapping 算法进行假设检验发现，服务补救期望确认受服务补救期望的负向影响、服务补救公平的正向影响，并进一步正向影响服务补救满意度和顾客公民行为，服务补救期望确认和服务补救满意度在服务补救期望、服务补救公平与顾客公民行为的关系中起链式中介作用。我们的研究从服务补救这一崭新视角来理解是什么促进或阻碍顾客公民行为，拓展了顾客公民行为研究。此外，我们将服务补救期望和服务补救公平相结合，揭示二者是如何通过期望确认来影响在线购物环境中的服务补救满意度来拓展服务补救研究。

第6章 服务失败归因与服务补救公平对品牌推崇的影响机制

6.1 引　言

在竞争激烈的服务行业中，即使是服务交付过程中的一个微小错误，也会增加顾客转换意愿（Wei and Lin，2020；Zhu and Park，2022）。由于服务的独特性，服务失败是不可避免的（Manu and Sreejesh，2021；Shamim et al.，2021）。立即采取行动进行良好的服务补救能够帮助企业挽回顾客满意度（Cantor and Li，2018；Mazhar et al.，2022）。服务补救是获得顾客满意度及其积极行为意图的关键因素（Kima and Baker，2020；Zhu et al.，2021）。

先行研究使用归因理论来解释顾客对服务失败的反应（Belanche et al.，2020）。归因是人们试图解释为什么某一失败会发生（Van Vaeren-bergh et al.，2014）。它起源于社会心理学，被视为一个重要的营销概念。从理论上和实践上理解归因过程至关重要，因为顾客通常会对负面结果进行归因（Xu et al.，2020）。先行研究大多只考虑了两个归因维度（即稳定性和可控性）（Kim and Cho，2014），少数研究将归属性维度也包含在内分析了服务失败归因的影响（Harris et al.，2006；Oflac et al.，2021）。事实上，三维模型优于二维模型（Moliner‐Velázquez et al.，2015），因此将归属性作为独立变量纳入服务失败和服务补救研究将会很有趣。

学者们将公平理论作为分析服务补救策略的重要研究框架（McColl‐Kennedy & Sparks，2003）。该理论的逻辑基础是顾客对服务补救公平的感知对其心理和行为有重大影响（Akram et al.，2021，Akram et al.，2019，Khan et al.，2021）。因此，服务提供商必须清楚地了解公平维度以制定有效的服务补救策略。大量的服务补救研究只考虑三个公平维度（分配公平、程序公平和互动公平（Tax et al., 1998；Chebat and Slusarczyk, 2005；E. Collier and C. Bienstock, 2006）。少数研究将信息公平维度也包含在内来分析服务补救公平的影响（Bhatti and Khattak, 2015；Nikbin et al., 2015；Ngahu et al., 2016）。科尔奎特（Colquitt, 2001）指出四维模型优于三维模型。因此，有必要将信息公平作为服务补救公平的第四维度纳入服务补救研究。

学者们已从服务失败归因和服务补救公平的角度分析了服务补救，但是关于服务失败归因对服务补救公平的影响却知之甚少。只有少数研究实证分析了顾客的服务失败归因对其服务补救公平感知的影响（Burton et al., 2014；Schneider and Castillo, 2015）。因此，我们提出了一个将归因三维度（归属性、稳定性和可控性）与公平四维度（分配公平、程序公平、互动公平和信息公平）相结合的研究模型，并实证研究了服务失败归因对服务补救公平的影响以弥补现有研究的不足。

服务营销学者指出，关系营销应该发展到更高层次，不能仅局限于顾客忠诚度（Fierro et al., 2014；Gohary et al., 2016b；Odoom et al., 2020）。品牌推崇是口碑传播的升级形式（Munyaradzi W. Nyadzayo et al., 2020），应作为一个重要概念进行研究（Doss, 2014），并且品牌推崇研究应拓展到服务补救情境，因为了解如何在服务补救中激励顾客产生品牌推崇可以让企业将危机转化为机遇。但遗憾的是相关实证研究却明显不足，因此迫切需要加强服务补救情境下的品牌推崇研究（Abd Rashid et al., 2017）。此外，根据先行研究，服务失败归因和服务补救公平会影响顾客的行为意图，例如口碑和惠顾意向（Blodgett et al., 1997；Kim et al., 2009；Harrison - Walker, 2019）。但服务失败归因和服务补救公平对品牌推崇的预测作用尚未得到验证。本研究通过探索在线服务补救情境下服务失败归因和服务补救公平对服务补救满意度及后续品牌推崇的影响来拓展品牌推崇研究。

此外，本研究还分析了服务补救文献中虽重要却相对被忽视的情感依恋的调节作用。消费者行为多以情感为导向，其行为和态度大多受到情感的影响（Río - Lanza et al., 2009；Kima and Baker, 2020；Babin et al., 2021）。情感依恋是营销学的一个基本概念，被定义为将某人与特定目的联系起来的情感纽带（Jimenez and Voss, 2014）。先行研究验证了情感依恋对服务补救满意度的直接影响（Nguyen and Minh, 2018）以及情感依恋在服务补救行为与服务补救满意度之间的中介作用（Río - Lanza et al., 2009；Vázquez - Casielles et al., 2012）。然而，鲜有研究深入探讨其在服务补救中的调节作用（Esen and Sonmezler, 2017；Torres et al., 2020）。

乔伊曼等（Joireman et al.，2013）建议未来研究应考察情感如何影响消费者对服务补救的评价。因此，本研究考察情感依恋在服务补救公平对服务补救满意度的影响中所起的调节效应以更好地了解顾客对服务补救的评估过程。

本研究的目的在于通过探索在线服务补救情境下服务失败归因和服务补救公平如何激励品牌推崇来弥补研究不足。具体而言，本研究旨在：（1）验证服务失败归因是否与服务补救公平相关；（2）调查服务失败归因和服务补救公平是否影响服务补救满意度和后续的品牌推崇；（3）考察情感依恋是否在服务补救公平与服务补救满意度的关系中起调节作用。

本研究从三方面为服务补救和品牌推崇研究做出了贡献。首先，本研究将归因的第三维度（归属性）和公平的第四维度（信息公平）作为自变量纳入研究模型，并特别验证了服务失败归因对服务补救公平的影响。其次，本研究通过探讨服务失败归因和服务补救公平影响品牌推崇的作用机制，将品牌推崇研究拓展到了服务补救情境。最后，本研究通过考察情感依恋的调节效应揭示了服务补救公平—服务补救满意度的作用机制，为以往文献低估情感依恋的调节效应提供了有益的补充。总之，本研究开发了更全面的研究框架来理解如何通过在线服务补救激励品牌推崇。

6.2　理论背景与研究假设

6.2.1　理论背景

6.2.1.1　归因理论

归因理论起源于社会心理学，现已成为各个领域的热门研究话题。研究人员指出，当服务失败发生时，顾客倾向于寻找导致服务失败的原因（Folkes，1984；Bitner et al.，1990；Zhu and Sivakumar，2013）。服务失败归因被定义为不满意的顾客所推断出的导致服务失败的原因（Lee et al.，2020），它对顾客行为具有重要影响（Sukariyah and Assaad，2015）。服务失败归因通常分为两个维度：可控性（即服务提供商是否可以防止服务失败发生）和稳定性（即导致服务失败发生的原因是否恒定）（Weiner，

1979)。然而，归属性（即谁应对服务失败负责）也会影响服务补救期望
(Harris et al.，2006) 和服务补救公平感知 (Oflac et al.，2021)。因此，
本研究认为服务失败归因应包含以下维度：

首先，归属性是指服务失败应归咎于顾客自己还是企业 (Hess et al.，
2003)。当不满意的顾客将服务失败归咎于自己时（即内部归因），服务
提供商对损失的责任很小，反之亦然。在某些情况下，顾客会将负面经历
归咎于自己 (Bowling and Michel，2011)。进行内部归因的顾客通常会认
为服务提供商的行为是正确的 (Bowling and Beehr，2006)。根据先行研
究，当消费者认为服务失败是由外部原因导致的，他们往往会产生负面情
绪 (Oflac et al.，2021)。本研究重点关注顾客将服务失败归咎于服务提
供商的服务失败归因。

其次，稳定性是指顾客认为服务失败的原因是暂时的还是稳定的
(Folkes，1984)。如果导致服务失败的原因是稳定的，那么顾客将更不满
意 (Hess et al.，2003)。换而言之，如果由于稳定的原因而发生服务失
败，顾客会感到不公平，从而加剧不满。本研究重点关注由于稳定原因而
造成的服务失败。

最后，可控性是指导致服务失败的原因是否在企业的控制范围内，即顾
客认为服务失败是有意还是无意的程度 (Hess et al.，2003)。当顾客将不满
意的服务失败经历归因于服务提供商无法控制的原因时，他们并不认为服务
失败是有意的行为 (Weiner，2000)。相反，如果顾客认为服务失败是可以
提前预防的，他们往往会认为这是不公平的事件，而这会导致他们对服务提
供商的不满。本研究重点关注顾客认为是由于可控原因导致的服务失败。

6.2.1.2　公平理论

基于社会心理学文献和组织心理学文献，公平理论在服务补救文献的
理论框架中占据重要地位 (Wirtz and Mattila，2004)。本研究使用公平理
论来阐释顾客对服务补救努力的反应。公平理论认为，服务提供商提供的
服务补救策略的公平性取决于消费者的感受 (McColl - Kennedy and
Sparks，2003)。由于消费者是根据感知公平来评价服务补救，所以关于服
务补救公平的研究是必要的。

通常，公平维度包括分配公平、程序公平和互动公平 (Blodgett et
al.，1997；Tax et al.，1998；Chebat and Slusarczyk，2005)。然而，科尔
奎特 (Colquitt，2001) 指出，包含信息公平的四维模型优于三维模型，

因为信息的真实性在服务补救过程中起着重要作用。因此，本研究认为服务补救公平应从经济补偿（分配公平）、服务补救制度与政策（程序公平）、解决投诉抱怨的努力（互动公平）、服务失败与服务补救的解释（信息公平）四个维度展开。

学者们发现，顾客的服务补救满意度及补救后行为意图取决于服务补救公平程度（Lii et al.，2012；Mostafa et al.，2015；Musiiwa et al.，2020；Roy et al.，2022）。服务提供商应分析公平维度对顾客服务补救评估过程的影响以制定成功的服务补救策略（Gohary et al.，2016a）。

6.2.1.3 依恋理论

在营销文献中，情感依恋是一个重要概念，指的是与品牌、地点或商品等消费实体的情感纽带（Park and Macinnis，2006）。这种联系会影响消费者行为并提高企业的盈利能力（Thomson et al.，2005）。

情感依恋概念源于鲍尔比（Bowlby，1980）开创的心理学依恋理论。依恋是人们从婴儿时期就获得的与父母的情感纽带。在之后的人生旅程中，人们也会对物体产生依恋（Leets et al.，1995）。当消费者购买反映其个性的品牌时，良好的体验会带来积极的品牌态度，从而促进品牌依恋（Carroll and Ahuvia，2006，Kleine and Baker，2004）。

研究人员发现，顾客可以对礼物、品牌等各种物品产生情感依恋（Patwardhan and Balasubramanian，2011）。近年来，对品牌的情感依恋在营销研究中越来越受到关注。现有研究已经检验了情感依恋作为前因变量（Kim et al.，2009；Nguyen and Minh，2018）及中介变量（Río - Lanza et al.，2009；Vázquez - Casielles et al.，2012）对服务补救满意度的影响，但很少有研究关注其调节效应（Esen and Sonmezler，2017；Torres et al.，2020），因此需要加强对此的研究。

6.2.1.4 品牌推崇

作为口碑营销的延伸，品牌推崇并不局限于与其他顾客分享对特定产品或服务的正面评价，而是积极影响他人消费同一品牌，并劝阻他人使用竞争对手的品牌（Doss，2014）。它包括保护品牌免受负面口碑影响的意愿，并成为该品牌产品或服务的非正式代言人的行为（Becerra and Badrinarayanan，2013）。口碑传播意味着非正式地向消费者提供对品牌评价的意见，而品牌推崇是一种以可信性和专业性向消费者传递意见的方法。目前，关于品牌推崇的研究仍处于起步阶段（Rashid & Fauziah，2014），很少有研究关注如何在服务补救中激励品牌推崇（Rashid and Ahmad，2014）。由于品牌推崇植根于口碑传播，已有许多服务补救文献表明服务补救满意度是正面口碑的重要前因（Maxham and Netemeyer，2002a）。基于此，本研究探讨如何从服务失败归因和服务补救公平的角度，通过服务补救满意度来激励品牌推崇。

图 6-1 描述了概念模型与研究假设。基于归因理论、公平理论和依恋理论，我们提出了一个理论模型，从顾客的服务失败归因和服务补救公平开始，最后引出品牌推崇。我们将认知、情感与行为因素结合在研究模型中。服务失败归因和服务补救公平被视为认知因素，服务补救满意度被视为情感因素，品牌推崇被视为情感因素的行为结果。本研究假设服务失败归因与服务补救公平呈负相关，服务失败归因和服务补救公平与服务补救满意度及后续品牌推崇显著相关，情感依恋会调节服务补救公平与服务补救满意度之间的关系。该模型的合理性是显而易见的。首先，顾客的服务失败归因降低了他/她的服务补救公平。其次，顾客的服务补救满意度由服务失败归因和服务补救公平驱动。服务补救满意度越高，顾客就越有可能进行品牌推崇。最后，服务补救公平与服务补救满意度之间的关系可能会受到顾客情感依恋的调节。

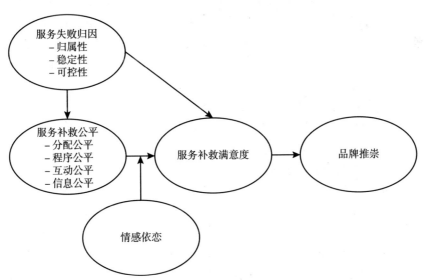

图 6-1　服务失败归因与服务补救公平对品牌推崇的影响机制的研究模型

6.2.2 研究假设

6.2.2.1 服务失败归因对服务补救公平的影响

归因理论已被用来解释有关服务失败的因果推断（O'Neill and Mattila, 2004）。当服务失败发生时，顾客倾向于寻找问题的原因。因此，服务失败归因是解释顾客对服务失败的行为反应的关键因素。更好地理解服务失败归因可以帮助服务提供商制定正确的服务补救策略。

服务失败归因会影响认知结果。服务补救公平通常被视为一种认知概念（Kima and Baker, 2020）。在以往研究的基础上，本研究将服务补救公平分为分配公平、程序公平、互动公平和信息公平（Nikbin et al., 2015）。根据社会交换理论，人们权衡社会关系的收益与成本。他们试图最大化收益和最小化成本，并比较收益和成本来决定它是否公平（Homans, 1958）。因此，将服务失败归咎于服务提供商且认为服务失败原因稳定可控的顾客，感知不公平的概率更高。尽管服务失败归因很重要，但很少有研究实证检验其对服务补救公平的作用。韦纳（Weiner, 2006）强调归因维度不仅影响情感和行为，而且对社会判断也至关重要。施奈德和卡斯蒂洛（Schneider and Castillo, 2015）提出内部归因对公平产生积极影响，而外部归因对公平产生消极影响。根据对企业员工的调查，柏顿等（Burton et al., 2014）指出，内部归因对互动公平产生积极影响，而外部归因则产生消极影响。科尔（Cole, 2008）则认为，内部归因和外部归因会影响公平维度。因此，本研究提出以下假设：

H1：归属性对公平维度有负向影响。

H1a：归属性对程序公平有负向影响。

H1b：归属性对分配公平有负向影响。

H1c：归属性对互动公平有负向影响。

H1d：归属性对信息公平有负向影响。

H2：稳定性对公平维度有负向影响。

H2a：稳定性对程序公平有负向影响。

H2b：稳定性对分配公平有负向影响。

H2c：稳定性对互动公平有负向影响。

H2d：稳定性对信息公平有负向影响。

H3：可控性对公平维度有负向影响。

H3a：可控性对程序公平有负向影响。

H3b：可控性对分配公平有负向影响。

H3c：可控性对互动公平有负向影响。

H3d：可控性对信息公平有负向影响。

6.2.2.2　服务失败归因对服务补救满意度的影响

归因理论已在许多领域得到应用（Jiang，2020）。当发生服务失败时，顾客会进行因果归因以寻找服务失败的原因。他们试图理解为什么服务失败会发生（Nikbin et al.，2012）。服务失败归因会导致积极结果和消极结果（Malombe and Choudhury，2020）。

只有少数研究深入分析了服务失败归因对服务补救满意度的影响。基于先行研究，本研究将服务失败归因划分为归属性、稳定性和可控性（Moliner‑Velázquez et al.，2015）。归属性是指顾客认为服务失败的原因是他们的过错还是企业的过错（Weitzl et al.，2018；Matikiti et al.，2019）。鉴于顾客倾向于将服务失败的原因归咎于企业而非自己，本研究聚焦于外部归因。如果实际服务补救绩效与服务补救期望存在差距，容易导致顾客不满意（Swanson and Hsu，2011）。因此，本研究假设，如果服务失败的原因在于企业，则归属性与服务补救满意度之间存在负相关。

稳定性被定义为顾客是否认为服务失败的原因是不变的。如果顾客认为服务失败的原因是永久性的，则会预料同样的服务失败会反复发生，这会增加顾客的不满。在这种情况下，顾客可能会向服务提供商索赔（Hess et al.，2003；Van Vaerenbergh et al.，2014；Jiang，2020）。因此，本研究假设，如果服务失败的原因是永久性的，则稳定性和服务补救满意度之间存在负相关。

可控性被定义为顾客是否认为服务失败的原因是企业可预防或控制的。如果顾客认为服务提供商可以控制服务失败原因，他们会表现出不满并责怪服务提供商（Nikbin et al.，2014；Nikbin et al.，2015；Ngahu，2019；Gidakovi and ater，2021）。因此，本研究假设，如果服务失败原因是可控的，则可控性和服务补救满意度之间存在负相关，故提出以下假设：

H4：服务失败归因对服务补救满意度有负向影响。

H4a：归属性对服务补救满意度有负向影响。

H4b：稳定性对服务补救满意度有负向影响。

H4c：可控性对服务补救满意度有负向影响。

6.2.2.3 服务补救公平对服务补救满意度的影响

公平理论在解释顾客满意度的形成方面得到了广泛的关注。多项研究证实了实体环境中服务补救公平对服务补救满意度的显著影响（Cheung and To，2016；Balaji et al.，2018），本研究试图验证该法则是否同样适用于在线环境。

分配公平被定义为个人所感受到的自己所获得结果的感知公平性（Lin et al.，2011；Nikbin et al.，2012）。在服务补救措施方面，顾客判断服务提供商提供的结果是否公平（Wu et al.，2020b）。拉希德和艾哈迈德（Rashid and Ahmad，2014）指出，分配公平的关键是为顾客因服务失败而造成的损失和不便提供补偿。巴姆鲍尔—萨克斯和拉贝森（Bambauer - Sachse and Rabeson，2015）、努尼（Noone，2012）强调，补偿有效地缓解了服务失败后的顾客不满。补偿包括退款、换货、维修、折扣、优惠券等。已有研究指出分配公平对服务补救满意度有正向影响（Tsai et al.，2014；Esen and Sonmezler，2017；Rashid et al.，2017；Azzahro et al.，2020；Gidakovi and ater，2021），故提出以下假设：

H5a：分配公平对服务补救满意度有正向影响。

程序公平被定义为处理服务失败和回应顾客抱怨的服务补救政策和程序的公平性（Nikbin et al.，2012）。换而言之，它意味着顾客对服务补救过程、政策或规则的感知（Ofori et al.，2015）。当服务提供商承认错误并尝试纠正错误并根据顾客需求调整服务补救策略时，顾客会感知到服务补救的程序公平。顾客根据自己是否可以自由表达意见、服务补救过程的透明度以及服务补救措施的适当性来评价程序公平（Tax et al.，1998）。先行研究指出，程序公平对服务补救满意度有积极影响（Lii et al.，2012；Esen and Sonmezler，2017；Rashid et al.，2017；Azzahro et al.，2020；ALhawbani et al.，2021；Badawi et al.，2021；Gidakovi and ater，2021），故提出以下假设：

H5b：程序公平对服务补救满意度有正向影响。

互动公平是指顾客在服务失败后与企业员工沟通交流时所感受到的公平程度（Tsai et al.，2014）。当服务提供商在沟通和解决问题时表现出礼貌、诚实和同理心，顾客就会感知到服务补救的互动公平。科尔奎特（Colquitt，2001）发现企业可通过员工表达"对不起"来传达互动公平改善服务补救满意度，因为顾客使用同理心作为评价互动公平的标准。互动公平也可通过可信度、对错误的态度、礼貌、对解决问题的密切关注以及愿意倾听顾客抱怨的意愿等来进行评价（Wirtz and Mattila，2004）。研究人员发现，互动公平对服务补救满意度有积极影响（Lii et al.，2012；Tsai et al.，2014；Esen and Sonmezler，2017；Rashid et al.，2017；Azzahro et al.，2020；Olatunde and Nkamnebe，2021），故提出以下假设：

H5c：互动公平对服务补救满意度有正向影响。

信息公平关注服务提供商所提供的有关服务补救的信息是否准确与真实（Colquitt，2001）。信息公平通过提高信息的透明度与诚实性来传达可信度。顾客对服务补救的自愿和积极评价以及他们在服务补救过程中的体验是服务补救满意度的主要原因（Bhatti and Khattak，2015）。就信息公平而言，即使顾客遭遇服务失败，如果他们认为服务提供商提供了充分且令人信服的解释，他们也愿意接受它是公平的（Bies and Shapiro，1987）。然而，信息公平在服务补救研究中很少受到关注。有学者指出，如果向顾客提供有助于他们做出决定的信息，他们会感受到更多的公平（Gohary et al.，2016b）。少数研究证实，在实体环境中信息公平会对服务补救满意度产生积极影响（Ofori et al.，2015；Badawi et al.，2021）。阿明和佩雷拉（Amin and Piaralal，2021）发现，在开放和远程学习环境中信息公平对服务补救满意度产生积极影响，故提出以下假设：

H5d：信息公平对服务补救满意度有正向影响。

6.2.2.4　服务补救满意度对品牌推崇的影响

服务补救研究以公平理论为主要研究框架。根据公平理论，具有服务补救满意度的顾客倾向于传播正面口碑（Moliner－Velázquez et al.，2015）。品牌推崇虽然源于心理学，但被营销学者视为高级的口碑形式。对服务补救满意的顾客会参与正面口碑传播（De Matos and Vargas Rossi，2008）。因此，如果消费者对服务补救感到满意，他们愿意与他人分享他们的积极体验，会成为自愿推广品牌的品牌推崇者。少数研究证明，服务补救满意度对品牌推崇产生积极影响（Rashid and Ahmad，2014；Rashid et al.，2017），故提出以下假设：

H6：服务补救满意度对品牌推崇有正向影响。

6.2.2.5　情感依恋的调节效应

根据消费者—品牌关系理论，消费者会以类似于建立社会关系的方式建立与品牌的关系（Fournier，1998）。消费者和品牌之间强烈的情感关联会使消费者产生对品牌的情感依恋（Thomson et al.，2005）。此外，根据自我扩张理论（Aron and Aron，1986），消费者很可能将品牌纳入自身以建立亲密关系，这意味着发展消费者与品牌之间的情感依恋的重要性（Loh et al.，2021）。

尽管情感依恋作为前因变量和中介变量的作用已得到充分证明，但很少有研究验证其调节效应。本研究基于格雷瓜尔和费希尔（Gregoire and Fisher，2006）的"爱是盲目"效应，提出对服务提供商的积极情感会显著影响服务补救效果。与服务提供商有密切联系的顾客不希望结束这种关系，因此他们更有可能原谅服务提供商的服务失败。埃森和松梅兹勒（Esen and Sonmezler，2017）指出情感依恋会调节感知公平对服务补救满意度的影响。因此，我们假设对服务提供商有情感依恋的顾客会抵消服务失败的负面影响以维持亲密关系，并对服务补救工作做出更积极的反应，故提出以下假设：

H7 情感依恋在服务补救公平对服务补救满意度的影响中起调节效应。

H7a 情感依恋在程序公平对服务补救满意度的影响中起调节效应。

H7b 情感依恋在分配公平对服务补救满意度的影响中起调节效应。

H7c 情感依恋在互动公平对服务补救满意度的影响中起调节效应。

H7d 情感依恋在信息公平对服务补救满意度的影响中起调节效应。

6.3　研　究　设　计

6.3.1　调查程序与样本特征

6.3.1.1　调查程序

从 2021 年 5 月 6 日~5 月 21 日，我们的研究团队进行了面对面问卷调查，以收集网购消费者在遭遇服务失败和服务补救时的真实反应。我们针对在过去一年中经历过在线服务失败和服务补救的网购消费者收集数据。为了确保问卷调查的顺利实施，我们对 35 名符合条件的大学生进行了试调查。在试调查期间，我们与受访者面对面详细讨论了问卷上的所有问题。试调查的数据分析结果总体符合预期，并且受访者大多表示问卷具有可读性和可理解性。结合统计分析和访谈反馈，最终正式发布的问卷总共设置了 46 题，其中 43 题与测量变量相关。具体而言，服务失败归因（归属性、稳定性、可控性）和服务补救公平（分配公平、程序公平、互动公平、信息公平）分别有四个测量题项，而服务补救满意度、品牌推崇、情感依恋分别有五个测量题项。每个受访者的人口统计信息（性别、年龄和月收入）作为控制变量被收集并处理（Gong and Yi, 2019）。

为了减少回忆偏误，受访者必须是在过去一年的网络购物过程中遇到过一次以上的服务失败及服务补救。具体而言，受访者应满足两个条件：第一，他们应在过去一年之内有过网购服务失败的经历（如缺货少货、尺寸不符、产品缺陷、夸大或虚假宣传、派送延迟或错误、网站问题）。第二，他们应该随后收到网店提供的一些服务补救措施（如赔偿、退款、更换、道歉）。我们在调查开始前会询问一个筛选问题，以确定参与者是否有资格回答问卷。没有网购服务失败和服务补救经验，或经历网购服务失败和服务补救的时间过久（已超过一年）的参与者被排除在数据收集范围之外。由于缺少服务失败和服务补救经验的网购者名单，本研究采用非概率便利抽样方法，并且该方法快速、经济、方便。

6.3.1.2 样本特征

本研究共发放问卷 450 份，回收 423 份，剔除未填或疑似不实回答的问卷 23 份，最后保留有效问卷 400 份做进一步分析，有效回收率为 88.9%。所有受访者都表示自己在过去一年内经历了不止一次的网购服务失败和服务补救。超过一半的受访者为女性（58.5%），而约 41.5% 为男性。大多数受访者年龄在 30 ～ 39 岁（34.7%），29 岁以下的受访者占总数的 27%，40 ～ 49 岁的受访者占 24.3%，50 岁以上的受访者占 14%。此外，123 人（30.8%）的平均月收入为 2501 ～ 5000 元，其中 90 人（22.5%）的平均月收入为 5001 ～ 10000 元，73 人（18.3%）的平均月收入低于 2500 元，69 人（17.2%）的平均月收入为 10001 ～ 15000 元，45 人（11.2%）的平均月收入超过 15001 元。

6.3.2 变量测量

为确保充足的内容效度，本研究的测量问项主要来自先行研究，但根据研究背景进行了适当调整。受访者用5级李克特量表对每一条语句分别表示同意的程度,从完全不同意(1)到完全同意(5)。原始量表均来自英文,所以我们先请专业翻译人员将英文量表翻译成中文,再邀请另一位精通中英双语的翻译进行反向翻译以确保所有问题的中英文意思表达一致。

6.3.2.1 服务失败归因的定义与测量

服务失败归因被定义为消费者对服务失败的认知解释(Lee and Cranage,2018)。服务失败归因的测量量表参考尼克宾等(Nikbin et al.,2014)的研究。归属性由四个问项组成:"我认为问题是由我引起的(loc1)""我认为问题是由网络零售商引起的(loc2)""我认为问题是由网店程序引起的(loc3)""我认为问题是由网店政策(loc4)引起的"。稳定性由四个问项组成:"问题的原因可能经常发生(sat1)""问题的原因可能在未来发生(sat2)""问题的原因可能是暂时的(sta3)""问题的原因不会随时间推移而改变(sta4)"。可控性由四个问项组成:"网络零售商本可以轻松防范问题发生(con1)""问题的原因是可控的(con2)""问题的原因是可以避免的(con3)""问题的原因是可以预防的(con4)"。

6.3.2.2 服务补救公平的定义与测量

分配公平是指服务补救的实际结果的感知公平性(Esen and Sonmezler,2017)。分配公平的测量量表参考埃森和松梅兹勒(Esen and Sonmezler,2017),由四个问项组成:"我认为网络零售商对我进行服务失败补偿时非常公平(dis1)""考虑到因服务失败所造成的麻烦和所花费的时间,我从网络零售商处获得的补偿是合适的(dis2)""网络零售商的服务补救努力足以提供令人满意的补偿(dis3)""网络零售商采取了足够的补偿措施来解决问题(dis4)"。

程序公平是指在服务补救中解决问题和分配资源的规则和流程的公平性(Esen and Sonmezler,2017)。程序公平测量量表参考埃森和松梅兹勒(Esen and Sonmezler,2017),由四个问项组成:"网络零售商试图迅速解决问题(pro1)""我相信网络零售商正确解决了我的问题(pro2)""我相信网络零售商在解决问题方面有公平的政策(pro3)""我认为网络零售商的投诉处理程序是完善的(pro4)"。

互动公平是指消费者在服务补救过程中与员工的人际互动中体验到的

公平程度（Nikbin et al.，2012）。互动公平测量量表参考古哈利等（Gohary et al. 2016），由四个问项组成："员工对我的问题给予了相当程度的关注（int1）""员工认真倾听了我的抱怨（int2）""员工向我真诚道歉（int3）""员工努力解决我的问题（int4）"。

信息公平是指在服务补救中用于解释问题原因的信息的感知适用性（Hess et al.，2003）。信息公平测量量表参考古哈利等（Gohary et al. 2016），由四个问项组成："员工对服务补救程序的解释很彻底（inf1）""员工对服务补救程序的解释很充分（inf2）""员工在与我的沟通中一直很诚实（inf3）""员工全面而迅速地描述了服务补救的细节（inf4）"。

6.3.2.3　服务补救满意度的定义与测量

服务补救满意度是指消费者对服务提供商的服务补救工作的满意程度（Esen and Sonmezler 2017）。服务补救满意度测量量表参考埃森和松梅兹勒（Esen and Sonmezler，2017），由五个问项组成："我对解决服务失败的方式感到满意（rec1）""在我看来，网络零售商提供了令人满意的问题解决方案（rec2）""我不后悔选择这家网店（rec3）""现在我对这家网店的态度更积极（rec4）""我很满意我的问题得到了处理和解决（rec5）"。

6.3.2.4　品牌推崇的定义与测量

品牌推崇是指以一种更积极、更投入的方式来传播该品牌的正面口碑，并努力建议他人尝试该品牌（Becerra and Badrinarayanan，2013）。品牌推崇测量量表参考贝塞拉和巴德里纳拉亚南（Becerra and Badrinarayanan，2013），由五个问项组成："很快，我就会从这家网店购买（eva1）""我会对这家网店进行口碑传播（eva2）""我会向我的朋友推荐这家网店（eva3）""如果我的朋友在网上搜索商品，我会告诉他们从这家网店购买（eva4）""我想告诉别人这家网店是世界上最好的（eva5）"。

6.3.2.5　情感依恋的定义与测量

情感依恋是指服务提供商和消费者之间情感联系的程度（Esen and Sonmezler 2017）。情感依恋测量量表参考埃森和松梅兹勒（Esen and Sonmezler，2017），由五个问项组成："我对网络零售商的感情以紧密联系为特征（att1）""我对网络零售商的感情以热情为特征（att2）""我对网络零售商的感情以喜爱为特征（att3）""我对这家网店没有特别的感觉

（att4）""我对网络零售商的感情以喜悦为特征（att5）"。

6.3.3　数据分析步骤

本研究通过验证性因子分析（CFA）检验研究模型，在主要分析阶段之前进行信度（Cronbach's α、组合信度）和效度（聚敛效度、区别效度）分析。使用结构方程模型对研究模型进行测试，并使用多组分析检验调节效应。

6.4　数据分析的结果

6.4.1　共同方法偏差检验

由于本研究数据来源单一，可能存在共同方法偏差问题。采纳波得萨阔夫和奥根（Podsakoff and Organ，1986）的建议，对数据进行 Harman 单因子检验（Podsakoff and Organ，1986）。验证性因子分析结果表明，单因子模型拟合效果（$\chi^2/df = 7.869$，GFI = 0.604，AGFI = 0.547，CFI = 0.314，SRMR = 0.133，RMSEA = 0.131）明显劣于十因子模型的拟合效果（$\chi^2/df = 1.512$，GFI = 0.915，AGFI = 0.892，CFI = 0.954，SRMR = 0.048，RMSEA = 0.036）。因此，本研究数据不存在明显的共同方法偏差问题。

6.4.2　信度与效度检验

Cronbach's α 被用于评估量表的内部一致性。根据巴戈齐和伊（Bagozzi and Yi，1988），所有变量的 Cronbach's α 都高于 0.7，则量表具有较高的信度（Bagozzi and Yi，1988）。如表 6 - 1 所示，情感依恋的 Cronbach's α 最高，为 0.894，其次是稳定性 0.861、品牌推崇 0.836、程序公正 0.829、服务补救满意度 0.814、分配公平 0.796、互动公平 0.791、归属性 0.779、可控性 0.728，信息公平具有最低的 Cronbach's α，为 0.717，表明量表的信度令人满意。

包含所有外生变量和内生变量而进行的探索性因子分析的结果显示，归属性、互动公平（loc2，int1）都删去一个不适宜测项。能够说明十个要因的分散率为 63.8%。Kaiser – Meyer – Olkin = 0.819，Bartlett = 7009.731，df = 820，p = 0.000。

表 6 – 1　　　　　　　　　　　　信度检验表

变量	最初问项数	信度分析后问项数	Cronbach's α 值	探索性因子分析后问项数	验证性因子分析后问项数
归属性	4	4	0.779	4	3
稳定性	4	4	0.861	3	3
可控性	4	4	0.728	4	3
分配公平	4	4	0.796	4	3
程序公平	4	4	0.829	4	3
互动公平	4	4	0.791	3	3
信息公平	4	4	0.717	4	3
服务补救满意度	5	5	0.814	5	3
品牌推崇	5	5	0.836	5	3
情感依恋	5	5	0.894	5	4

经过验证性因子分析，稳定性（sat1）、可控性（con1）、分配公平（dis2）、程序公平（pro3）、信息公平（inf1）和情感依恋（emo5）都删去一个不适宜测项，服务补救满意度（resat1，resat5）和品牌推崇（evan2，evan3）都删去两个不适宜测项。观察验证性因子分析的模型拟合指数，整体拟合度为 $\chi^2 = 588.188$（p = 0.00），df = 389，GFI = 0.915，AGFI = 0.892，CFI = 0.954，SRMR = 0.048，RMSEA = 0.036，模型拟合指数基本达到良好水准。

本研究根据海尔等（Hair et al.，2006），通过各变量的信度（CR）和平均提取方差值（Average Variance Extracted，AVE）来评价聚敛效度。根据表 6 – 2，各变量的信度均大于标准值 0.7，各变量的 AVE 值大于海尔等（Hair et al.，2006）建议的最小临界值 0.5，说明各变量的聚敛效度较好。本研究采用异质—单质比率（HTMT）方法来检验区分效度。如表 6 – 3 所示，各潜变量的 HTMT 值都低于 0.85 的阈值，所以本研究的区分效度得到验证。

表 6 - 2 验证性因子分析结果

变量	题项	非标准化因子载荷	标准误差	t 值	标准化因子载荷	CR 值	AVE 值
归属性	loc1	1.000	—	—	0.764	0.754	0.506
	loc3	0.880	0.051	17.370	0.717		
	loc4	0.740	0.087	8.524	0.648		
稳定性	sta2	1.000	—	—	0.799	0.790	0.560
	sta3	0.736	0.063	11.714	0.627		
	sta4	0.982	0.070	14.025	0.805		
可控性	con2	0.768	0.099	7.765	0.694	0.784	0.549
	con3	0.792	0.095	8.332	0.726		
	con4	1.000	—	—	0.798		
分配公平	dis1	1.000	—	—	0.777	0.764	0.521
	dis2	0.967	0.075	12.825	0.760		
	dis4	0.723	0.081	8.900	0.618		
程序公平	pro2	1.000	—	—	0.824	0.809	0.588
	pro3	0.945	0.060	15.669	0.797		
	pro4	0.917	0.069	13.234	0.670		
互动公平	int2	0.924	0.085	10.818	0.694	0.818	0.600
	int3	1.000	—	—	0.826		
	int4	0.973	0.097	10.085	0.798		
信息公平	inf2	0.745	0.054	13.771	0.707	0.830	0.625
	inf3	1.000	—	—	0.852		
	inf4	0.926	0.062	14.897	0.805		
服务补救满意度	sat2	1.000	—	—	0.748	0.750	0.501
	sat3	0.743	0.069	10.757	0.652		
	sat4	0.890	0.080	11.076	0.720		
品牌推崇	eva1	0.924	0.081	11.351	0.726	0.785	0.549
	eva4	1.000	—	—	0.752		
	eva5	0.930	0.078	11.908	0.744		
情感依恋	emo1	1.000	—	—	0.838	0.870	0.626
	emo2	0.791	0.054	14.734	0.697		
	emo3	0.985	0.056	17.485	0.801		
	emo4	0.971	0.054	17.982	0.822		

表 6 - 3　区分效度检验（HTMT 标准）

变量	1	2	3	4	5	6	7	8	9	10
归属性（1）	0.711*									
稳定性（2）	0.067**	0.748*								
可控性（3）	0.275**	0.126**	0.741*							
分配公平（4）	0.384**	0.120**	0.441**	0.722*						
程序公平（5）	0.478**	0.109**	0.364**	0.301**	0.767*					
互动公平（6）	0.419**	0.121**	0.404**	0.354**	0.321**	0.775*				
信息公平（7）	0.057**	0.102**	0.089**	0.042**	0.065**	0.011**	0.791*			
服务补救满意度（8）	0.073**	0.118**	0.161**	0.098**	0.075**	0.198**	0.056**	0.708*		
品牌推崇（9）	0.127**	0.100**	0.098**	0.068**	0.089**	0.054**	0.107**	0.699**	0.741*	
情感依恋（10）	0.035**	0.151**	0.140**	0.132**	0.093**	0.112**	0.138**	0.153**	0.104**	0.791*

注：* 为 AVE 平方根在对角线上，** 为各潜变量的相关系数。

6.4.3　假设检验

本研究使用 AMOS 25.0 软件进行分析, 模型拟合指数如表 6 - 4 所示, 整体拟合度 $\chi^2 = 550.221$（p = 0.00）, df = 301, GFI = 0.907, AGFI = 0.884, CFI = 0.930, RMR = 0.036, RMSEA = 0.046, 基本上达到良好水平。

表 6 - 4　　　　　　　　　　假设检验结果

路径	研究假设	路径系数	t 值	是否成立
归属性→分配公平	H1a	-0.152	-2.538 **	是
归属性→程序公平	H1b	-0.143	-2.943 *	是
归属性→互动公平	H1c	-0.137	-2.423 **	是
归属性→信息公平	H1d	-0.015	-0.277	否
稳定性→分配公平	H2a	-0.283	-6.641 *	是
稳定性→程序公平	H2b	-0.095	-2.440 **	是
稳定性→互动公平	H2c	-0.140	-2.733 *	是
稳定性→信息公平	H2d	-0.086	-1.495	否
可控性→分配公平	H3a	-0.585	-7.220 *	是
可控性→程序公平	H3b	-0.826	-7.763 *	是
可控性→互动公平	H3c	-0.771	-6.889 *	是
可控性→信息公平	H3d	-0.010	-0.113	否
归属性→服务补救满意度	H4a	-0.337	-5.136 *	是
稳定性→服务补救满意度	H4b	-0.143	-2.307 **	是
可控性→服务补救满意度	H4c	-0.492	-2.160 **	是
分配公平→服务补救满意度	H5a	0.273	2.021 **	是
程序公平→服务补救满意度	H5b	0.217	1.967 **	是
互动公平→服务补救满意度	H5c	0.343	2.510 **	是
信息公平→服务补救满意度	H5d	0.062	1.342	否
服务补救满意度→品牌推崇	H6	0.745	9.799 *	是

模型拟合指数 $\chi^2 = 550.221$（p = 0.00）, df = 301, GFI = 0.907, AGFI = 0.884, CFI = 0.930, RMR = 0.036, RMSEA = 0.046

注: * p < 0.01, ** p < 0.05。

观察研究模型的 SMC，服务失败归因能较好地预测分配公平、程序公平、互动公平和信息公平，方差解释量分别为 60.2%、54.7%、37.1%、15.9%。服务失败归因和服务补救公平能较好地预测服务补救满意度，其方差解释量为 39.6%。服务补救满意度能较好地预测品牌推崇，其方差解释量为 60.8%。

表 6-4 展示了研究模型的假设检验结果。假设 H1a、H1b、H1c 和 H1d 预测了归属性与服务补救公平之间的关系。考虑控制变量后，归属性对分配公平（β=-0.152，t=-2.538，p<0.05）、程序公平（β=-0.143，t=-2.943，p<0.01）、互动公平（β=-0.137，t=-2.423，p<0.05）有显著负向影响，因此 H1a、H1b、H1c 均成立。然而，归属性与信息公平之间没有显著的统计关系（β=-0.015，t=-0.277，ns），因此 H1d 不成立。

假设 H2a、H2b、H2c 和 H2d 预测了稳定性与服务补救公平之间的关系。考虑控制变量后，稳定性对分配公平（β=-0.283，t=-6.641，p<0.01）、程序公平（β=-0.095，t=-2.440，p<0.05）、互动公平（β=-0.140，t=-2.733，p<0.01）有显著负向影响，因此 H2a、H2b、H2c 均成立。然而，稳定性与信息公平之间没有显著的统计关系（β=-0.086，t=-1.495，ns），因此 H2d 不成立。

假设 H3a、H3b、H3c 和 H3d 预测了可控性与服务补救公平之间的关系。考虑控制变量后，可控性对分配公平（β=-0.585，t=-7.220，p<0.01）、程序公平（β=-0.826，t=-7.763，p<0.01）、互动公平（β=-0.771，t=-6.889，p<0.01）有显著负向影响，因此 H3a、H3b、H3c 均成立。然而，可控性与信息公平之间没有显著的统计关系（β=-0.010，t=-0.113，ns），因此 H3d 不成立。

假设 H4a、H4b 和 H4c 预测了服务失败归因与服务补救满意度之间的关系。考虑控制变量后，归属性（β=-0.337，t=-5.136，p<0.01）、稳定性（β=-0.143，t=-2.307，p<0.05）、可控性（β=-0.492，t=-2.160，p<0.05）对服务补救满意度有显著负向影响，因此 H4a、H4b、H4c 均成立。

假设 H5a、H5b、H5c 和 H5d 预测了服务补救公平与服务补救满意度之间的关系。考虑控制变量后，分配公平（β=0.273，t=2.021，p<0.05）、程序公平（β=0.217，t=1.967，p<0.05）、互动公平（β=0.343，t=2.510，p<0.05）对服务补救满意度有显著正向影响，因此 H5a、H5b、H5c 均成

立。然而，信息公平与服务补救满意度之间没有显著的统计关系（β=0.062，t=1.342，ns），因此 H5d 不成立。

此外，服务补救满意度对品牌推崇有显著正向影响（β=0.745，t=9.799，p<0.01），因此 H6 成立。

调节效应分析可以通过结构方程模型多组分析实现。做法是，先将两组的结构方程回归系数限制为相等，得到一个卡方值和相应的自由度。然后去掉这个限制，重新估计模型，又得到一个卡方值和相应的自由度。用限定后的卡方减去限定前的卡方得到一个卡方差，其自由度就是两个模型的自由度之差。如果卡方差在相应的自由度差上检验结果是统计显著的，则调节效应显著。

本研究考察情感依恋是否在服务补救公平对服务补救满意度影响过程中起调节效应（H7a，H7b，H7c，H7d），所以我们根据情感依恋中值将总样本分成高情感依恋和低情感依恋两组。低情感依恋组有 214 名受访者，而高情感依恋组有 186 名受访者。

为了检验情感依恋在分配公平对服务补救满意度影响过程中的调节作用，我们进行结构方程模型多组分析。如表 6-5 所示，先将两组的结构方程回归系数限制为相等，得到 $\chi^2=931.809$（df=603）。然后去掉这个限制，重新估计模型，又得到一个 $\chi^2=927.214$（df=602）。前面的 χ^2 减去后面的 χ^2 得到 $\Delta\chi^2=4.594$（p=0.032），其自由度就是两个模型的自由度之差为 1。$\Delta\chi^2$ 检验结果是统计显著的，所以调节效应显著，因此 H7a 成立。

表6-5　　　　　　　情感依恋的调节效应检验结果

路径	研究假设	自由度之差	卡方差	是否成立
分配公平→服务补救满意度	H7a	$\Delta df=1$	$\Delta\chi^2=4.594$（p=0.032）	是
程序公平→服务补救满意度	H7b	$\Delta df=1$	$\Delta\chi^2=8.731$（p=0.003）	是
互动公平→服务补救满意度	H7c	$\Delta df=1$	$\Delta\chi^2=1.065$（p=0.302）	否

为了检验情感依恋在程序公平对服务补救满意度影响过程中的调节作

用，我们进行结构方程模型多组分析。先将两组的结构方程回归系数限制为相等，得到 $\chi^2 = 935.946$（df = 603）。然后去掉这个限制，重新估计模型，又得到一个 $\chi^2 = 927.214$（df = 602）。前面的 χ^2 减去后面的 χ^2 得到 $\Delta\chi^2 = 8.731$（p = 0.003），其自由度就是两个模型的自由度之差为 1。$\Delta\chi^2$ 检验结果是统计显著的，所以调节效应显著，因此 H7b 成立。

为了检验情感依恋在互动公平对服务补救满意度影响过程中的调节作用，我们进行结构方程模型多组分析。先将两组的结构方程回归系数限制为相等，得到 $\chi^2 = 928.279$（df = 603）。然后去掉这个限制，重新估计模型，又得到一个 $\chi^2 = 927.214$（df = 602）。前面的 χ^2 减去后面的 χ^2 得到 $\Delta\chi^2 = 1.065$（p = 0.302），其自由度就是两个模型的自由度之差为 1。$\Delta\chi^2$ 检验结果是统计不显著的，所以调节效应不显著，因此 H7c 不成立。

根据假设检验结果，信息公平与服务补救满意度之间没有显著的统计关系，因此情感依恋在信息公平对服务补救满意度的影响中的调节效应不显著，即 H7d 不成立。

6.5 研究结果的讨论

6.5.1 研究结果

为了从网购消费者的角度检验服务失败归因和服务补救公平如何影响品牌推崇，我们基于归因理论、公平理论和依恋理论构建了一个研究模型，其中服务失败归因（即归属性、稳定性和可控性）和服务补救公平（即分配公平、程序公平、互动公平和信息公平）通过服务补救满意度来影响品牌推崇，并且情感依恋作为调节变量影响服务补救过程。结果表明，归因三维度（归属性、稳定性和可控性）对服务补救满意度有负向影响，而公平三维度（分配公平、程序公平和互动公平）对服务补救满意度有正向影响，并进一步与品牌推崇相关。至于两个前因变量之间的关系，归因三维度（归属性、稳定性和可控性）对公平三维度（分配公平、程序公平和互动公平）产生负向影响。此外，情感依恋调节分配公平—服务补救满意度和程序公平—服务补救满意度之间的关系。综上所述，研究结果有力地支持了服务失败归因和服务补救公平通过提高服务补救满意度来促进品牌推崇的推断。

6.5.2　理论启示

本研究在三方面对服务失败、服务补救和品牌推崇研究有所贡献。第一，以往的服务失败和服务补救研究只考虑了两个归因维度（即稳定性和可控性）和三个公平维度（即分配公平、程序公平和互动公平）。只有少数研究将归属性作为自变量来实证检验服务失败归因的影响（Oflac et al.，2021），也只有少数研究实证分析了信息公平作为自变量的影响（Nikbin et al.，2015；Ngahu et al.，2016）。此外，探索服务失败归因对服务补救公平影响的实证研究不足（Burton et al.，2014，Schneider and Castillo，2015）。本研究将归因的第三维度（归属性）和公平的第四维度（信息公平）纳入研究模型，并实证检验了服务失败归因如何影响服务补救公平，揭开了服务补救评价机制的神秘面纱，拓展了服务失败和服务补救研究。

第二，虽然学界对品牌推崇有一定的理论研究，但相关实证研究依然不足（Hsu，2019；Kang et al.，2020），特别是在服务补救情境下，品牌推崇仍有待探索。本研究通过探索在线服务补救过程中品牌推崇的激励方式来拓展品牌推崇研究。本研究证实了服务失败归因和服务补救公平通过引发服务补救满意度来影响品牌推崇，加深了我们对品牌推崇研究的认识。

第三，尽管许多学者强调了情感依恋作为自变量（Wen and Chi，2013；Nguyen and Minh，2018）和中介变量（Río–Lanza et al.，2009；Vázquez–Casielles et al.，2012）的作用，少有学者关注情感依恋的调节作用（Esen and Sonmezler，2017）。本研究通过考察情感依恋在服务补救公平对服务补救满意度的影响中的调节效应，强调了情感依恋的重要作用，说明了服务补救如何通过情感依恋的调节作用提高顾客的服务补救满意度，拓展了服务补救研究。

6.5.3　实践启示

本研究为从业者在网络零售行业实施有效的服务补救提供重要建议。研究结果可作为网络零售商了解消费者行为、提高顾客满意度和激励品牌推崇的行动指南。

首先，研究结果表明，服务失败归因（归属性、稳定性和可控性）对服务补救公平（分配公平、程序公平和互动公平）有负向影响。换而言之，网购消费者的服务补救公平感知受到服务失败归因的影响。具体而言，归属性被证实对分配公平、程序公平和互动公平产生负向影响。因此，从网购消费者的角度清楚理解服务失败的归属性对网络零售商来说非常重要。如果网购消费者认为问题是由网络零售商引起的，他们对服务补救公平的感知就会降低。因此，网络零售商应在服务补救管理中考虑服务失败的归属性。当发生服务失败时，第一步应该是问题检测，找出问题的根本原因（Zhu and Zolkiewski，2015）。通过这样做，网络零售商可以发现业务运营中的缺陷并优先处理需要改进的工作，从而监控和减少未来的服务失败（Oflac et al.，2021）。此外，稳定性被证实会对分配公平、程序公平和互动公平产生负向影响。这意味着，如果网购消费者认为导致服务失败的原因并不稳定，他们将更有可能感受到公平。因此，网络零售商应强调服务失败是暂时现象，并制定有效的策略来防止服务失败再次发生。此外，可控性对分配公平、程序公平和互动公平有负向影响，这意味着网络零售商必须避免那些能预防发生的服务失败。如果顾客认为服务失败是完全可控的，那么网店的形象很可能会恶化，所以有必要强调服务失败的发生不是网络零售商所能控制的。为提供优质服务，网络零售商应识别因可控且稳定的原因而导致的服务失败，提前做好应对措施。

其次，研究结果表明，服务失败归因（归属性、稳定性、可控性）和服务补救公平（分配公平、程序公平、互动公平）会影响服务补救满意度，进而影响品牌推崇。具体而言，服务失败归因（归属性、稳定性、可控性）对服务补救满意度有负向影响，而服务补救公平（分配公平、程序公平、互动公平）对服务补救满意度有正向影响。这意味着，如果网购消费者不将责任归咎于网店，并认为服务失败的原因是不稳定和不可控的，或者如果他们认为服务补救工作是公平的，他们会有更高的服务补救满意度。因此，网络零售商必须提前了解服务失败发生的可能性，并提供策略以防止因自身原因而发生可控、稳定的服务失败。服务失败发生后，网络零售商应通过合适的投诉处理工作来提高顾客的服务补救满意度，从而减轻服务失败的负面影响（Mazhar et al.，2022）。网络零售商应聘用善良、有礼貌的员工，并持续、系统地进行培训和指导，以确保服务补救执行过程中的服务标准。此外，对顾客因服务失败而造成的损失或不便进行赔偿也是必不可少的。无论是以金钱形式还是非金钱形式，赔偿都是保证分配公平和减轻服务失败后顾客不满的有效方式。服务补救的程序或制度对于保障程序公平也很重要。如果网络零售商执行有效的补救措施，顾客满意度将会提高。此外，我们还发现服务补救满意度对品牌推崇有积极影响。换而言之，服务补救满意度是品牌推崇的关键性决定因素。经历服务失败后，拥有高服务补救满意度的顾客比低服务补救满意度的顾客品牌推崇强度更大。这一结论与拉希德和艾哈迈德（Rashid and Ahmad，2014）及拉希德等（Rashid et al.，2017）的研究一致。网络零售商应该意识到服务补救满意度可以减轻和缓和顾客对服务失败的不满（Magnini et al.，2007）。消费者倾向于对他们满意的品牌表现出积极的态度，而对他们不满意的品牌表现出抵制行为。因此，即使在服务失败之后，也有很大概率能将服务失败转变为积极的经历。通过适当的服务失败归因和服务补救公平管理，网络零售商能将不满意的网购消费者转变为满意的消费者，甚至是品牌推崇者。

最后，研究结果表明，情感依恋在分配公平与程序公平对服务补救满意度的影响中有显著的调节作用，这意味着情感依恋越高，分配公平与程序公平对服务补救满意度的正相关关系越强。如果情感依恋度低，即使经过服务补救努力，网络零售商也很难获得高水平的服务补救满意度（Wei，2021）。因此，网络零售商应把培养顾客的情感依恋放在重要位置。如果顾客对网店产生情感依恋，他们倾向于原谅服务失败，并对网络零售商的补救努力做出更积极的反应。当服务失败发生时，顾客对网店强烈的情感依恋可成为网店有力的保护伞（Torres et al.，2020）。因此，从服务补救角度来看，与顾客建立情感依恋的投资是一个明智的策略。

6.5.4　研究局限性

尽管本研究取得了一些有趣的发现，但也存在局限性。首先，由于本研究收集的数据来自一个服务行业（即网络零售行业），因此研究结果的一般化可能存在一些问题。未来的研究应该扩展到其他行业。其次，通过问卷调查来获得适合标准化情境的普遍适用成果是具有挑战性的。今后的研究应采用关键事件法或情景模拟法，以克服问卷调查的固有缺陷。最后，本研究因将信息公平纳入公平维度而具有理论意义，然而失败归因对信息公平的影响以及信息公平对服务补救满意度的影响均不显著。这可能是由于本研究的情境设置。在网络零售领域，服务失败非常普遍，以至于解释可能不起作用（Wang and Mattila，2011），因此有必要在其他行业重新检验是否也获得相同的研究结果。

6.6　本 章 小 结

本研究的目的在于确定在线服务补救情境下，服务失败归因与服务补救公平是否影响品牌推崇，以及情感依恋是否会调节这种影响。研究结果表明，归因三维度（归属性、稳定性和可控性）对服务补救满意度产生负向影响，而公平三维度（分配公平、程序公平和互动公平）对服务补救满意度产生积极影响，进而对品牌推崇产生积极影响。至于两个前因变量之间的关系，归因三维度（归属性、稳定性和可控性）对公平三维度（分配公平、程序公平和互动公平）产生负向影响。此外，情感依恋在分配公平与程序公平对服务补救满意度的影响中起调节效应。研究结果证实服务失败归因和服务补救公平对于激励品牌推崇至关重要。本研究通过结合服务失败归因的第三维度（归属性）和服务补救公平的第四维度（信息公平），构建了一个比以往研究更全面的研究框架，并验证了服务失败归因对服务补救公平的影响。此外，我们通过研究如何在网购服务补救中激发品牌推崇，将品牌推崇研究扩展到了服务补救情境，并通过发现服务失败归因和服务补救公平经服务补救满意度影响品牌推崇的路径来促进对品牌推崇研究的理解。另外，关于情感依恋的调节效应研究弥补了现有研究的不足，因为以往研究大多侧重情感依恋作为前因或中介的作用。本研究能为那些希望制定有效策略以从服务补救中激励品牌推崇的网络零售商提供指南。

第7章 服务失败严重性与服务补救公平
对口碑传播意图的影响机制

7.1 引　　言

在商业竞争愈演愈烈的当代社会，企业必须保持稳定的利润，培养长期良好的顾客关系。然而，由于服务的不可分割性、无形性、可变性和易逝性，服务失败往往是不可避免的（Zhu et al.，2020）。网购消费者缺乏与导购工作人员的面对面互动，只能通过网站了解商品，物流、网站设计、电子支付等一系列不确定因素也会增加服务失败的发生。服务失败不仅会给企业造成损失，而且会恶化企业与顾客之间的关系，因此服务补救管理是企业经营的重要问题。通过有效的服务补救工作能安抚不满意的顾客，减少因服务失败而造成的损失。

学术界将公平理论作为服务补救研究的主要理论框架。里奥—兰萨等（Río – Lanza et al.，2009）提出，应通过感知公平维度而非整体感知公平来研究服务补救公平对服务补救满意度的影响。第6章的研究已证实，在网络零售情境下信息公平的作用并不显著，因此本研究聚焦于分析分配公平、程序公平和互动公平的影响。尽管学界普遍认同服务补救公平对服务补救满意度及口碑传播意图影响重大（Holloway and Beatty，2003；Swanson and Hsu，2009），但就不同情境下哪个公平维度的影响最大仍存在分歧。例如，在服务补救满意度的影响因素方面，有的学者认为分配公平是最重要的因素（Mostafa et al.，2015；Yeoh et al.，2015），而有的学者则认为程序公平才是核心要素（Nikbin and Hyun，2015；Yoon and Jung，2016），同时也有学者认为互动公平才最关键（Nadiri，2016；Esen and Sonmezler，2017）。关于口碑传播意图的影响因素方面也存在相悖的研究结果。有的研究认为程序公平的作用最大（Nikbin et al.，2011），有的研究认为互动公平的影响大于其他公平维度（Lin et al.，2011），同时也有研究认为分配公平才最具决定意义（Grewal et al.，2008）。这些相互矛盾的研究结论可能是由于研究情境的差异，因此有必要探索不同情境下服务补救公平与服务补救满意度、口碑传播意图之间的关系，为此本研究分析网络零售情境下服务补救公平各维度对服务补救满意度及口碑传播意图的相对效用，帮助管理者决定最有效的服务补救措施。

服务失败严重性是指当服务失败发生时顾客感知到的服务问题的强度（Weun et al.，2004）。服务失败越严重，顾客的感知损失就越大。因此，服务失败严重性影响服务失败后顾客对服务提供商的评价（Susskind and Viccari，2015）。虽然针对实体商店环境的服务补救研究表明，服务失败严重性对服务补救公平和服务补救满意度有显著影响（Yi，2011；Kim，2013），但这一法则是否也在网络购物环境中成立尚不清楚。本研究通过探讨在线购物环境中服务失败严重性如何影响服务补救公平和服务补救满意度并进而影响口碑传播意图的过程来加深我们对服务补救研究的理解。此外，本研究还分析了服务补救文献中虽重要却相对被忽视的服务失败严重性的调节作用。现有研究已经检验了服务失败严重性作为前因变量的作用（Balaji and Sarkar，2013；Jha and Balaji，2015），但很少有研究关注其调节效应，本研究着重考察服务失败严重性在服务补救公平对服务补救满意度的影响中所起的调节效应，以更好地理解顾客对服务补救的评估过程。

综上所述，本研究针对经历过网购服务补救的顾客，分析网络零售情境下服务失败严重性、服务补救公平、服务补救满意度、口碑传播意图之间的结构关系。特别是，本研究探究网络零售情境下哪种服务补救公平维度最能挽回顾客的服务补救满意度及口碑传播意图，不仅在线上环境中验证服务失败严重性作为自变量影响服务补救公平和服务补救满意度的机制，还探究其作为调节变量在服务补救公平与服务补救满意度关系中的作用。本研究旨在拓展服务补救理论研究，并为管理者制定有效的服务补救策略提供重要启示。

7.2　理论背景与研究假设

7.2.1　理论背景

7.2.1.1　服务失败严重性

服务失败严重性是指服务失败的大小或强度（Sengupta et al.，2015）。服务失败严重程度可以从相对轻微到极端严重（Roehm and Brady，2007）。根据资源交换原则，服务失败的程度会影响消费者的评价和判断（Smith et al.，1999）。当服务失败严重程度较低时，消费者会因认为自己遭受的潜在损失较低而忽略自己的负面情绪（Smith and Bolton，2002）。消费者更有可能通过正面思考让自己摆脱不悦情绪（Gelbrich，2010）。然而，随着服务失败的程度越来越高，消费者可能会因为感受到更大的损失而表现出更多的负面情绪，如愤怒或焦虑（Roehm and Brady，2007）。现有研究已经在线下服务失败和服务补救情境中检验了服务失败严重性作为前因变量的影响（Balaji and Sarkar，2013；Jha and Balaji，2015），但很少有研究在线上服务失败和服务补救情境中检验其作用，特别是其调节效应，因此需要加强对此的研究。

7.2.1.2　服务补救公平

从古德温和罗丝（Goodwin and Ross，1992）开始，感知公平被视为服务失败和服务补救理论中最重要的概念，它用顾客的得失来说明服务失败和服务补救。塔克斯等（Tax et al.，1998）认为感知公平是由结果公平、程序公平、互动公平构成的，分别对信任、承诺、服务补救满意度有正向影响。结果公平是顾客对资源分配和可感知交换结果的公平性的判断，关注企业在服务失败后进行服务补救的结果是否抵消了服务失败给顾客带来的损失。程序公平指顾客对于企业实施服务补救的程序的公平性感知，反映服务补救过程的及时性、灵敏性与方便性。互动公平指在解决冲突的过程中，顾客与企业进行人际接触时所感受到的公平性。学术界关于服务补救各公平维度的相对作用争论不休。韦努等（Weun et al.，2004）

认为结果公平和互动公平都会显著影响服务补救效果，但结果公平的影响更大。尼克宾等（Nikbin et al.，2011）认为结果公平对顾客重购意愿的影响要大于程序公平和互动公平。但霍克特等（Hocutt et al.，1997）认为程序公平和互动公平的影响大于结果公平。郑秋莹和范秀成（2007）运用情景模拟实验进行的研究发现，在网络零售业中，互动公平比结果公平对满意度有更大影响。史密斯等（Smith et al.，1999）则认为三种公平维度的相对重要程度取决于具体的服务失败和服务补救情境。

7.2.1.3　口碑传播意图

自怀特（Whyte，1954）以来，口碑传播作为一种重要的营销工具备受关注。哈里森—沃克（Harrison – Walker，2001）将口碑传播定义为传播者与接收者之间面对面、口头的、非正式沟通交流行为，并且接收者认为传播者关于某个品牌、产品或服务的口碑是非商业性的。消费者会通过口口相传的方式来传播产品信息。口碑会对消费者的购买决策产生决定性影响，因为消费者认为口碑是比其他信息更可靠和更值得信赖的信息来源。特别是在网络环境下，消费者无法试用产品。即使网站上有非常详细的文字描述或图片，也无法取代实物体验，因此网购消费者更多地依赖口碑。口碑传播分为正面和负面两种。正面口碑传播是向他人强烈推荐购买某个品牌、产品或服务，它是促进消费者购买产品和服务的重要手段。而负面口碑传播是指消费者将自己不满意的经历告诉他人，并建议他人不要购买某些产品或服务。在服务失败和服务补救情况下，口碑传播尤为重要。糟糕的服务补救会加剧顾客的不满和不信任，认为自己受到不公正待遇的消费者更易产生负面口碑传播意图，而拥有服务补救满意经历的消费者更倾向于传播正面口碑，与他人分享自己的正面服务补救经历（Wen and Chi，2013）。

基于公平理论，我们提出如图 7 - 1 所示的理论模型。本研究假设服务失败严重性影响服务补救公平和服务补救满意度；服务补救公平（分配公平、程序公平和互动公平）影响服务补救满意度和口碑传播意图；服务补救满意度影响口碑传播意图，服务失败严重性在服务补救公平对服务补救满意度影响过程中起调节作用。

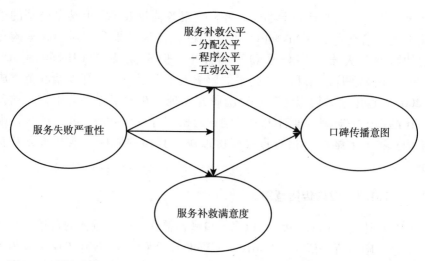

图 7 – 1 服务失败严重性与服务补救公平对口碑传播意图的影响机制的研究模型

7.2.2 研究假设

7.2.2.1 服务失败严重性对服务补救公平的影响

随着不满程度的增加，顾客对服务失败的容忍度逐渐降低。换而言之，服务失败越严重，顾客的容忍度就越小，不满意的可能性就越高。社会判断理论认为，人类根据以往的经验形成自己的判断标准。先行研究指出，当消费者认为服务失败严重时，服务提供商想要实施有效的服务补救是具有挑战性的（Mattila, 2001）。服务失败严重性会影响服务补救过程的感知公平，如物质补偿、服务补救政策及程序、服务补救努力等。少数研究实证探讨了服务失败严重性与服务补救公平之间的关系。根据一项基于美国和韩国餐厅用户的研究，服务失败严重性对服务补救公平维度（分配公平、程序公平和互动公平）有负向影响（Yi, 2011）。这与基于图书馆信息服务用户的调查研究结论一致（Kim, 2013）。故本研究提出以下假设：

H1：服务失败严重性对服务补救公平有负向影响。

H1a：服务失败严重性对分配公平有负向影响。

H1b：服务失败严重性对程序公平有负向影响。

H1c：服务失败严重性对互动公平有负向影响。

7.2.2.2　服务失败严重性对服务补救满意度的影响

服务失败严重性是指消费者对服务失败严重程度的感知，它是决定消费者态度的重要因素（Baraket et al.，2015）。服务失败越严重，消费者的感知损失越大（Jha and Balaji，2015）。如果顾客认为自己所遭遇的服务失败是个大问题，就会对服务提供商表现出强烈的不满（Hess and Ronald，2008）。例如，运输风险是网络零售行业的常见风险，因为运输公司可能会在运输途中造成货物损坏或丢失。如果顾客认为这种服务失败很严重，他的不满就会增加。但是，如果由于意外情况（如下雪）而导致短暂的延误，则可能被视为不太严重的问题，顾客就不会表现出强烈的不满（Nikbin and Hyun，2015）。

服务补救满意度是指顾客在遭遇服务失败后对服务提供商所提供的服务补救工作的满意程度（Nikbin et al.，2011）。少数研究实证探讨了服务失败严重性与服务补救满意度之间的关系。根据一项基于经历服务失败的移动用户的研究，服务失败严重性对服务补救满意度有负向影响（Jha and Balaji，2015）。该结果与基于大学生的调查研究结论一致（Balaji and Sarkar，2013）。故本研究提出以下假设：

H2：服务失败严重性对服务补救满意度有负向影响。

7.2.2.3　服务补救公平对服务补救满意度的影响

在 20 世纪 90 年代后期，研究人员开始在社会心理学研究中使用公平理论分析服务补救，并将感知公平视为影响顾客评价的关键变量（Mattila and Cranage，2005）。服务补救感知公平是指当服务提供商做出服务补救努力时，顾客对公平的感知（Ha，2009）。根据社会交换理论，人们会根据双方之间的结果、程序和互动来评估交换的公平性，并据此采取行动（Gouldner，1960）。

公平理论可以解释顾客与服务提供商之间的关系，尤其是在服务失败和服务补救的情况下（Wirtz and Mattila，2004）。分配公平是指顾客对服务补救结果的评价。顾客希望服务提供商提供补偿，包括退款、维修或更换商品。程序公平是指顾客对服务提供商所使用的服务补救政策、程序和准则的公平知觉。他们希望服务提供商对服务失败负责，迅速处理投诉，快速解决问题。互动公平是指顾客对提供服务的企业和员工如何对待他们的公平知觉。他们希望服务人员尊重并关心他们，能对问题做出解释，努力解决问题（Smith et al. , 1999；Collier and Bienstock，2006）。

公平理论作为服务补救的理论框架备受关注。先行研究表明，服务补救感知公平对服务补救满意度有重要影响。然而，学术界就感知公平各维度对服务补救满意度的影响意见不一。一些研究认为，与另两个维度相比，分配公平对服务补救满意度的影响更大（Mostafa et al. , 2015；Yeoh et al. , 2015）。但也有一些研究人员认为，程序公平对服务补救满意度的影响大于其他两个维度（Nikbin and Hyun，2015；Yoon and Jung，2016）。还有一些研究人员认为，与其他两个维度相比，互动公平对服务补救满意度的影响更大（Nadiri，2016；Esen and Sonmezler，2017）。这些不一致的研究结论可能是由于服务补救公平的作用会受到情境因素的影响，故本研究针对网络零售情境分析感知公平各维度对服务补救满意度的影响，提出以下假设：

H3：服务补救公平对服务补救满意度有正向影响。

H3a：分配公平对服务补救满意度有正向影响。

H3b：程序公平对服务补救满意度有正向影响。

H3c：互动公平对服务补救满意度有正向影响。

7.2.2.4　服务补救公平对口碑传播意图的影响

尽管服务失败有可能降低顾客忠诚度，但通过适当的服务补救，服务提供商可以提高顾客留存率。服务提供商对服务失败的有效响应甚至可以帮助建立更牢固的顾客关系，出现服务补救悖论。但是，不公平、不合适或者无效的响应可能会增加顾客流失率，因此为了与经历服务失败的顾客建立起长期关系，企业应仔细规划和执行有效的服务补救。

尽管先行研究检验了服务补救公平维度与口碑传播意图之间的关系（Blodgett et al. , 1997；Ha，2009；Awa et al. , 2016），但研究结论并不一致。尼克宾等（Nikbin et al. , 2011）认为与另两个维度相比，程序公平（如服务提供者的快速响应）更能减少顾客的负面口碑传播意图。林等（Lin et al. , 2011）表明，低水平的互动公平更会增加顾客的负面口碑传播意图。格雷瓦尔等（Grewal et al. , 2008）指出与其他两个维度相比，分配公平（如物质补偿）更能增加正面口碑传播意图。研究者未能达成共识可能是由于服务补救公平的作用会受到情境因素的影响，故本研究针对网络零售情境分析感知公平各维度对口碑传播意图的影响，提出以下假设：

H4：服务补救公平对口碑传播意图有正向影响。

H4a：分配公平对口碑传播意图有正向影响。

H4b：程序公平对口碑传播意图有正向影响。

H4c：互动公平对口碑传播意图有正向影响。

7.2.2.5　服务补救满意度对口碑传播意图的影响

在顾客中心时代，提高顾客满意度是提升企业竞争优势的根本途径，也是企业可持续发展的重要动力（Wei et al.，2021）。任何企业都无法忽视通过传递高质量服务来赢得顾客满意度的重要性。即便是世界知名企业，也要竭力为顾客提供高质量服务来赢取顾客满意度（Rashid and Ahmad，2014）。作为消费者行为研究的重点，顾客满意度是指顾客对某一产品或服务满足其需求和期望的程度而获得的感受（Nikbin et al.，2011）。它是一种心理状态、自我体验（Fierro et al.，2014）。

服务补救满意度是指顾客由于服务提供商解决了问题而产生的积极情绪状态（Kim et al.，2009）。根据郭和吴（Kuo and Wu，2012）的研究，服务补救满意度不同于顾客对初次服务接触的满意度，它被定义为顾客在接受服务补救后表现出的二次满意度。服务补救满意度对企业至关重要（Zhu et al.，2020），因为如果顾客对服务补救工作不满意，他们往往会表现出消极态度（Alenazi，2021）。

口碑是熟人之间关于品牌、产品或服务的非商业性的口头交流（Wang and Huff，2007）。在服务失败的情况下，口碑尤为重要。对产品或服务有负面体验的消费者会传播负面口碑，以避免亲友将来出现类似情况（Choi and Choi，2014）。而顾客满意度有助于提高顾客留存率和正面口碑传播意图（Mirani et al.，2015）。如果顾客对产品或服务满意，他们将继续购买并传播正面口碑。这一原则也同样适用于服务补救情境。有效的服务补救可以赢得顾客的满意，增加正面口碑。故本研究提出以下假设：

H5：服务补救满意度对口碑传播意图有正向影响。

7.2.2.6　服务失败严重性的调节效应

尽管服务提供商努力进行服务补救，但严重的服务失败仍然会导致顾客满意度下降。对于经历了严重服务失败的顾客来说，服务补救也不能完全抵消负面体验带来的消极影响。这意味着服务补救公平对服务补救满意度的影响随服务失败严重性而不同（Ha，2009）。因此，我们认为服务失败严重性作为顾客评估服务补救策略的衡量标准，会在服务补救公平与服务补救满意度的关系中发挥调节效应。很少有研究在服务失败和服务补救情境下实证检验服务失败严重性的调节作用。杰哈和巴拉吉（Jha and Balaji，2015）通过对经历服务失败的移动用户的调查发现，服务失败严重性会调节程序公平与服务补救满意度之间的关系。佩雷拉等（Piaralal et al.，2014）在移动电信行业验证了服务失败严重性对服务补救公平—服务补救满意度关系的调节作用。文恩等（Weun et al.，2004）指出，服务失败严重性调节了分配公平与满意度之间的关系。故本研究提出以下假设：

H6：服务失败严重性在服务补救公平对服务补救满意度影响过程中起调节作用。

H6a：服务失败严重性在分配公平对服务补救满意度影响过程中起调节作用。

H6b：服务失败严重性在程序公平对服务补救满意度影响过程中起调节作用。

H6c：服务失败严重性在互动公平对服务补救满意度影响过程中起调节作用。

7.3 研 究 设 计

7.3.1 调查程序与样本特征

7.3.1.1 调查程序

本研究采用问卷调查方法来收集数据，调查对象针对在过去一年中经历过至少一次网购服务失败和服务补救的大学生。具体而言，受访者应满足两个条件：第一，他们应在过去一年之内有过网购服务失败的经历（如缺货少货、尺寸不符、产品缺陷、夸大或虚假宣传、派送延迟或错误、网站问题）。第二，他们应该随后收到网店提供的一些服务补救措施（如赔偿、退款、更换、道歉）。我们在调查开始前会询问一个筛选问题，以确定参与者是否有资格回答问卷。没有网购服务失败和服务补救经验，或经历网购服务失败和服务补救的时间过久（已超过一年）的参与者被排除在数据收集范围之外。考虑到时间成本和经济成本，我们采用便利抽样的方法进行样本选择。

为了确保问卷调查的成功实施，我们在正式调查前对 30 名符合条件的大学生进行了试调查来修正调查问卷的缺陷和漏洞，保证调查问卷质量。在试调查期间，我们与受访者面对面详细讨论了问卷上的所有问题。试调查的数据分析结果总体符合预期，并且受访者大多表示问卷具有可读性和可理解性。结合统计分析和访谈反馈，最终正式发布的问卷总共设置了 25 题，其中 23 题与测量变量相关。具体而言，服务失败严重性、服务补救感知公平（分配公平、程序公平、互动公平）、服务补救满意度各 4 题，口碑传播意图 3 题，人口统计信息（性别和购买的产品类型）作为控制变量被收集并处理（Gong and Yi，2019）。

在本研究中，我们于 2020 年 5 月 1 ~ 15 日向 400 名受访者随机发放问卷，共回收问卷 394 份。剔除未填或疑似不实回答的问卷 19 份，最终保留有效问卷 375 份做进一步分析，有效回收率为 93.8%。

7.3.1.2　样本特征

在本次调查研究中，女性（255，68%）多于男性（120，32%）。在购买的产品方面，大部分受访者购买的是衣服（33.6%），然后是鞋子（24.5%）、化妆品（20%）、日用品（13.8%）、食品（5.8%）和其他商品（2.3%）。

7.3.2　变量测量

受访者用 5 级李克特量表对每一条语句分别表示同意的程度，从完全不同意（1）~ 完全同意（5）。原始量表均来自英文，所以我们先请专业翻译人员将英文量表翻译成中文，再邀请另一位精通中英双语的翻译进行反向翻译以确保所有问题的中英文意思表达一致。

7.3.2.1　服务失败严重性的定义与测量

服务失败严重性被定义为顾客感知到的服务失败的强度，测量量表由四个问项组成："我经历的服务失败很严重（sev1）""我经历的服务失败让我生气（sev2）""我经历的服务失败没有造成严重的不便（sev3）""我遇到的服务失败是一个重要问题（sev4）"（Baraket et al.，2015；Jha and Balaji, 2015; Nikbin and Hyun, 2015)。

7.3.2.2 服务补救公平的定义与测量

分配公平被定义为消费者对企业为弥补服务失败而提供的有形补偿的公平知觉，测量量表由四个问项组成："我受到的赔偿是公平的（dis1）""我因服务失败而得到的赔偿是公平的（dis2）""网店为我提供了价格折扣以补偿所发生的问题（dis3）""服务和我预期的一样好（dis4）"。

程序公平被定义为消费者对服务提供商为取得积极补救效果而使用的服务补救政策和程序的公平知觉，测量量表由四个问项组成："网络零售商能及时对问题做出反应（pro1）""我的问题以正确的方式得到了解决（pro2）""网络零售商有公平的服务补救政策来处理我的问题（pro3）""网络零售商给了我充足机会进行抱怨（pro4）"。

互动公平被定义为消费者在服务补救过程中关于人际交往的公平知觉，测量量表由四个问项组成："服务人员关心我的问题（int1）""服务人员倾听我的心声并能够共情（int2）""网络零售商进行了真诚的道歉（int3）""网络零售商已经努力地解决了我的问题（int4）"（Wang and Huff, 2007; Baraket et al., 2015; Gohary et al., 2016a）。

7.3.2.3 服务补救满意度的定义与测量

服务补救满意度被定义为顾客对服务补救的整体评价，测量量表由四个问项组成："我对网络零售商提供的补偿满意（rec1）""我认为网络零售商为我提供了令人满意的问题解决方案（rec2）""我在服务补救过程中没有后悔选择这家网店（rec3）""我在服务补救后与这家网店形成了亲密关系（rec4）"（Nikbin et al., 2011; Fierro et al., 2014; Gohary et al., 2016a）。

7.3.2.4 口碑传播的定义与测量

口碑传播被视为传播者和接收者之间关于品牌、产品、企业或服务的非正式的非商业性的人际交流行为，测量量表由三个问项组成："我会向尽可能多的人正面讲述自己的服务补救经历（wom1）""我会向寻求建议的人积极推荐这家网店（wom2）""我会告诉我的同伴和家人从这家网店购买（wom3）"（Wang and Huff, 2007; Choi and Choi, 2014; Cho et al., 2017）。

7.3.3　数据分析步骤

本研究通过验证性因子分析（CFA）检验研究模型，在主要分析阶段之前进行信度（Cronbach's α、组合信度）和效度（聚敛效度、区别效度）分析。使用结构方程模型对模型进行测试，并使用多组分析检验调节效应。

7.4　数据分析结果

7.4.1　信度与效度检验

为了确保假设检验的有效性，需要验证测量变量的信度和效度。观察信度分析的结果（表7-1）可知，口碑传播意图 Cronbach's α 最低，为0.725，其次是互动公平0.731、服务补救满意度0.795、服务失败严重性0.813、分配公平0.837，程序公平的 Cronbach's α 最高，为0.854。所有变量的 Cronbach's α 都高于0.7，表明量表具有较高的信度（Bagozzi and Yi, 1988）。

表7-1　　　　　　　　　　　　信度检验表

变量	最初问项数	信度分析后问项数	Cronbach's α	探索性因子分析后问项数	验证性因子分析后问项数
服务失败严重性	4	4	0.813	3	3
分配公平	4	4	0.837	3	3
程序公平	4	4	0.854	4	3
互动公平	4	4	0.731	4	3
服务补救满意度	4	4	0.795	3	3
口碑传播意图	3	3	0.725	3	3

如表7-2所示，包含所有外生变量和内生变量而进行的探索性因子

分析的结果显示，服务失败严重性、分配公平、服务补救满意度都删去一个不适宜测项。能够说明 6 个要因的分散率为 66.8%。Kaiser – Meyer – Olkin = 0.785，Bartlett = 5209.434，df = 231，p < 0.01。经过验证性因子分析，程序公平和互动公平都删去一个不适宜测项。观察验证性因子分析的模型拟合指数，整体拟合度为 $\chi^2 = 240.583$（p = 0.00），df = 120，GFI = 0.936，AGFI = 0.909，CFI = 0.961，RMR = 0.035，RMSEA = 0.052，模型拟合指数基本达到良好水准。

表 7 – 2   验证性因子分析结果

变量		非标准化因子载荷	标准误差	t 值	标准化因子载荷
服务失败严重性	sev1	1.000	—	—	0.849
	sev2	0.925	0.055	16.879	0.811
	sev4	0.792	0.063	12.476	0.628
分配公平	dis2	0.789	0.049	16.254	0.731
	dis3	0.999	0.050	19.839	0.854
	dis4	1.000	—	—	0.901
程序公平	pro1	0.717	0.128	5.594	0.641
	pro3	1.000	—	—	0.728
	pro4	0.715	0.123	5.812	0.610
互动公平	int1	0.463	0.048	9.756	0.392
	int3	0.999	0.053	18.819	0.902
	int4	1.000	—	—	0.924
服务补救满意度	sat2	0.913	0.066	13.824	0.777
	sat3	1.000	—	—	0.798
	sat4	0.758	0.071	10.641	0.587
口碑传播意图	wom1	0.943	0.044	21.257	0.858
	wom2	1.000	—	—	0.937
	wom3	0.770	0.047	16.234	0.711

本研究根据海尔等（Hair et al., 2006），通过各变量的信度（CR）和平均提取方差值（Average Variance Extracted, AVE）来评价聚敛效度，

通过比较各潜变量的相关系数的平方值与平均提取方差值 AVE 来评价区分效度。根据表 7 - 3，各变量的信度均大于标准值 0.7，大部分变量的 AVE 值大于海尔等（Hair et al.，2006）建议的最小临界值 0.5，说明各变量的聚敛效度较好。为了检验区分效度，要检查平均提取方差值是否大于各潜变量的相关系数的平方值。如表 7 - 3 所示，各潜变量的相关系数的平方值显著小于平均提取方差值，所以本研究的区分效度得到验证。

表 7 - 3　　　　　　　　　　　区分效度检验

变量	Mean	SD	1	2	3	4	5	6
服务失败严重性（1）	3.648	0.763	0.591 *					
分配公平（2）	2.890	0.984	0.281 **	0.692 *				
程序公平（3）	3.370	0.975	0.237 **	0.229 **	0.490 *			
互动公平（4）	4.132	0.855	0.317 **	0.168 **	0.075 **	0.607 *		
服务补救满意度（5）	3.473	0.894	0.365 **	0.258 **	0.332 **	0.091 **	0.528 *	
口碑传播意图（6）	3.289	0.877	0.260 **	0.020 **	0.182 **	0.058 **	0.249 **	0.707 *
CR 值			0.810	0.870	0.738	0.807	0.768	0.877

注：* 为 AVE 在对角线上，** 为各潜变量的相关系数的平方值。

7.4.2　假设检验

本研究使用 AMOS 25.0 软件进行分析，模型拟合指数如表 7 - 4 所示，整体拟合度 $\chi^2 = 269.617$（p = 0.00），df = 124，GFI = 0.930，AGFI = 0.904，CFI = 0.953，RMR = 0.043，RMSEA = 0.056，基本达到良好水平。观察研究模型的 SMC，服务失败严重性能较好地预测分配公平、程序公平和互动公平，方差解释量分别为 31.7%、30.8%、34.3%。服务补救公平能较好地预测服务补救满意度，其方差解释量高达 60.9%。服务补救满意度和服务补救公平能较好地预测口碑传播意图，其方差解释量为 49%。

表 7 - 4　　　　　　　　　　　研究假设检验结果

路径	研究假设	路径系数	t 值	是否成立
服务失败严重性→分配公平	H1a	- 0.707	- 7.911 *	是
服务失败严重性→程序公平	H1b	- 0.443	- 4.973 *	是

续表

路径	研究假设	路径系数	t 值	是否成立
服务失败严重性→互动公平	H1c	-0.333	-5.922*	是
服务失败严重性→服务补救满意度	H2	-0.858	-6.012*	是
分配公平→服务补救满意度	H3a	0.441	2.812*	是
程序公平→服务补救满意度	H3b	0.344	2.326**	是
互动公平→服务补救满意度	H3c	0.157	2.408**	是
分配公平→口碑传播意图	H4a	0.399	2.109**	是
程序公平→口碑传播意图	H4b	0.600	2.570**	是
互动公平→口碑传播意图	H4c	0.354	3.713*	是
服务补救满意度→口碑传播意图	H5	0.662	5.194*	是
分配公平×服务失败严重性→服务补救满意度	H6a	$\Delta df = 1$, $\Delta \chi^2 = 10.239$ ($p = 0.001$)		是
程序公平×服务失败严重性→服务补救满意度	H6b	$\Delta df = 1$, $\Delta \chi^2 = 5.354$ ($p = 0.021$)		是
互动公平×服务失败严重性→服务补救满意度	H6c	$\Delta df = 1$, $\Delta \chi^2 = 0.344$ ($p = 0.563$)		否

模型拟合指数 $\chi^2 = 269.617$（$p = 0.00$），df = 124，GFI = 0.930，AGFI = 0.904，CFI = 0.953，RMR = 0.043，RMSEA = 0.056

注：* $p < 0.01$，** $p < 0.05$。

表 7-4 展示了研究模型的假设检验结果。服务失败严重性对分配公平（$\beta = -0.707$，$t = -7.911$，$p < 0.01$）、程序公平（$\beta = -0.443$，$t = -4.973$，$p < 0.01$）、互动公平（$\beta = -0.333$，$t = -5.922$，$p < 0.01$）和服务补救满意度（$\beta = -0.858$，$t = -6.012$，$p < 0.01$）有显著负向影响，因此 H1a、H1b、H1c、H2 均成立。

此外，服务补救公平对服务补救满意度有显著正向影响。具体而言，分配公平（$\beta = 0.441$，$t = 2.812$，$p < 0.01$）、程序公平（$\beta = 0.344$，$t = 2.326$，$p < 0.05$）、互动公平（$\beta = 0.157$，$t = 2.408$，$p < 0.05$）与服务补救满意度在统计上有显著的正向关系，因此 H3a、H3b、H3c 均成立。

并且，服务补救公平和服务补救满意度对口碑传播意图有显著正向影响。具体而言，分配公平（$\beta = 0.399$，$t = 2.109$，$p < 0.05$）、程序公平

（β = 0. 600，t = 2. 570，p < 0. 05）、互动公平（β = 0. 354，t = 3. 713，p < 0. 01）、服务补救满意度（β = 0. 662，t = 5. 194，p < 0. 01）与口碑传播意图在统计上有显著的正向关系，因此 H4a，H4b，H4c，H5 均成立。

调节效应分析可以通过结构方程模型多组分析实现。做法是，先将两组的结构方程回归系数限制为相等，得到一个卡方值和相应的自由度。然后去掉这个限制，重新估计模型，又得到一个卡方值和相应的自由度。用限定后的卡方减去限定前的卡方得到一个卡方差，其自由度就是两个模型的自由度之差。如果卡方差在相应的自由度差上检验结果是统计显著的，则调节效应显著。

本研究考察服务失败严重性是否在服务补救公平对服务补救满意度影响过程中起调节效应（H6a，H6b，H6c），所以我们根据服务失败严重性中值将总样本分成高严重性和低严重性两组。高严重性组有 158 名受访者，而低严重性组有 217 名受访者。

为了检验服务失败严重性在分配公平对服务补救满意度影响过程中的调节作用，我们进行结构方程模型多组分析。先将两组的结构方程回归系数限制为相等，得到 $\chi^2 = 427. 499$（df = 249）。然后去掉这个限制，重新估计模型，又得到一个 $\chi^2 = 417. 260$（df = 248）。前面的 χ^2 减去后面的 χ^2 得到 $\Delta\chi^2 = 10. 239$（p = 0. 001），其自由度就是两个模型的自由度之差为 1。$\Delta\chi^2$ 检验结果是统计显著的，所以调节效应显著，因此 H6a 成立。

为了检验服务失败严重性在程序公平对服务补救满意度影响过程中的调节作用，我们进行结构方程模型多组分析。先将两组的结构方程回归系数限制为相等，得到 $\chi^2 = 422. 614$（df = 249）。然后去掉这个限制，重新估计模型，又得到一个 $\chi^2 = 417. 260$（df = 248）。前面的 χ^2 减去后面的 χ^2 得到 $\Delta\chi^2 = 5. 354$（p = 0. 021），其自由度就是两个模型的自由度之差为 1。$\Delta\chi^2$ 检验结果是统计显著的，所以调节效应显著，因此 H6b 成立。

为了检验服务失败严重性在互动公平对服务补救满意度影响过程中的调节作用，我们进行结构方程模型多组分析。先将两组的结构方程回归系数限制为相等，得到 $\chi^2 = 417. 594$（df = 249）。然后去掉这个限制，重新估计模型，又得到一个 $\chi^2 = 417. 260$（df = 248）。前面的 χ^2 减去后面的 χ^2 得到 $\Delta\chi^2 = 0. 344$（p = 0. 563），其自由度就是两个模型的自由度之差为 1。$\Delta\chi^2$ 检验结果是统计不显著的，所以调节效应不显著，因此 H6c 不成立。

7.5 研究结果的讨论

7.5.1 研究结果

本研究的目的是基于公平理论，通过对过去一年经历过服务失败和服务补救的网购消费者的问卷调查，深入了解在线购物环境中服务失败严重性、服务补救公平、服务补救满意度和口碑传播意图之间的结构关系，考察服务失败严重性在服务补救公平与服务补救满意度关系中的调节作用。研究结果表明，服务失败严重性对服务补救公平和服务补救满意度有显著负向影响；服务补救感知公平维度（分配公平、程序公平、交互公平）对服务补救满意度和口碑传播意图有显著正向影响，其中分配公平对服务补救满意度的影响最大，而程序公平对口碑传播意图的影响最大；服务补救满意度对口碑传播意图有显著正向影响。此外，服务失败严重性在分配公平和程序公平对服务补救满意度的影响过程中起调节作用。本研究结果可为网络零售商了解消费者行为、建立竞争优势和保留顾客提供参考依据。

7.5.2 理论启示

首先，尽管学术界检验了服务补救公平维度对服务补救满意度和口碑传播意图的影响，但由于研究情境的差异，研究结论似乎缺乏共识。本研究针对网络零售情境，探索该情境下服务补救各公平维度的相对效用。

其次，尽管先行研究已经证实在线下服务补救情境中服务失败严重性对服务补救公平及服务补救满意度的影响（Yi，2011；Kim，2013），但很少有实证研究检验这一法则是否同样适用于在线环境。本研究在网购情境下证实了服务失败严重性影响服务补救公平和服务补救满意度并进而影响口碑传播意图的作用机制，弥补了现有研究的不足。

最后，尽管许多学者强调了服务失败严重性作为自变量的作用（Balaji and Sarkar，2013；Jha and Balaji，2015），少有学者关注服务失败严重性的调节作用。本研究通过考察服务失败严重性在服务补救公平对服务补救满意度的影响中的调节效应，强调了服务失败严重性的重要作用，拓展了服务补救研究。

7.5.3　实践启示

首先，研究结果表明，服务失败严重性影响服务补救公平和服务补救满意度。具体而言，服务失败严重性对服务补救感知公平维度（分配公平、程序公平、交互公平）有显著负向影响。换而言之，服务失败严重性是影响消费者对服务补救工作的公平知觉的关键因素。这一结论与穆斯塔法等（Mostafa et al.，2015）、杨等（Yeoh et al.，2015）的研究一致。严重的服务失败会造成消费者的感知损失，导致不公平感加剧。另外，研究结果表明，服务失败严重性对服务补救满意度有显著负向影响。服务失败越严重，顾客对服务提供商的满意度就越低。这一结论与史密斯等（Smith et al.，1999）的研究一致。通常，当顾客遇到小问题时，他们会感到有点生气。当服务失败变得更加严重（如货物损坏或丢失）时，顾客会感到沮丧，顾客满意度可能会降低。所以网络零售商应该了解顾客如何评估服务失败严重性，明确哪些服务失败会严重挑战顾客的容忍度，编制一份清单详细列出顾客认为最严重的典型服务失败，并制定有效策略来预防发生这些严重的服务失败。

其次，研究结果表明，服务补救感知公平维度（分配公平、程序公平、交互公平）对服务补救满意度和口碑传播意图有显著正向影响。换而言之，服务补救感知公平维度（分配公平、程序公平、交互公平）是影响服务补救满意度和口碑传播意图的关键因素。尤其是，在服务补救感知公平维度中，分配公平对服务补救满意度的影响最大，程序公平对口碑传播意图的影响最大。因此，网络零售商应意识到服务补救的各方面工作（分配公平、程序公平、互动公平）对于服务补救的成功都是至关重要和不可或缺的。特别是，如果消费者在网购服务补救中感知到高水平的分配公平，他们会感到满意。由于分配公平关注的是顾客对自己所获得的结果的感知公平性（Nikbin et al.，2012），网络零售商应在服务失败后尽量提供充足的物质补偿（如退款、红包、免费更换产品、优惠券）来减少顾客的投诉和抱怨。如果顾客在服务补救过程中感知到较高的分配公平，他们可能反过来会变得更加满意。此外，由于程序公平关注顾客对服务补救过程、政策或规则的公平感知（Ofori et al.，2015），顾客会根据自己是否可以自由表达意见、服务补救的响应速度、服务补救措施的灵活性、服务补救过程的透明度等来评价程序公平（Smith et al.，1999；Maxham and

Netemeyer，2003)，因此为了提高口碑，网络零售商在进行服务补救时应考虑上述程序公平的各个方面，从消费者角度制定良好的服务补救政策（如帮助页面、在线社区）来处理问题，确保服务补救流程的透明高效、服务补救措施的恰当合理来实现服务补救的程序公平。

再次，研究结果表明，服务补救满意度对口碑传播意图有显著正向影响，即高水平的服务补救满意度带来高水平的口碑传播意图。这一结论与曼索尼等（Mansori et al.，2014)、米拉尼等（Mirani et al.，2015)的研究结论一致。消费者会通过口口相传的方式来传播产品信息。口碑会影响其他消费者的行为。满意的顾客更有可能传播正面口碑，甚至与他人分享自己服务补救的正面经历。因此，网络零售商应努力解决问题以提高服务补救满意度，从而获得更多的正面口碑传播。

最后，研究结果表明，服务失败严重性在分配公平和程序公平对服务补救满意度的影响过程中起调节作用。所以即使进行了服务补救，严重的服务失败仍然会引起消费者的不满。因此，网络零售商应开发一套程序来追踪和侦测严重的服务失败，尽量减少严重服务失败的发生。如果不幸发生了服务失败，就要积极进行补救并提供足够的物质补偿和清晰的补救政策程序以使消费者满意。

7.5.4　研究局限性

本研究存在一些局限，限制了研究成果的普遍性，也为未来的研究提供了方向。首先，本研究以网络零售行业为研究对象，由于本研究所限定的研究范围，因此将研究成果推广到其他行业可能存在一定的问题。因此，未来的研究应在其他行业检验本研究成果是否同样适用。其次，本研究采用问卷调查的方法收集数据。由于问卷调查的固有不足，未来的研究应考虑使用实验等方法来进行实证检验以提供更全面的理解。最后，本研究仅将服务补救公平和服务补救满意度视为口碑传播意图的前因变量。未来的研究应考虑更多可能影响口碑传播意图的变量，如服务失败归因、转换成本、情感承诺等。

7.6　本章小结

本研究旨在基于公平理论分析网络零售情境下服务失败严重性、服务补救公平、服务补救满意度与口碑传播意图之间的结构关系，考察服务失败严重性在服务补救公平与服务补救满意度关系中的调节作用。通过针对具有网购服务补救经历的大学生的实证调查研究发现，服务失败严重性对服务补救公平和服务补救满意度有负向影响；服务补救公平对服务补救满意度和口碑传播意图有正向影响，其中分配公平对服务补救满意度的影响最大，程序公平对口碑传播意图的影响最大；服务补救满意度对口碑传播意图有正向影响。此外，服务失败严重性在分配公平与服务补救满意度，以及程序公平与服务补救满意度的关系中起调节效应。由于研究情境不同，学术界就服务补救各公平维度的相对效用仍存在分歧，本研究结合网络零售情境，深入探索该情境下服务补救各公平维度的相对效用。此外，先行研究仅在传统商务情境下考察了服务失败严重性对服务补救公平及服务补救满意度的影响，本研究将研究范围拓展到线上服务补救情境，并揭示了先行研究较少涉及的服务失败严重性的调节效应。

附录1 网购消费者深度访谈实录

访谈编号：P001　　访谈日期：2019. 3. 26

1. 您在网络购物过程中是否遇到过服务失败？

答：是。

2. 您在购买什么商品时遇到了问题？

答：买了一只 YSL 口红，快递一个星期才到。但是拿的时候快递丢失，被人拿走了。

3. 商家是如何处理的？

答：过了挺长时间收不到货，与卖家联系，卖家回复很及时，也比较爽快，问了几个问题后，给我重新补发了一只。

4. 您对这种处理是否满意？原因是什么？

答：满意。卖家没有斤斤计较、怀疑顾客，愿意相信我；并且响应速度特别快，处理速度也很快。而且不管责任是不是他本身造成的，他愿意给顾客提供补偿。

5. 遭遇服务补救后，您是否对卖家更加满意？

答：是的，我会更加信任这个卖家。

6. 事后您是否还在此商家购物？

答：会的。被服务吸引，而且这家产品质量也很好。

7. 您在实体商店购物时，是否遇到过服务失败？

答：去饭店吃饭，准备使用优惠券（2.5 折）买单时，饭店快打烊了，支付时，服务员没有使用优惠券。服务失败后，喊来了大堂经理，经理马上进行了处理，退回原款，重新按优惠券支付，原价格 600 多，折后将近 200 元，并送了一张打折券。

我认为处理得很好，不仅退回了多收的钱，还给了顾客再一次消费的机会。一是处理得非常及时；二是商家也给了顾客和自己又一次机会，是好的营销策略；三是给予了经济补偿。

8. 在网上主要购买哪些类型的商品？

答：衣服、化妆品、书籍。生活用品一般在周围的店铺购买。

9. 在网上购物主要担心什么？

答：速度，一般超过三天不发货就会退货。因为通常都是需要了才想起要买，并不提前购买。

10. 感觉线上和线下服务补救的差异在哪里？

答：线上缺少面对面的交流，面对面的交流会好一点，我感觉线下更容易交流。线上店铺我希望可以跟卖家打电话交流，但是没有语音交流的工具，不能察言观色，感觉不到情感传递。

11. 如果评价服务补救水平的高低，你更看重哪些方面？

答：首先看所购买商品的质量；其次看服务态度，喜欢文字加表情的聊天方式，更加亲切，不喜欢死板的交流，不喜欢一下子弹出来很多模式化的回答（机器回答），喜欢有针对性的、具体的交流；最后看实时性，时刻在线。

12. 线上和线下消费行为的差异是什么？

答：线上一般看评价的图片，要看无滤镜的图片，线下直接试；再就是看价格。

13. 您常用的购物网站是什么？选择的原因是什么？

答：京东、天猫。速度快、质量好。

专业：商务英语　年级：研究生一年级　性别：女　年龄：23 岁
网购经验：5 年

访谈编号：P002　　访谈日期：2019.3.26

1. 您在网络购物过程中是否遇到过服务失败？

答：是的。

2. 您在购买什么商品时遇到了问题？

答：在购买衣服的时候，衣服少了一个扣子。

3. 商家是如何处理的？

答：联系商家后，商家提出给予 20 元现金的补偿。

4. 您对这种处理是否满意？原因是什么？

答：虽然没有给差评，但是心里不太舒服，因为我更想要的是一条完整的裙子，而不是 20 元钱。但是如果再寄回去退换的话，我又觉得好麻烦，还会耽误特别多的时间，等再收到一条完整的裙子时，夏天都过去了，裙子都穿不了了，派不上用场了。

5. 遭遇服务补救后，您是否对卖家更加满意？

答：没有，因为商家提出的补救措施与我预期的结果不相符。我希望用最快的方法，因为我觉得要退回去再寄过来，要很长时间，夏天都过去了，裙子我都穿不了了。

6. 事后您是否还在此商家购物？

答：没有再在这家店买衣服了，心里面就觉得有疙瘩，觉得产品质量不好。

也曾经在网上买水果，有的水果可能寄的时候就已经比较成熟，到达的时候就会有一些黑点，店家当时采取的措施也是进行赔款。主要是取决于期望，因为我对水果的期望值比较低，对衣服的期望值比较高，店家给的服务补救没有达到我的期望。

7. 您在实体商店购物时，是否遇到过服务失败？

答：我在实体商店购物时，发生服务失败的情况较少，因为我会挑选好东西，尺码也合适才会购买。有一次在餐厅吃饭时，发现菜里有一根头发，然后叫来服务员，服务员就说这道菜免单。

线上的服务失败发生的概率较高。

8. 在网上主要购买哪些类型的商品？

答：在网上主要购买衣服以及生活用品。

9. 在网上购物主要担心什么？

答：主要担心质量问题，像电子设备及婴幼儿用品尽量都会在实体店买，总感觉质量会更有保证。

10. 感觉线上和线下服务补救的差异在哪里？

答：线下的补救更快捷，反应会非常的迅速，我能看到对方的态度非常诚恳，而且沟通比较方便，有什么不满我会直接表达。线下服务补救多为人与人之间的直接交流，可以更清楚地表达自己的补救期望。

但是线上的话，我看不见对方，不知道对方的表情，没有直观的感觉。而且线上可能我问一个问题，他要过很久才回复我，中间等待的时间太长，我就不想等了，不想再问第二个问题。线上服务补救相对来说速度比较慢，而且多为人机交流，不够及时，解决问题多以现金补偿为主，往往不那么令人满意。

11. 如果评价服务补救水平的高低，你更看重哪些方面？

答：我希望商家能够直接问我想要什么样的补救措施才能让你满意，

那么我会给他直接的指示。比如我想退换货，那么以最快的时间退换货，是不是可以在我没有寄回去之前就把好的衣服发过来，这样就不会耽误我的时间。

我更看重态度、速度以及与我的期望值的符合度。是否方便、及时，响应的速度。

12. 线上和线下消费行为的差异是什么？

答：线上我一般看：评价（差评少，偶尔有几个差评，更多是好评）、月销量（高）、实物图。

线下：我更注重价格。

13. 您常用的购物网站是什么？选择的原因是什么？

答：买电子产品一般用京东，生活用品一般用天猫、淘宝。

专业：商务英语　年级：研究生一年级　性别：女　年龄：24 岁
网购经验：6 年

访谈编号：P003　　访谈日期：2019. 3. 26

1. 您在网络购物过程中是否遇到过服务失败？

答：是的。

2. 您在购买什么商品时遇到了问题？

答：我在淘宝日系服装店买了衣服，约定 72 小时发货，最后发货延迟四五天。

3. 商家是如何处理的？

答：由于长时间没有收到衣服，卖家主动电话联系并解释原因，承诺后期到货发顺丰快递。

4. 您对这种处理是否满意？原因是什么？

答：满意。因为卖家主动解释清楚原因并加紧发送快递，让我感觉很舒服。

5. 遭遇服务补救后，您是否对卖家更加满意？

答：满意，衣服不是紧急物品，卖家服务态度很好。

6. 事后您是否还在此商家购物？

答：买过衣服，值得购买。

7. 您在实体商店购物时，是否遇到过服务失败？

答：在餐馆吃饭时遇到鱼没有煮熟，当时向服务员反映后立马进行加工处理。

8. 在网上主要购买哪些类型的商品？

答：主要买服装和书籍。数码产品等价格昂贵的东西我一般在线下购买。网上可能存在翻新机，有质量问题，有伪劣产品。电子产品线上线下一个价，有时候线下还便宜些。

9. 在网上购物主要担心什么？

答：质量，因为在网上不能近距离接触实物，不能观察实物的质感、颜色。现在网上购物假货，刷单太多，比较担心物品质量，质量没有保障。

10. 感觉线上和线下服务补救的差异在哪里？

答：不能进行零距离接触，面对面交流。无法实地观察实物的颜色、质量。网上购物存在刷单，虚假好评过多，误导消费者购物；线下购物价格太高，与线上比较存在价格差距。

线上补救一般是给你退换货、返现、赠送优惠券、重发。

11. 如果评价服务补救水平的高低，你更看重哪些方面？

答：诚意，是否是诚心诚意地想要解决问题；解决问题的速度，把情况反映给卖家之后，他们对服务失败的处理效率。

12. 线上和线下消费行为的差异是什么？

答：线上主要看皇冠、店铺的品牌、店铺评分。

13. 您常用的购物网站是什么？选择的原因是什么？

答：天猫、淘宝、拼多多。

专业：国际贸易　年级：研究生一年级　性别：男　年龄：25 岁
网购经验：6 年

访谈编号：P004　　访谈日期：2019. 3. 26

1. 您在网络购物过程中是否遇到过服务失败？

答：是。

2. 您在购买什么商品时遇到了问题？

答：有一次，我在天猫国际直营店购买了一支口红，结果商家给我发了管牙膏。

3. 商家是如何处理的？

答：一是让我申请退货，将牙膏退回，二是承诺对那款口红以原订单价保价重拍。

4. 您对这种处理是否满意？原因是什么？

答：原本我并不满意，因为商家的发货失败，导致我走复杂的退货和重拍流程，很麻烦。但是我在平台申请退货以后，运费险退赔了我 59 块钱，我实际运费垫付 7 块钱，这个结果对我来说是满意的，感觉是一种经济补偿。

5. 遭遇服务补救后，您是否对卖家更加满意？

答：对，更加满意。因为我觉得这个服务补救还比较到位，以后也会更放心在这家店买东西，出了问题有保障，感觉存在服务补救悖论。

6. 事后您是否还在此商家购物？

答：是，事后还在这家店买过其他进口东西，比如唇膏、面膜、精华等。

7. 您在实体商店购物时，是否遇到过服务失败？

答：不太去实体商店购物，一般都是网购，因为在购物之前，我一般会在网上查下价格，发现商店太贵了，就不想去买了。在饭店遇到过服务失败，鱼蒸得不入味，跟服务员反映以后，又重新端回去蒸了一会儿，就比较入味了。但是我对商家的满意度并没有特别地提高，因为只有非常有效的服务补救，我的满意度才会大大提高。

8. 在网上主要购买哪些类型的商品？

答：日用品、服装、护肤品、电子产品及配件等。网上购物吸引我是因为价格便宜，而且容易进行价格比对。在实体店一家家逛，很累，可能逛了一天都没找到自己想买的东西。日用品在网上买，次日达，快递帮我送到楼下，很方便。日用品造假的可能性也比较小。

9. 在网上购物主要担心什么？

答：假货问题。我在不同网购大平台买的同一款产品，收到的东西有差异，我不知道是批次问题还是说其中有一方的产品是假的，但是双方都称他们是百分百正品，可以追溯到进口流程。

10. 感觉线上和线下服务补救的差异在哪里？

答：我很少在接受线下服务时进行投诉，我不太好意思表达自己有什么不满，一般经历了服务失败以后，我就不会再去那家店了。因为我没有表达不满，所以店家可能没有感觉到我的不满意。而线上的话，反正见不到面，有什么问题的话，我就会直接表达自己的不满或者投诉产品的不足，因为我能直接表达，所以店家更能了解我的不满，就会及时响应并提出解决办法。

11. 如果评价服务补救水平的高低，你更看重哪些方面？

答：响应速度，一定要及时回复，退换货速度要快，然后是解决方案，根据问题的严重性提出切实的解决措施，并尊重消费者意愿。

12. 线上和线下消费行为的差异是什么？

答：线上存在刷单，比如月销量高、评价少、买家讨论没几个回复，就感觉存在刷单嫌疑。评论图片中如果图片都是 5 张，拍得和模特一样，一看就是刷单，我一般就不会买。

线下就直接试效果，直观地感受。

13. 您常用的购物网站是什么？选择的原因是什么？

答：买衣服在淘宝，买化妆品在天猫国际、考拉，买日用品在天猫超市。

专业：国际贸易　　年级：研究生一年级　　性别：女　　年龄：23 岁
网购经验：7 年

访谈编号：P005　　访谈日期：2019.3.30

1. 您在网络购物过程中是否遇到过服务失败？

答：有。

2. 您是在购买什么商品时遇到了什么问题？

答：买玩具的时候，收到的玩具是坏的。

3. 商家是如何处理的？是否道歉？是否承认错误？

答：商家提出更换（直接发了一个新的），从来不承认错误，不道歉，最多直接发一个新的玩具。

4. 买到货以后你发现有问题，您是自己跟商家通过旺旺取得联系还是通过电话？

答：用阿里旺旺先取得联系，并且要求补发一个新的东西。

5. 是您要求的还是商家主动提出的？

答：一般是我问商家怎么办，商家说"那这样吧，我给你重新发一个。"基本上就是这样。

6. 在处理过程中商家是否给您道歉呢？还是给您承认错误？

答：没有没有，他们从来不承认错误，也不道歉，最多的话就是给你发一个东西。

7. 您对这种处理是否满意？原因是什么？

答：按照正常逻辑来说是满意的，因为对淘宝客服不能要求太多，对客服要求太多其实挺白费劲的。那既然他能够重新发一个，那我觉得就是满意的。有时候也会碰到一些胡搅蛮缠的商家，这种情况下，我一般就会选择用差评的方式去对待这些商家。

8. 那就是说正常处理的话，是满意的？

答：是的。

9. 您感觉对他的处理满意的原因呢？就基本解决问题了，还是？

答：因为他给我解决了问题，并且又重新发了一个新的过来，我们就觉得得到了补偿，这样的话我们可能就会觉得算了，虽然浪费一点时间，但是也没有什么太大关系。

10. 有没有就是遭遇服务补救后，您对卖家更加满意？

答：有过，那比如说我们会买一些东西的时候，商家发货不对的情况下，后来不仅补发了，还赠送了一些小礼品，这样的话会让我们觉得他的服务比较贴心。

11. 有可能在遭遇到服务补救措施以后，您可能会对他更加满意？

答：对，是的。

12. 那发生这种服务补救之后，您是否还会继续在这个商家买东西？

答：他既然已经补救了，我觉得应该还会。买东西会有一种习惯性，会习惯地打开这一家商铺，因为毕竟在这家商铺买过东西，并且觉得他家东西还不错，那么我可能就会盯着一家买。

13. 在服务补救过程中，让您来评价他的处理水平的话，您比较看重哪些方面？

答：首先，我觉得是在最短的时间内给我们一些补救，尽可能挽回一些时间方面的损失。其次，在服务态度上，我觉得如果用词、态度各个方面会让我们舒服，或者听着比较开心的话，这个可能是我们比较看重的。

14. 您在实体商店购物时，是否遇到过服务失败？卖家如何处理？最后效果如何？

答：有，比如说买一个东西，买完之后，发现这个东西拿回家之后没过多少天就有一些质量问题。比如说一些电子产品，在质保期内发生一些故障，卖家会选择更换一个新的，之后就没有什么故障了。（这样处理的话您还是满意的？）对，是的。

15. 网购服务补救与实体商店的服务补救有哪些区别，让您印象深刻？

答：我觉得区别并不在于网购与实体经济之间的差别，而在于人与人之间的差别。比如说，有些好的网购服务平台，不管是态度上还是效率都有非常高的质量，让我们客户觉得比较舒心。实体商店当然服务也会有好的方面。不管是哪一种，都有一些比较糟糕或者是服务态度比较差的一些状况。所以说，它们之间的差别在于人与人之间的比较，而不是网购与实体之间的比较。

16. 您感觉这种差异是个体之间的差异造成的，而不是服务平台所造成的？

答：对，是的。我觉得应该是这样。

17. 您在网上主要购买哪些类型的产品？为什么选择在网上购买？

答：主要购买一些玩具、生活用品，或者是一些电子产品之类的。因为要节约时间成本，比如说我要去一个商场买，这样的话会浪费很多时间。但是在网上用手机点一点，基本东西型号质量一样的情况下，在网上买的话，可以节约时间。

18. 您在网上购物主要担心什么？

答：最担心的可能就是假货，或者担心东西的来路不明，碰到一些假货或者次品之类的。

职业：教师（中学）　性别：男　年龄：26 岁　网购经验：5 年

访谈编号：P006　　访谈日期：2019. 3. 30

1. 您在网络购物过程中是否遇到过服务失败？

答：有。

2. 您在购买什么商品时遇到了问题？

答：大多是日用品。

3. 商家是如何给您处理的？

答：上次我买了一个桌子上放名片的那种盒子，我买了两个，店家就发了一个。我收到货联系他，他就让我连盒子发一个照片给他，确认后又给我补发了一个过来。

4. 那他有没有向您道歉？

答：应该有吧，不太记得了，但这种情况应该是道歉的。（那他承认了自己的错误？）应该是的。

5. 您对这种处理是否满意？

答：还算满意吧，因为商家已经补发了。

6. 他除了给您补发一个之外，还有没有别的补偿？

答：没有，就只是补发了一个。（那您感觉也是满意的？）对的，那就行了。

7. 遭遇服务补救后，您是否对卖家更加满意？

答：有，有一次发过来的东西微微有点瑕疵，拍图给商家看，商家就直接发了一个新的过来，也没有让我寄回去。

8. 事后您是否还在此商家购物？

答：我不太记得了，但是至少对这样的商家印象还是蛮好的。

9. 在遇到服务补救的处理过程当中，您比较看重哪些方面？

答：第一、回复的速度和态度，千万不能问他以后半天都不理我，有些商家买东西的时候回复得很快，但是你找他售后的时候半天没有反应。第二、还有些商家，你跟他说少了漏发了或者是东西有残次，他会很不相信你，要你拍照片，又要找这样或那样的证据，让人不太舒服。（如果表现得不太相信你，你就会感到不太舒服？）是的。

10. 您在实体商店购物时，是否也遇到过这种服务失败？卖家如何处理？最后效果如何？

答：饭店上菜慢，食物与图片不符，服务态度很差，讲话很冷冰冰的那种。

（有没有发生过这种服务补救，就是商家有问题，然后你质疑他、投诉他，后面有没有进一步继续沟通解决问题？）在实体店也没有投诉过商家，觉得不好就不买。吃饭的话觉得不行就下次不去，我不愿意和别人吵架。

11. 您一般上网购买哪些类型的东西？

答：食品类、服装类，然后是日用品类。

12. 那您为什么要在网上购买这些东西？

答：方便送货上门，不用我跑，价格相较于实体店，便宜很多。

13. 您在网上购买东西主要担心些什么呀？

答：主要担心质量问题，毕竟你当时付款的时候看到的是图片。然后就是一些评价，很多评价是刷出来的，一看就是假的，所以信任度不高。

职业：艾灸师   性别：女   年龄：46 岁   网购经验：10 年

访谈编号：P007   访谈日期：2019. 3. 31

1. 您在网络购物过程中是否遇到过服务失败？

答：遇到过。

2. 您在购买什么商品时遇到了什么问题？

答：在阿里巴巴网上购买电气设备，灯具。他给的专业指标在网上没法很直观地辨别，在网上看很理想，但实际接触后落差很大。而且商家是批量生产，一旦生产完后就没有办法退单，所以退单是很困难的。

3. 商家是如何处理的? 是否道歉? 是否承认错误?

答: 不可以退货, 我买的是批量的, 已经生产了, 没办法退货。因为商家已经有参数在网络上公开, 而且有相关的照片。他认为他给的信息是很明确的, 但他这种告知我们没办法想象它的真实效果。没有道歉和承认错误。

4. 您对这种处理是否满意? 原因是什么?

答: 不满意, 但也无法维权, 因为商家已经把信息明确公布在网上了, 可能错误并不是在商家, 但商家应该提醒顾客先买一些样品, 如果确定合适了再进行大批量生产。

5. 遭遇服务补救后, 您是否对卖家更加满意?

答: 没有, 觉得商家一般。

6. 事后您是否还在此商家购物?

答: 还是看产品, 如果产品不错的话是会的。

7. 评价网购服务补救水平时, 您看重哪些方面?

答: 这个经历得比较少。

8. 评价网购服务补救水平时, 您会经历一个怎样的过程?

答: 会思考是商家还是自己的原因导致这样的问题, 作为消费者我们在网络上要尽量陈述自己的需求, 可以使商家不会对你造成误解。

9. 您在实体商店购物时, 是否遇到过服务失败? 卖家如何处理? 最后效果如何?

答: 装修, 不满意就会让我退货。满意度上升, 比之前更满意。

10. 评价实体商店服务补救水平时, 您看重哪些方面?

答: 服务。

11. 您所经历的网购服务补救与实体商店的服务补救的处理过程有哪些区别, 让您的印象比较深刻?

答: 线下根据问题的严重性, 如果想找商家维权还是非常方便的。线上你没办法找, 也不可能找, 也不可能为了一点钱跑去找厂家。

12. 您在网上主要购买哪些类型的商品? 为什么选择在网上购买?

答: 和公司有关的、和个人有关的, 比较方便。

13. 您在网上购物主要担心什么?

答: 比较担心质量, 对产品质量有疑惑时可能不会去购买。

职业: 私营企业主　性别: 男　年龄: 38 岁　网购经验: 4 年

访谈编号：P008　　　访谈日期：2019. 4. 5

1. 您在网络购物过程中是否遇到过服务失败？

答：遇到过。

2. 您购买什么商品时遇到了问题？

答：第一次从网上买衬衫，寄回来的质量还挺好的，但第二次在他家买的时候寄回来那个衣服就不行了，洗了后容易起球。

3. 您第一次买的时候比较满意，但是第二次的时候产品质量有问题，是吗？

答：跟之前不一样，在同一个店家买的同一款，颜色不一样。

4. 您向商家反映之后，商家是怎么处理的？

答：没有处理措施。（没有处理，您向商家反映了吗？）没有，衣服买回来之后，洗了再穿，到下次再洗的时候才发现容易起球，中间有个很长的周期，但这个过程早就已经完成交易了。（您向商家反馈产品有问题？）没有。

5. 您遇到过买东西不满意，然后向商家进行反映，商家再进行处理的经历吗？

答：有，我之前从网上买过垫片。（是汽车配件吗？）对。买回来发现和网上介绍的有点不一样。网上广告说得比较好，说这个什么车型都适用，但是买回来发现和想象的不一样，最后只能退货。（商家是怎么处理的呢？）商家说可以给你退货，但是运费要你承担。（运费要自己承担。）是的。

6. 商家有没有道歉？有没有承认错误？您对这种处理是否满意？

答：没有。（没有道歉，有没有承认错误？）有。（有承认错误，那您对这种处理是不是满意？）也挺满意的，就是那个运费要看责任在谁。之前如果跟他说好，是他的责任，那我认为运费应该由他来承担，如果是我的责任，那运费由我承担。因为我并没有实际使用这个产品，就要承担运费，我还是觉得有些不合理。

7. 您怎样判断这个失败原因是自己还是店家造成的？

答：嗯，双方都有一定的责任。店家会说他的东西在很多地方都可以用，没问题的。但是我也跟他说了，自己有特定的需求，然后东西买回来，发现跟自己想象的还是不一样。

8. 遭遇过服务失败，商家进行服务补救之后，您有没有对商家更加满意呢？

答：如果退款的话，我觉得会很满意，如果商家不给退款的话，或者说东西寄给他，很长时间再退款回来，我觉得会不太满意。

9. 之后您还会不会在这家商家继续购物？

答：基本上不会。（不会了，那就是说对他还是不满意了？）对，因为从这家店买的东西又没用，那肯定不会再从这边买，重找一家再买。

10. 如果这家店有您需要的东西，您还会继续在此购买吗？

答：应该不会考虑。（为什么？）前面已经有教训。（您觉得责任并不在自己，但还是多出了运费，所以实际上仍不太满意，对吗？）对。（如果商家愿意付运费，然后又退款的话，您会比较满意吗？）这样应该会比较满意的，但他还是浪费了我的时间。

11. 评价网购服务补救水平的时候，你会看重哪一些方面？

答：首先是服务态度怎么样。有问题的时候，他会主动来联系顾客，打电话进行解释。有的店铺，会很快地回应，有的店铺要过很久才有回应。还有的店铺，你必须要投诉，他才给你处理。

12. 您评价网购服务补救水平时，是怎样一个过程？

答：先跟店家联系，说明问题，然后把图片给商家拍过去，商家会考虑这个问题的责任在谁。如果确实是他的责任的话，就退货退款或补发。

13. 您在实体商店购物的时候，遇到过服务失败吗？

答：我有一次在地铁出口贴手机膜。告诉店家我的手机型号，他说："我有这个型号的。"谈好价钱，贴完膜回去一看，发现手机膜和手机并不匹配。

14. 有没有遇到过服务失败，和商家沟通后，商家进行了补救的经历？

答：有时候吃饭，吃到一些钢丝球类似的东西，然后跟商家说，商家就给予一定优惠。

15. 您如何评价服务补救效果？

答：如果商家能承认自己的错误，真诚地道歉，那觉得还行。如果商家态度很差，那肯定觉得不满意。

16. 以后还会继续在这家店购物吗？

答：不会。觉得不满意的，就不会去了。

17. 在评价实体商店的服务补救水平的时候，您看重哪一些方面？

答：实体店的话，首先东西要真材实料，质量好，然后是服务态度吧。

18. 在经历了服务补救之后，您如何评价他的服务补救水平好坏？

答：我主要看重服务态度。

19. 您所经历的网购服务补救与实体商店的服务补救的处理过程有哪些区别，让您的印象比较深刻？

答：线下的话，当面就能给反馈、给处理。如果是线上的话，总是需要一定的时间。时效性可能没有线下强。我主要看中时间和态度。

20. 您在网上主要购买什么样的商品？

答：买过衣服、鞋、平时用的东西，比如电脑、书籍都买过。（电脑的单价是多少？）6000 多元（相对单价比较高的电子产品您也会在网上购买吗？）对，手机我也准备在网上购买（手机单价是多少？）3000 多块钱。

21. 您为什么选择在网上购买？

答：首先没太多时间去实体店买，再就是网上跟线下价钱也差不多，而且线下有时候很多店比较畅销的手机没货，但网上可能就有货。实体店说这个东西在调货，时间会比较长，那我就从网上买了。

22. 在网上购物主要担心什么？

答：主要担心运输过程会不会有什么损坏，再就是担心快递途中物品被调包。（这些担心您怎么解决呢？）我一般都选择正规的厂家，服务评价比较高的店铺。（你会看网络的评价吗？）这个我会看，如果评价差的话，我一般也不会买。

职业：公司职员　性别：男　年龄：31 岁　网购经验：8 年

访谈编号：P009　　访谈日期：2019.4.5

1. 在网购的过程中您有没有遇到过服务失败？

答：有。

2. 买什么东西遇到了什么问题？

答：曾经在京东买过花王的尿不湿，用完之后发现质量不太好，会起坨，小朋友肯定觉得特别不舒服。

3. 您遇到这样的问题，商家是怎么处理的？

答：我跟京东联系，然后就把没用的几包都给退掉了。

4. 商家有没有道歉呢？

答：也不算道歉吧。反正很容易给退掉了，也没有为难什么。（商家有没有承认错误？）他应该只说了一句"啊！不好意思啊！亲。"但是也没有很真诚地道歉。

5. 您对这样的处理是不是满意呢？

答：嗯，还好吧。因为我一般网购都要求不是特别高，给我退掉了就可以了。

6. 经过服务补救之后您会对这个商家更加满意吗?

答:没有,那个品牌已经不用了,换了别的尿不湿牌子。

7. 您是否有经过有效的服务补救后,自己更加满意的经历?

答:之前有一次在淘宝买滑梯,商家延迟发货。因为天猫店要求是七天内发货,但是他没有发货,问他什么时候发,也是很敷衍的态度,后来我就去消费者协会12315投诉了他,投诉之后店家立马态度就转变了,还赔偿了30%的钱。

8. 经历过这件事情后,您对这个商家的态度如何?

答:不喜欢他的服务态度,但是他们家产品如果好的话还是会去买的。

9. 您评价网购服务补救的时候,会看重哪些方面?

答:态度诚恳,快速退换货。会先跟他沟通是退货换货,还是进行补偿,还是怎么样,需要给我一个满意的答复。

10. 您在传统的实体商店购物的时候,有没有遇到过服务失败呢?

答:有过。之前去吃比萨,我们自己带了红酒,想让店家提供杯子的时候,店家说需要服务费,一个红酒杯需要50块钱的使用费。我们不同意,说你如果这样的话,那我们就只能投诉,弄得不是特别愉快。后来服务员打电话跟他们经理沟通,提供了一个玻璃杯给我们,后来就再没有去过他们家。

11. 您在线下实体商店评价服务补救水平的时候,会看重哪些方面呢?

答:态度诚恳然后给予满意的答复。

12. 您所经历的网购服务补救与实体商店的服务补救的处理过程有哪些区别,让您的印象比较深刻?

答:线下肯定会方便一点,因为当面的话比较容易沟通。线上的话可能会有延迟,就很浪费时间。(噢,您觉得线上会更加的麻烦。那您会不会因为更麻烦所以不愿意在线上购买呢?)不会。但是会考虑换别家,因为线上还是方便。

14. 您在网上主要买什么产品呢?

答:母婴产品。

15. 为什么选择在网上购买?

答:快,也经常有打折活动,比实体店会划算一些。

16. 在网上购物主要会担心什么?

答:不合适,可能会有虚假宣传之类的。(那您有什么方法应对吗?)

会找比较靠谱一点的旗舰店，粉丝量高一点的、评价好一点的店，不要找小店。

职业：全职妈妈　　性别：女　　年龄：28 岁　　网购经验：5 年

访谈编号：P010　　　访谈日期：2019.4.5

1. 在购物过程当中，有没有遇到过服务失败的情况？

答：肯定有。

2. 您在购买什么东西的时候，遇到了什么样的问题？

答：有一次我买了一件鹅黄色的衣服，他给我发来一件白色的。联系店家，店家给我返还红包。

3. 店家有没有道歉？有没有承认错误？

答：有道歉。（有没有承认错误？）他说"不好意思，可能是双 11 太忙，东西卖太多了，造成这样的问题。"（也有承认错误，那您对这种处理是不是满意呢？）还行吧，反正我买东西不是很贵，觉得他们商家态度还行。

4. 在服务补救之后，您会不会对这个商家更加满意？

答：那不会。一般情况下，衣服的颜色发错了，他虽然是给补了几块钱，但是我以后应该是不会再去这家购物了。

5. 您觉得像他这个服务补救算是成功还是不成功？

答：我觉得他态度还是不错的，评价还是蛮高的。（您对服务补救还算满意，但以后还是不会在他家购物，也就是说如果发生了服务失败，以后都不会在这家店购买了，是吗？）也不是一概而论，要看具体的服务补救情况和服务态度。

6. 有没有发生了服务失败，但是经过店家有效的服务补救之后，您对他更满意，之后还继续在他家购买的经历呢？

答：这种情况好像还没有经历过，我一般感觉自己满意的，才会再去那家。就说我最近买的那个帽子吧，我感觉还挺喜欢那个帽子的，就又买了一个别的颜色。（就是说没有发生过服务失败，您才可能下次还继续在他家购买。）是的。

7. 您在评价网购服务补救水平的时候主要会看重什么方面？

答：一般就是服务态度。（除了态度之外，还会注意什么吗？）关键还是态度。（您主要是看他反应的速度呢，还是说他主动承认错误？）我希望跟客服一联系，他就立刻回复，我看重他的态度。

8. 您在实体商店购物的时候有没有遇到过服务失败？

答：有。有的时候去买衣服，试服装，店里客人多的时候，客服服务会不及时、不周到。但是反馈意见后，店家就会说"不好意思！不好意思！刚刚是有别的客户在看，我忽视您了。"会立刻给你道歉。

9. 您觉得他这样处理的效果怎么样？

答：还可以。

9. 您评价实体商店服务补救水平的时候，主要看重什么？

答：也是服务态度。

10. 您所经历的网购服务补救与实体商店的服务补救的处理过程有哪些区别，让您的印象比较深刻？

答：线上，因为他不能当面道歉，只能通过文字表达。但是线下，他当面给你道歉，感觉心里挺舒服的，这个商家或者这个服务员态度挺好的，立刻就会原谅。（那是不是说线上好像接受服务补救的程度没有这么高？）肯定是的，线下能看到人。当面跟你说对不起，你肯定说，没关系没关系，对吧。

11. 您在网上主要会购买哪些类型的商品？

答：一般都是服装。

12. 为什么会选择在网上购买？

答：方便。我本人不爱逛街，所以就在网上买了。

13. 您在网上购物的时候主要会担心什么？

答：网购晒图，特别好看，什么都说得特别好。另外评价，我不知道是不是刷出来的虚假好评，最后等拿到货物的时候，发现不是那么回事。

14. 那您怎样预防这样的问题呢？

答：我会重点关注差评，看差评里面说的是什么问题。要是差评里面说的问题并不严重，只有一点小问题，其他都特别好，那就没什么关系。

15. 如果有差评，您还会再继续购买吗？

答：就看他的问题是大还是小的，到底是什么问题，自己能否接受这样的问题。

职业：公司职员　性别：女　年龄：49 岁　网购经验：8 年

访谈编号：P011　　访谈日期：2019. 4. 5

1. 您在网络购物过程中是否遇到过服务失败？

答：有。

2. 您在购买什么商品时遇到了什么问题？

答：春节前在网上买鞋子，离过年还有一个星期，但是下了订单之后因为春节期间停止发货了，就没有发过来。过完春节后他也没有发货，最后我要求退单，他也把钱退给我了，只是滞后了一点。

3. 商家是如何处理的？是否道歉？是否承认错误？

答：没有给我任何回复。没有回复，没有道歉，也没有承认错误。

4. 您对这种处理是否满意？原因是什么？

答：不满意。沟通这么方便，直接回一句话就可以了，就可以让客户安心，但是他没有，因此很不满意。

5. 遭遇服务补救后，您是否对卖家更加满意？

答：基本上很少经历服务补救，因为怕麻烦，会凑合用。

6. 事后您是否还在此商家购物？

答：1. 主要还是看质量，虽然这个鞋买大了，但是质量不错，所以后来又买了一双。因为好多鞋子尺码都是不标准的，店家应该知道他的码子是偏大还是偏小，如果能提前告知消费者就好了。

2. 服务的态度和服务的时效性，要在 24 小时内及时告知我，因为时间长了会使我产生怀疑。要及时给客户一个答复。到底有没有货，用户希望尽早发货，这样可以让客户安心。

7. 评价网购服务补救水平时，您看重哪些方面？

答：1. 时间：在最短的时间给买家一个答复。

2. 产品的质量。最终是否满意还是要看质量，这是决定性因素。因为质量好，顾客不仅会买这个产品，还会向家人推荐，帮商家宣传。但如果这个质量不过关，就会进行负面宣传。质量是企业生存的基础，是企业的形象。

8. 您在实体商店购物时，是否遇到过服务失败？卖家如何处理？最后效果如何？

答：有。商店里东西很多，买东西的时候没有事先看，可能有伪劣产品。或者商店给你宣传，推销价格低产品，但是回家使用后发现质量不过关。

服务失败遇到的比较少。主要看买的商品是什么类型、什么价格。有些价格低，生活用品不会很刻意去找商家。但是大件商品如果质量不好，就会回去找商家换货、退货。

只要商家能够及时做到他所承诺的，我不仅满意，而且下次还会去购买，说明他还是比较讲信用的。

9. 评价实体商店服务补救水平时，您看重哪些方面？

答：产品的质量。我一般买东西，不会一次买太多。如果这个产品质量好我会很满意，还会向朋友推荐。商家能不能做到一切为客户着想，通过服务来掩盖商品的瑕疵，让它的瑕疵变成不是缺点。因为产品的质量不是百分之百能做到，但及时给人家退货换货，也是品牌优质的一个表现。

10. 您所经历的网购服务补救与实体商店的服务补救的处理过程有哪些区别，让您的印象比较深刻？

答：网购时通过网络交流，时间稍微长一点。线下直接到商店，如果答应你解决，时间会稍微短一点。总的来说，实体店解决问题时间短一点。

11. 您在网上主要购买哪些类型的商品？为什么选择在网上购买？

答：日用品、服装、鞋子。在网上买比较方便。

12. 您在网上购物主要担心什么？

答：1. 会不会有假冒产品，虚假的网络商店，买了东西，钱也不退给你，货也不发给你。

2. 最主要还是质量，是不是和介绍的一样，质量能不能过关。

解决：尽量看客户的评价。商品有没有对外公开承诺，商品有没有它描述得那么好。有些厂家喜欢做一锤子买卖，那样不会长久。

职业：公司职员　性别：男　年龄：54 岁　网购经验：5 年

访谈编号：P012　　访谈日期：2019. 4. 6

1. 您在网络购物过程中是否遇到过服务失败？

答：遇到过。

2. 您在购买什么商品时遇到了什么问题？

答：买一条裙子，卖家商品介绍的图片上的裙子和实际收到的东西在质量、材质上有出入，不太满意。

3. 商家是如何处理的？是否道歉？是否承认错误？

答：直接申请退货，7 天无理由退换货。正常给你退货就算道歉了，是商家有信用的体现，也算承认了错误。

4. 您对这种处理是否满意？原因是什么？

答：满意。因为商家已经答应了无理由退货，顺利把货退了就可以了。

5. 遭遇服务补救后，您是否对卖家更加满意？

答：不会更满意。觉得产品与宣传不符，这种商家就算给我退货了，也是商家本来就应该做的。因为他是衣服质量不行，虚假宣传。而不是我的衣服尺码错了，换尺码。所以是商家的虚假宣传误导了消费者。

6. 事后您是否还在此商家购物？

答：肯定不会。

7. 评价网购服务补救水平时，您看重哪些方面？

答：客服的态度，比如联系客服，他能及时回复你。

8. 您在实体商店购物时，是否遇到过服务失败？卖家如何处理？最后效果如何？

答：我看中了一条羊绒围巾，商家拿给我看的时候，又觉得不是特别满意，又去换了一条，商家及时更换了。

9. 评价实体商店服务补救水平时，您看重哪些方面？

答：态度诚恳与否。

10. 您所经历的网购服务补救与实体商店的服务补救的处理过程有哪些区别，让您的印象比较深刻？

答：沟通方式不一样：线下能看得见，能直接和卖家面对面地沟通。线上是靠和客服联系，没有线下方便。在网上沟通比较困难，在线下就更容易沟通，更好处理问题。

11. 您在网上主要购买哪些类型的商品？为什么选择在网上购买？

答：服装类，种类多而且省时间。

12. 您在网上购物主要担心什么？

答：担心衣服的质量。所以我会看评价，看以往买家对产品的评价，还有自己以前经常光顾的老店。虽然有一些编造的评价，但是旗舰店、品牌店都是可以信赖的。

职业：退休人员　性别：女　年龄：56 岁　网购经验：10 年

访谈编号：P013　　　访谈日期：2019. 4. 6

1. 您在网络购物过程中是否遇到过服务失败？

答：遇到过。

2. 您在购买什么商品时遇到了什么问题？

答：买锁，自己要求的尺寸和规格都描写得很清楚，但是商家发货发得不对。和客服反映后他一直没有答复，后来我直接打电话给厂家反映，厂家和我沟通了这件事。

3. 商家是如何处理的？是否道歉？是否承认错误？

答：商家一直没有给任何反馈。无论怎么和客服联系，他都不理我。

商家没有就问题道歉，也没有承认错误。

4. 您对这种处理是否满意？原因是什么？

答：当然不满意，因为客服完全不理我。

5. 遭遇服务补救后，您是否对卖家更加满意？

答：有一个成功的经历。有一次买鞋，当时我感觉这个尺码合适，但是拿回来感觉小了，和卖家打电话，卖家说："那你寄过来。"寄回去后商家马上就补发一双新的回来。所以对商家更加满意了。

6. 事后您是否还在此商家购物？

答：会，感觉这家店还可以，所以以后看到好的合适的，我肯定还会购买。

7. 评价网购服务补救水平时，您看重哪些方面？

答：1. 及时回复，商家要及时解决。

2. 无论什么问题，不能不予理睬，不应该态度不好，应该有问题解决问题。

8. 您在实体商店购物时，是否遇到过服务失败？卖家如何处理？最后效果如何？

答：一般来讲不会。去饭店吃饭，吃的东西不货真价实，而且材料不好。遇到这种情况，下次肯定就不去了。连锁店和超市很少出现这种问题。大店比较在乎回头客和信誉，但是小店就不是这样了。

9. 评价实体商店服务补救水平时，您看重哪些方面？

答：看重质量。

10. 您所经历的网购服务补救与实体商店的服务补救的处理过程有哪些区别，让您的印象比较深刻？

答：线上有服务补救，线下没有服务补救。

11. 您在网上主要购买哪些类型的商品？为什么选择在网上购买？

答：服装、鞋类、生活用品、食品、汽车配件。网上购买基本上有保障，可以看销量、厂家信誉、顾客的评论，但是在线下我没有办法比较，线上同样的东西我可以在很多家进行比较。

12. 您在网上购物主要担心什么？

答：一般不会担心，没有什么顾虑。我会看商家的信誉、销量、评论购买，而不是只买便宜的东西。

职业：退休人员　性别：男　年龄：61 岁　网购经验：5 年

访谈编号：P014　　访谈日期：2019.4.11

1. 您在网络购物过程中是否遇到过服务失败？

答：有遇到过。

2. 您是在购买什么商品时遇到了什么问题？

答：服装，遇到质量问题，图与实物不符。一次在买鞋子的时候，质量很差，要求退货，卖家不配合，不理睬。

3. 商家是如何处理的？是否道歉？是否承认错误？

答：有道歉，但是他会隔很长一段时间才回复。

4. 买到货以后你发现有问题，您是自己跟商家通过旺旺取得联系还是通过电话？

答：在淘宝客服。

5. 是您要求的还是商家主动提出的？

答：我要求商家的。

6. 在处理过程中商家是否给您道歉呢？还是给您承认错误？

答：有。

7. 您对这种处理是否满意？原因是什么？

答：还行，就是因为你知道对方承认了自己出现失误，然后他给你道歉，也会给你处理后续的问题，这样就可以了。

8. 那就是说正常处理的话，是满意的？

答：是的。

9. 您感觉对他的处理满意的原因呢？就基本解决问题了，还是？

答：我得到了我的商品，就可以了。质量出现问题那一定是要退的，如果是尺码或其他问题那就算了。

10. 有没有就是遭遇服务补救后，您对卖家更加满意？

答：有一次买杯子，他还给发了红包。就会更满意。

11. 在遭遇到服务补救措施以后，您可能会对他更加满意？

答：会的。

12. 那发生这种服务补救之后，您是否还会继续在这个商家买东西？

答：会的，在满意的情况下。

13. 在处理服务补救过程中，让您来评价他的处理水平的话，您觉得您是比较看重哪些方面？

答：效率，还有服务用语，还有他给你的补救措施的具体体现。

14. 您在实体商店购物时，是否遇到过服务失败？卖家如何处理？最后效果如何？

答：过分的夸赞，导致你对这个商品出现了误判。一系列的夸赞让你觉得你穿着很好看，但你自己觉得并不好看。

15. 您所经历的网购服务补救与实体商店的服务补救的处理过程有哪些区别，让您的印象比较深刻？

答：这好像没有。

16. 您感觉这种差异是个体之间的差异所造成的，还是服务平台所造成的？

答：应该都有。

17. 您在网上主要购买哪些类型的产品？为什么选择在网上购买？

答：一般都是服饰、化妆品、生活用品。因为比较方便，还有价格优惠。另外，没有时间到外面实体店购买。

18. 您在网上购物主要担心什么？

答：质量，还有可信度。

职业：大学生　性别：女　年龄：20 岁　网购经验：4 年

访谈编号：P015　　访谈日期：2019.4.5

1. 您在网络购物过程中是否遇到过服务失败？

答：是的，有。

2. 您是在购买什么商品时遇到了什么问题？

答：买电脑键盘膜。

3. 商家是如何处理的？是否道歉？是否承认错误？

答：商家又重新发了一份，承认了错误，道了歉。

4. 拿到货以后发现有问题，您是自己跟商家通过旺旺取得联系还是通过电话？

答：用阿里旺旺先取得联系，并且要求补发一个新的东西。

5. 是您要求的还是商家主动提出的？

答：商家主动提出的。

6. 在处理过程中商家是否给您道歉呢？还是给您承认错误？

答：他们承认了错误，道了歉，给我发了一个新东西。

7. 您对这种处理是否满意？原因是什么？

答：满意，他能够重新发一个，我觉得就是满意的。

8. 那就是说正常处理的话，是满意的？

答：是的。

9. 您感觉对他的处理满意的原因呢？就基本解决问题了，还是？

答：他重新发了一个新的过来，我得到了补偿，没有造成我的损失，这样的话我们可能就会觉得算了，虽然浪费一点时间，但是也没有什么太大关系。

10. 有没有就是遭遇服务补救后，您对卖家更加满意？

答：是的，更加满意了。商家及时承认错误，及时补救，不给顾客造成任何损失。

11. 在遭遇到服务补救措施以后，您可能会对他更加满意？

答：对，是的。

12. 那发生这种服务补救之后，您是否还会继续在这个商家买东西？

答：会的，因为服务态度挺好的，及时回复客户信息，尽量满足客户的需求。

13. 那在处理这个服务补救过程当中，让您来评价他的处理水平的话，您觉得您是比较看重哪些方面？

答：服务态度，以及能够及时回复客户信息，及时解决客户的问题。

14. 您在实体商店购物时，是否遇到过服务失败？卖家如何处理？最后效果如何？

答：有，买鞋子的时候，如果穿着不合适可以及时更换，服务态度很诚恳，很及时。

15. 您所经历的网购服务补救与实体商店的服务补救的处理过程有哪些区别，让您的印象比较深刻？

答：服务态度没有太大的区别，主要是服务的效率，是否及时，便于交流，便于表达自己的看法。实体店便于交流，便于当场表达自己的看法，效率较高，不会耽误自己太多的事情。

16. 您感觉这种差异是个体之间的差异所造成的，而不是服务平台所造成的？

答：对，是的。我觉得应该是这样。

17. 您在网上主要购买哪些类型的产品？为什么选择在网上购买？

答：主要是衣服鞋子，以及书。网上品种多，便于选择和对比，不用受时间和地点的限制，在手机上轻松购物，比较方便。

18. 您在网上购物主要担心什么？

答：最担心的可能就是个人信息泄露以及假货问题，遇到不良商家。

职业：大学生　性别：男　年龄：21 岁　网购经验：2 年

访谈编号：P016　　访谈日期：2019.4.8

1. 您在网络购物过程中是否遇到过服务失败？

答：还好，一般如果我购买的商品出现了什么问题的话，我会找那个客服进行沟通，然后他们一般都会给出相应的解决方案。

2. 您在购买什么商品时遇到了什么问题？

答：我有一次买了一根手链，然后它寄过来就是坏的，根本就不能用，我就跟客服联系了，客服立马跟我道歉，补发一根，让我觉得很满意。

3. 商家是如何处理的？是否道歉？是否承认错误？

答：重新补发了一根新手链。有道歉。有承认错误，态度非常好。

4. 拿到货以后发现有问题，您是自己跟商家通过旺旺取得联系还是通过电话？

答：阿里旺旺。

5. 是您要求的还是商家主动提出的？

答：商家主动提出的。

6. 在处理过程中商家是否给您道歉呢？还是给您承认错误？

答：有。

7. 您对这种处理是否满意？原因是什么？

答：我对这种服务挺满意的，因为当时他给我补发了之后还送了一个小的礼品袋，里面有一些其他的小饰品之类的，我觉得商家这种态度让我非常地满意，而且以后我买东西肯定还是会选择这家店来买。

8. 那就是说正常处理的话，是满意的？

答：对，给我留下的印象非常好。

9. 您感觉对他的处理满意的原因呢？就基本解决问题了，还是？

答：第一，回复很快；第二，他态度特别好；第三，他的补救措施让我很满意。

10. 有没有就是遭遇服务补救后，您对卖家更加满意？

答：有，刚刚那个例子。

11. 有可能在遭遇到服务补救措施以后，您可能会对他更加满意？

答：是。

12. 那发生这种服务补救之后，您是否还会继续在这个商家买东西？

答：那肯定的，当然。

13. 那在处理这个服务补救过程当中，让您来评价他的处理水平的话，您觉得您是比较看重哪些方面？

答：我比较看重的是两方面，第一个是他的态度，第二个就是他所提供的补救方案。

14. 您在实体商店购物时，是否遇到过服务失败？卖家如何处理？最后效果如何？

答：没有遇到过相应的服务失败，一般面对面的交流肯定是在所有疑问都打消之后才买的。

15. 您所经历的网购服务补救与实体商店的服务补救的处理过程有哪些区别，让您的印象比较深刻？

答：线上线下的区别，首先肯定是在线上你只能通过聊天软件跟卖家沟通，你所获得的所有的反馈都是根据字面意思给你的理解。但是在现实生活中，线下交流的话，你可以从服务员的面部表情或语气等来综合评价他的态度，或者是他给出的措施。我觉着这个是最大的不同。

16. 您感觉这种差异是个体之间的差异所造成的，还是服务平台所造成的？

答：两种方式就不一样，一个是线上交流，一个是线下交流，那肯定造成所有的方式都是不一样的。如果是两个购物平台，比如淘宝或京东这两个平台之间进行比较，它可能是平台的。

17. 您在网上主要购买哪些类型的产品？为什么选择在网上购买？

答：主要包括日常生活用品，平时穿的衣服，一些小饰品之类的。因为第一是因为价格有优势；第二是方便，不用出去，毕竟平时上班的时候太忙，也没有时间去出去逛街。

18. 您在网上购物主要担心什么？

答：如果是买衣服，那会担心质量或者是跟图片不相符，不适合我。其他的生活类的就还好，我觉得网络购物风险会比较低一点。

职业：会计　性别：女　年龄：23 岁　网购经验：6 年

访谈编号：P017　　访谈日期：2019. 3. 30

1. 您在网络购物过程中是否遇到过服务失败？

答：是的，遇到过。

2. 您是在购买什么商品时遇到了什么问题？

答：买书的时候。

3. 商家是如何处理的？是否道歉？是否承认错误？

答：通过沟通，商家提出重新发货给我。

4. 拿到货以后发现有问题，您是自己跟商家通过旺旺取得联系还是通过电话？

答：通过阿里旺旺先取得联系。

5. 是您要求的还是商家主动提出的？

答：他要求的。

6. 在处理过程中商家是否给您道歉呢？还是给您承认错误？

答：道歉了。

7. 您对这种处理是否满意？原因是什么？

答：处理是满意的。

8. 那就是说正常处理的话，是满意的？

答：对。

9. 您感觉对他的处理满意的原因呢？就基本解决问题了，还是？

答：因为他给我解决了问题。

10. 有没有就是遭遇服务补救后，您对卖家更加满意？

答：没有过，因为是他发错了货在先。

11. 在遭遇到服务补救措施以后，您可能会对他更加满意？

答：不会的。

12. 那发生这种服务补救之后，您是否还会继续在这个商家买东西？

答：可能不会在他家购物了。

13. 那在处理这个服务补救过程当中，让您来评价他的处理水平的话，您觉得您是比较看重哪些方面？

答：第一是售后的态度；第二是补救的速度，比如说他补发的货是当天立马就发还是别的时间再发。

14. 您在实体商店购物时，是否遇到过服务失败？卖家如何处理？最后效果如何？

答：有，卖家也是给你调换了商品。就是在买鞋时，之前试好了的鞋，但是他装错了，就找他换了过来。

15. 您所经历的网购服务补救与实体商店的服务补救的处理过程有哪些区别，让您的印象比较深刻？

答：我觉得还是实体店更加便利，沟通也更加方便，购物平台的卖家有可能不回复你。

16. 您感觉这种差异是个体之间的差异所造成的，还是服务平台所造成的？

答：我觉得应该是服务平台造成的。

17. 您在网上主要购买哪些类型的产品？为什么选择在网上购买？

答：主要购买些书、充电宝之类的生活小用品，可以节约时间成本。

18. 您在网上购物主要担心什么？

答：主要担心个人信息的泄露，或者是遇到一些水货之类的。

职业：公司职员　性别：男　年龄：32 岁　网购经验：5 年

访谈编号：P018　　访谈日期：2019. 4. 8

1. 您在网络购物过程中是否遇到过服务失败？

答：是的，有。

2. 您是在购买什么商品时遇到了什么问题？

答：我买考研资料书，商家通知我，他们那个资料书没有货了，他要给我退款。

3. 商家是如何处理的？是否道歉？是否承认错误？

答：他给我发了一条信息，还打电话跟我说，让我不要给他差评。有道歉，说"对不起，为您造成不便请谅解。"有承认错误。

4. 拿到货以后发现有问题，您是自己跟商家通过旺旺取得联系还是通过电话？

答：旺旺。

5. 是您要求的还是商家主动提出的？

答：商家主动提出的。

6. 在处理过程中商家是否给您道歉呢？还是给您承认错误？

答：进行道歉，承认错误了。

7. 您对这种处理是否满意？原因是什么？

答：不满意。没有货他为什么要上架。

8. 那就是说正常处理的话，是满意的？

答：对。

9. 您感觉对他的处理满意的原因呢？就基本解决问题了，还是？

答：商家应该及时地整理售出商品的种类，比如说断货了的话，应把那东西下架，不要展示在外面让别人购买，会给别人造成很多不便。

10. 有没有就是遭遇服务补救后，您对卖家更加满意？

答：有。类似的情况有。

11. 那发生这种服务补救之后，您是否还会继续在这个商家买东西？

答：不会。因为首先他的服务机制就不够完善。

12. 那在处理这个服务补救过程当中，让您来评价他的处理水平的话，您觉得您是比较看重哪些方面？

答：我更看重的是他的售后。

13. 您在实体商店购物时，是否遇到过服务失败？卖家如何处理？最后效果如何？

答：有。比如之前我买一个录音笔，当时没仔细检查，回去发现坏了。我们去换，店家不给我们退，还找借口说，这个笔很明显是摔坏的，我们当时很愤怒。

14. 您所经历的网购服务补救与实体商店的服务补救的处理过程有哪些区别，让您的印象比较深刻？

答：区别就是，网络服务它是分步骤的，步骤会很清晰，各个管理部门的事情分工比较明确。而实体店的话，一个店家他会全程地管理所有的事情，没法做到那么高效率和清晰。还有就是服务的态度问题。像网购的服务态度相对就比较好，因为他们担心差评的影响。实体店就不会，因为他的信誉好不好完全是靠口口相传。

15. 您感觉这种差异是个体之间的差异所造成的，还是服务平台所造成的？

答：我觉得还是服务平台的问题。

16. 您在网上主要购买哪些类型的产品？为什么选择在网上购买？

答：有很多。比如我喜欢玩游戏，我会买一些电子设备。键盘鼠标，还有耳机之类的。还有一些生活用品、零食之类的。因为网购会比实体店便宜。而且网购可以类比三家。

17. 您在网上购物主要担心什么？

答：首先是运输问题有可能导致货物损坏，还有质量问题。网络上也有虚假的信息。有刷好评的现象，你会盲目跟风购买，购买完之后会发现商品的质量其实并不好。

职业：大学生　性别：男　年龄：23 岁　网购经验：5 年

访谈编号：P019　　访谈日期：2009.4.4

1. 您在网络购物过程中是否遇到过服务失败？

答：是的。

2. 您在购买什么商品时遇到了什么问题？

答：在网上买内衣的时候，尺码不合适。

3. 商家是如何处理的？是否道歉？是否承认错误？

答：主动联系商家，告诉她尺寸太大，然后商家道歉，并向我承认错误。商家让我把内衣发回去，然后她再给我发回来。

4. 您对这种处理是否满意？原因是什么？

答：不满意，因为我需要自己承担运费；但如果商家能承担运费的话，我就会觉得还行，还算满意。

5. 遭遇服务补救后，您是否对卖家更加满意？

答：没有对卖家更满意。

6. 事后您是否还在此商家购物？

答：没有。

7. 评价网购服务补救水平时，您看重哪些方面？

答：不要让我操心，遇到服务失败时，商家能主动地补救，这样的话就还算满意。

8. 您在实体商店购物时，是否遇到过服务失败？卖家如何处理？最后效果如何？

答：给我女儿买一双高帮翻毛皮鞋，然后毛皮一只是顺着的，一只是倒着的，我提出让商家帮我换一双新的，她们不愿意，我觉得特别生气。

9. 评价实体商店服务补救水平时，您看重哪些方面？

答：当顾客提出合理退换要求时，商家应应允；店员态度不能太强硬，其实买东西更多地是买服务。

10. 您所经历的网购服务补救与实体商店的服务补救的处理过程有哪些区别，让您的印象比较深刻？

答：网上的服务补救需要花费时间，还有运费这一块。

11. 您在网上主要购买哪些类型的商品？为什么选择在网上购买？

答：服饰、鞋子以及生活用品，因为网上会有折扣，还有直销、团购，相对来说价格比较便宜，但很少在网上买吃的东西。

12. 您在网上购物主要担心什么？

答：主要担心质量，害怕质量不过关。

职业：教练员　性别：女　年龄：44岁　网购经验：10年

访谈编号：P020　　访谈日期：2009.4.6

1. 您在网络购物过程中是否遇到过服务失败？

答：有过。

2. 您在购买什么商品时遇到了什么问题？

答：去年冬天在网上准备买一件大衣，一家店的评价以及图片都很满意，但后来收到货，觉得自己受到了欺骗，衣服的质量以及款式都与图片上的描述不相符，不符合我的预期。然后我主动联系商家，要求退货。

3. 商家是如何处理的？是否道歉？是否承认错误？

答：商家收到我的诉求后，也没有道歉，也没有说别的，就直接给了一个退货地址；没有道歉，没有承认错误。

4. 您对这种处理是否满意？原因是什么？

答：不满意，因为我觉得他们的服务态度非常不好，商家对这件事一点不上心，而且我也没有享受到应有的服务，还自己承担了运费。

5. 遭遇服务补救后，您是否对卖家更加满意？

答：没有，因为他的态度和服务水平都让我觉得不满意。

6. 事后您是否还在此商家购物？

答：不会，就算以后在这家店看见喜欢的也不会购买，因为担心会有类似的事情发生，对这家店不信任了。

7. 评价网购服务补救水平时，您看重哪些方面？

答：首先觉得商家在顾客收到货物时，应主动要求反馈，包括对衣服的质量、大小以及物流的速度以及其他方面；在处理问题时，商家态度要诚恳，不能不理不睬，要问清是哪里不喜欢，提供对应的补救方法。

8. 您在实体商店购物时，是否遇到过服务失败？卖家如何处理？最后效果如何？

答：有过，去年和女朋友一起出去玩，订了酒店，我们到晚上才到，登记的时候，酒店负责人告诉我们房间已经满了，但是我们之前确实已经订好了；后来商家给我们找好另一家酒店。刚开始比较不满意，但后来对商家的补救措施比较满意，因为他后来还帮我们付了去另一家酒店的打车费，换的房间也挺不错，而且后续的服务也不错，态度也很好。

9. 评价实体商店服务补救水平时，您看重哪些方面？

答：首先应及时道歉，提供补救方法，如果是食物过期，应重新送一份，房间没有了，就再订一间，尽可能补救，后续的服务也应该更好一点。

10. 您所经历的网购服务补救与实体商店的服务补救的处理过程有哪些区别，让您的印象比较深刻？

答：网上的服务不能面对面交流，交流不是很顺畅，态度不够诚恳；但是在实体店，遇到素质好的员工，他们可能会非常热情，让你觉得可以补救之前的不满意；而且网上补救耗时较长，实体店就可以及时补救。

11. 您在网上主要购买哪些类型的商品？为什么选择在网上购买？

答：衣服、生日礼物，以及电子产品。因为网上很方便，还可以货比多家。在实体店，可能易受导购员的影响。

12. 您在网上购物主要担心什么？

答：主要担心描述与实物不符，有些产品是不可退换的，还担心物流比较慢。

职业：研一学生　性别：男　年龄：23 岁　网购经验：7 年

访谈编号：P021　　访谈日期：2019. 4. 7

1. 您在网络购物过程中是否遇到过服务失败？

答：是的。

2. 您在购买什么商品时遇到了什么问题？

答：在购买内衣的时候，发现尺码大小不合适，然后我主动联系了商家。

3. 商家是如何处理的？是否道歉？是否承认错误？

答：商家就提出来补偿30元现金，然后也向我道歉并承认错误。

4. 您对这种处理是否满意？原因是什么？

答：因为在购买这件内衣的时候，本身也没花多少钱，有了商家补贴的30元，其实损失就非常小了，所以对商家的处理还算满意。

5. 遭遇服务补救后，您是否对卖家更加满意？

答：对商家没有更加满意，因为总的来说，这是商家的问题。

6. 事后您是否还在此商家购物？

答：以后如果在这家店遇到自己很喜欢的商品，还是会选择在这家店购买。

7. 评价网购服务补救水平时，您看重哪些方面？

答：态度以及补救方法，就补救方法来说，商家自己承担运费，以及现金补偿都是很好的补救方法。

8. 您在实体商店购物时，是否遇到过服务失败？卖家如何处理？最后效果如何？

答：在实体店购买了一条项链，但是它总是会断，商家承诺可以去修，但是也感觉很麻烦，虽然他们的态度也很好，但是以后我就不会再在他们家买项链了，因为质量不过关。

9. 评价实体商店服务补救水平时，您看重哪些方面？

答：首先态度很重要，其次补救方法也很重要。

10. 您所经历的网购服务补救与实体商店的服务补救的处理过程有哪些区别，让您的印象比较深刻？

答：我个人觉得实体店的店员态度上可能更为强硬，相比较而言，觉得网上的服务态度会更好一点。

11. 您在网上主要购买哪些类型的商品？为什么选择在网上购买？

答：服饰以及一些小东西，因为在网上购买比较方便。

12. 您在网上购物主要担心什么？

答：图片与实物是否相符，第二个就是质量问题了。

职业：平面模特　性别：女　年龄：19 岁　网购经验：6 年

访谈编号：P022　　访谈日期：2019. 4. 3

1. 您在网络购物过程中是否遇到过服务失败？

答：是的。

2. 您在购买什么商品时遇到了什么问题？

答：在购买耳机时，耳机颜色与我想要的不符。

3. 商家是如何处理的？是否道歉？是否承认错误？

答：在我主动联系商家提出问题后，商家最先把责任推卸给仓库，最后商家提出给我 30 元的现金补偿，这件事也就算解决了。

4. 您对这种处理是否满意？原因是什么？

答：谈不上满意不满意，对处理结果没有太大的感觉，只能接受而已。

5. 遭遇服务补救后，您是否对卖家更加满意？

答：没有更加满意。

6. 事后您是否还在此商家购物？

答：不一定，因为购买商品不仅仅只看商家，要综合考虑各方面的因素，买东西我更看重产品本身。如果这家店价格合理，我会考虑继续在这家店购买。购买一件商品，其实发货速度稍微慢一点对我来说是没有关系的。但如果产品是用过的、假冒的，或者在快递过程中有破损或者是挤压，我肯定就不会在这家店购买商品了。

7. 评价网购服务补救水平时，您看重哪些方面？

答：首先，态度很重要；其次，他们需要主动联系我，并提供一个解决方案，但方案是否被采纳是我自己的选择。如果方案实在不行，双方可以协调，重要的是商家是否及时提出解决方案，如果速度很慢，我就会拒绝和他谈。

8. 您在实体商店购物时，是否遇到过服务失败？卖家如何处理？最后效果如何？

答：在实体店购物时，很少遭遇服务失败。就算有，也多发生在餐饮行业。如果情况比较严重，或者人比较少，都会以退款解决；如果人多，或者情况相对不是太严重，就会以换菜的方式解决。但是吃饭的时候如果遇到这种情况，心情还是会很糟糕。

9. 评价实体商店服务补救水平时，您看重哪些方面？

答：以餐饮业为例，如果吃饭的时候遇到这种问题，不管怎么补救都不会有太大的作用，安全、卫生是最重要的。

10. 您所经历的网购服务补救与实体商店的服务补救的处理过程有哪些区别，让您的印象比较深刻？

答：就我自己的感受来说，网上购物的服务补救是可能的，因为产品的保修期、性能等我可以在产品介绍一栏了解，而且可以通过退换货、换新等补救措施来解决。

11. 您在网上主要购买哪些类型的商品？为什么选择在网上购买？

答：主要是电子产品，还有一些化妆品、日用品，国内可能没有，就必须要在网上购买。

12. 您在网上购物主要担心什么？

答：质量，以及售后保证与承诺不相符。

职业：程序员　性别：男　年龄：25岁　网购经验：8年

访谈编号：P023　　访谈日期：2019.4.3

1. 您在网络购物过程中是否遇到过服务失败？

答：有的。

2. 您在购买什么商品时遇到了什么问题？

答：在买键盘的时候，店家让我直接拍下，但后来很久都没有发货。

3. 商家是如何处理的？是否道歉？是否承认错误？

答：联系客服，但客服就是很官方的那种回复："亲，请等一下，这边正在帮你安排发货呢！"（怀疑是机器自动回复的那种）后来在我选择退货的时候，商家承诺会送我清理键盘的小工具，所以没有退货。已道歉，并承认错误。

4. 您对这种处理是否满意？原因是什么？

答：刚开始不太满意，因为他如果给我确定的期限，告诉我一天后或者两天后可以发货，我还可以接受，但是这种机器回复非常模糊，所以通常遇到这种情况我都会选择退单，换一家店买。

5. 遭遇服务补救后，您是否对卖家更加满意？

答：对店家肯定算不上满意，但是补救措施还是很有效果，会让我对商家的印象好很多，而且也不会选择退货。

6. 事后您是否还在此商家购物？

答：没有过。下次如果需要购买商品，对这家店的印象分会打折扣。

7. 评价网购服务补救水平时，您看重哪些方面？

答：首先，态度一定要好，语气尤其重要；其次，商家应给出具体的补救措施。补救方法也十分重要，譬如送点儿小礼物，并给出明确的保证，比如告诉我说今天一定发货，或者明天一定发货。

8. 您在实体商店购物时，是否遇到过服务失败？卖家如何处理？最后效果如何？

答：我点了一份面，因为店主既要准备这边的面条，又要顾到另一边的饭，我等了差不多有十几二十分钟，都没有给我上面条，总说马上就好。后来我就说："这面条我不要了"，店主就把钱退给我了。但是就算退了钱，我还是觉得比较生气。

9. 评价实体商店服务补救水平时，您看重哪些方面？

答：与网上一样。

10. 您所经历的网购服务补救与实体商店的服务补救的处理过程有哪些区别，让您的印象比较深刻？

答：在实体店进行服务补救时，我至少能与店员接触，这样更能明白她的想法；但在网上的话，只能通过对方的文字来进行判断。所以个人觉得实体店的服务补救成功率会更高。但就算网上存在服务失败，并且没有得到妥善解决，也不太会给差评，因为觉得商家也不容易。

11. 您在网上主要购买哪些类型的商品？为什么选择在网上购买？

答：服饰以及电子产品、生活用品之类的。如果有比较大的折扣也会在网上买，其他时候多在实体店买，因为比较方便。

12. 您在网上购物主要担心什么？

答：质量以及真伪，或者图片与实物不符。

职业：研二学生　性别：男　年龄：24 岁　网购经验：6 年

访谈编号：P024　　访谈日期：2019. 4. 6

1. 您在网络购物时遇到过服务失败吗？

答：有过。

2. 您是在购买什么东西的时候遇到的？

答：购买一个手机壳的时候。（那商家是怎样处理的？）那个手机壳是个半成品。商家说是因为那边工厂质量出现问题，会给我重新补发一个。

3. 那处理过程向您道歉或者承认错误了吗？

答：嗯，他们道歉了。

4. 您对这种处理结果是否满意？原因是什么呢？

答：嗯，较为满意，但是因为是要重新补发，运输时间的问题，将近两个礼拜才拿到货品。

5. 发现买的东西出现了问题，您是怎样和商家取得联系的呢？

答：我是通过旺旺联系客服。（主动要求替换的还是商家主动？）这一点是商家提出的。

6. 发生这件事之后，您还会继续在这个商家买东西吗？

答：这个手机壳我挺喜欢的，以后可能还会光顾。

7. 在服务补救过程中，您主要看重哪些方面呢？

答：首先就是道歉的态度吧，其次就是他们重新发货的效率了，因为重新补发，如果再拖拉的话，就会让顾客等很久。

8. 您在实体店购物时遇到过服务失败吗？他是怎样处理的呢？

答：有，上一次我配副眼镜吧，配了没几天，眼镜的镜框就出了问题。（他是怎样处理的呢？）我去找那家店给我重新换一副框架。（您觉得效果如何呢？）嗯，挺好的，最后框架没出现什么问题了。

9. 能发表一下对网络服务补救和实体店里的服务补救的一些看法吗？

答：实体店毕竟是到店去买东西嘛，所以说补救什么都会方便快捷一点，而网络补救如果发货地跟你买的地方都不在同一个城市，因为运输原因就会比较慢。

10. 主要在网上购买哪些产品呢?

答：首先是一些衣物吧，其次一些零食，还有一些数码产品和配件。

11. 为什么会选择在网上购买呢?

答：因为网上便宜些，而且也便捷一些。

12. 您在网上购物主要担心什么?

答：在网上购物，首先就是担心质量问题。衣服之类的就会担心尺寸问题，其次还有这个是不是新品，有可能是二手假冒的。

职业：服务员　性别：男　年龄：22 岁　网购经验：4 年

访谈编号：P025　　访谈日期：2019. 4. 6

1. 您在网络购物过程中是否遇到过服务失败呢?

答：经常会有的。

2. 您在购买什么东西的时候遇到了这些问题呢?

答：一般都是些衣物，还有一些日用品。

3. 商家是如何处理的啊?

答：一般都会主动联系他们，商家大多数情况下都会给我重新发一个。

4. 他们道歉或者承认错误了吗?

答：对，一般都会的。

5. 发现有问题，您是自己跟商家通过旺旺取得联系还是通过电话呢?

答：一般都是先通过阿里旺旺线上平台先取得联系。

6. 是您主动要求的还是商家主动提出的呢?

答：这个基本上都是我主动提出的。

7. 您对这种处理结果是否满意呢? 原因是什么?

答：百分之七八十，如果他重新给我发了一个完好无损的货，我是会比较满意的。（原因是什么?）作为购买者，我满足我内心对这份服务的要求，我觉得就已经足矣。毕竟他给我重新发了一个。（如果正常处理的话您还是满意的?）对，正常处理的话还是很满意的。

8. 有没有遇到过服务补救，您会对商家更加满意?

答：有，会的。虽然出现了一些问题，但是他尽力给我解决，尽力做到让我满意，也给我道歉，我觉得这样反而会让我的印象更好。（就是经历服务补救措施以后，您会对这家店更加满意？）对，是的。

9. 之后您还会在这家店买东西吗？

答：那得看他补救的程度了。

10. 在服务补救过程中，评价他的处理水平的话，您比较看重哪些方面呢？

答：首先，肯定看他给我处理这件事情，重新给我发的货，这个货的本身质量。我会主要从这个重新给我发的商品的质量来看。

11. 您在实体店购物过程中，是否遇到过服务失败呢？

答：也是有的。（那卖家是如何处理的呢？）一般都是我去商场实体店主动找他，进行协商。（效果怎么样呢？）因为毕竟是实体店，效果应该会更好一些。

12. 您觉得网络上的服务补救和实体店的有什么差异吗？

答：差异还是有的，实体店可能更加方便，特别是时间，他可能立马就给你换货，重新调换或者进行一些补救。但如果是网络购物的话，他需要再联系，重新给我发货，这个时间上其实就产生了很大的差异。

13. 您在网络上主要购买哪些类型的产品？

答：衣服，包括一些平常日用品，还有零食一类的东西。

14. 那您为什么会选择在网上购买呢？

答：一方面是价格比较便宜，二是种类比较多，有可能在实体店当中买不到，或者现实生活中根本就碰不到的一些东西，我在网上都能找到。

15. 在网络上购物，主要担心些什么东西呢？

答：主要还是担心我购物方面遇到一些问题之后，商家根本就不给我解决，或者对我不予理睬的这种感觉。

职业：推销员　性别：男　年龄：22岁　网购经验：4年

访谈编号：P026　　访谈日期：2019. 4. 6

1. 您在网络购物过程中是否遇到过服务失败？

答：遇到过。

2. 您是在购买什么商品时遇到了什么问题？

答：我今年过年买一件羽绒服的时候遇到过服务失败。

3. 商家是如何处理的？是否道歉？是否承认错误？

答：他允诺我将这件不合码的羽绒服退回去之后，他将邮费双倍返还给我。（他道歉了吗？或者承认错误？）他道歉了。

4. 发现有问题，您是自己和他联系的？通过什么方式联系的？

答：我是用淘宝上的阿里旺旺。

5. 是您要求退掉的还是商家主动提出的？

答：我没有主动跟他提出退货，但是我想让他给我一个合理的说法。

6. 您对这种处理是否满意？原因是什么？

答：满意，他的态度很诚恳而且还将我的邮费给我，同时也给我发了一个红包。

7. 经历服务补救后，您是否对卖家更加满意？

答：是的，我对这家店的服务补救措施很满意。（您对这种补救措施是很看好的？）

对，是的。

8. 发生服务补救之后，您是否还会继续在这家店买东西？

答：我会。（就是还会在这里购物？）对的。

9. 在服务补救过程中，让您来评价他的处理水平的话，您比较看重哪些方面？

答：我比较看重诚信方面和态度方面。我希望他对我们诚恳一些，在商品出现问题的时候，态度很诚恳地跟我们道歉。

10. 您在实体商店购物时，是否遇到过服务失败？卖家如何处理？最后效果如何？

答：有，遇到过一次。（他是如何处理的呢？）他态度非常好，立刻就去了附近的店调了一批新的货，而且给我打了一个折扣。（最后您感觉效果如何呢？）我感觉到比较满意。

11. 您觉得网络上的服务补救和实体店的有什么差异吗？

答：网络的服务补救毕竟是在虚拟空间，人与人之间的交流感觉多了一层隔阂，少了一些面对面的交流过程。（您有没有经历过深刻的服务补救的经历？）有过。比如说有一次我买冰激凌的时候，打开之后就化掉了，我非常不满意，然后商家不仅给了我一个完好无损的而且还给了一些其他的小礼品。

12. 您在网上主要购买哪些类型的产品？为什么选择在网上购买？

答：衣服、零食，然后一些玩具吧。（为什么选择在网上购买？）因为现在网络比较发达，当天买了，隔几天就会给你送来，比去实体店购物还方便。

13. 您在网上购物主要担心什么？

答：最担心买到假货，或者是买衣服跟我体型不合适，毕竟不像现实生活中亲身去尝试。

职业：餐厅服务员　性别：男　年龄：26 岁　网购经验：5 年

访谈编号：P027　　**访谈日期：2019. 4. 6**

1. 您在网络购物过程中是否遇到过服务失败？

答：有遇到过一些。

2. 您是在购买什么商品时遇到了什么问题？

答：买衣服或者鞋子，可能会遇到一些尺码不太合适的问题。

3. 商家是如何处理的？

答：主动联系客服或者商家后，他会主动给你退换。大部分都是这样处理的。

4. 您对这种处理是否满意？原因是什么？

答：比较满意吧。网上买东西的话，商家处理这个问题应该是比较麻烦的。商家服务态度还比较好，就感觉比较满意。

5. 处理的过程中他们有道歉或者承认错误了吗？

答：有的。因为商品不太符合顾客要求，就有道歉。

6. 发现买的东西出现了问题，您是怎样和商家沟通的呢？

答：主动联系他。跟他说明情况，或者拍些图片给他看看，说明一下那个物品的情况。

7. 您是主动要求的吗？

答：是的。因为是我不太满意他的东西。这是我主动要求的。

8. 您还会继续在这家店买东西吗？

答：我觉得应该会吧，他如果处理好的话，而且服务态度比较好的话，第一印象应该是不错的，平常买东西，应该是会先考虑这家店的。

9. 在服务补救过程中，您主要看重哪些方面呢？

答：比较看重服务态度，有一些商家可能服务态度比较恶劣，或者压根儿就不理你，就是不给你进行退换。

10. 您在实体商店购物时，是否遇到过服务失败？卖家如何处理？最后效果如何？

答：对，我遇到过一些。（那他是怎么处理的呢？）有问题的话，主动给他提出要退换，他就会给你换的。（您觉得这种效果怎么样？）还是不错的。

11. 您觉得网络上的服务补救和实体店的有什么差异吗？

答：网络服务补救的话，他要邮过来，如果你发现买的东西不满意，要跟商家反映，然后要把东西寄过去，商家确认之后还要把正常的商品给你发过来，来来回回，消耗的时间比较多，效率比较低。实体店的话，就可以直接去那里换了，时间比较快，效率比较高。我个人对实体店补救感觉更满意。

12. 您在网上主要购买哪些类型的产品？为什么选择在网上购买？

答：主要买衣服、鞋子、小零食，也会买洗面奶、沐浴露之类的东西。（您为什么会选择在网上购买？）在网上购买比较方便，足不出户。去实体店购买的话，浪费的时间比较多、比较累。

13. 您在网上购物主要担心什么？

答：网上购物看不到实物，只能看一些东西的图片，最担心的应该还是产品质量问题。

职业：大学生　性别：男　年龄：19岁　网购经验：2年

访谈编号：P028　　访谈日期：2019.4.6

1. 您在网络购物过程中是否遇到过服务失败？

答：遇到过。

2. 您在购买什么商品时遇到了什么问题？

答：买衣服，有时候号码偏大了或者是偏小了。

3. 商家是如何处理的？是否道歉？是否承认错误？

答：我会拍照片发给他们，要么就是退款，要么就是重新发一件衣服过来。（他们是否承认错误或者是道歉呢？）有的商家会说好的，给我退货或是退款，但也有些商家服务态度不是很好，这样的话我就会投诉他们。

4. 发现有问题，您是自己跟商家通过旺旺取得联系还是通过电话？

答：在淘宝的聊天里面直接联系商家。

5. 是您要求的还是商家主动提出的？

答：大部分都是我要求的。

6. 在处理过程中商家是否给您道歉呢？

答：会。

7. 您对这种处理是否满意？原因是什么？

答：他如果退款了，我感觉不怎么满意。因为没买到东西，还耽误了时间，最好的话就是重新给我发一件衣服过来。

8. 那就是说正常处理的话，是满意的？

答：一般都是满意的。

9. 有没有经历服务补救后，您对卖家更加满意的情况？

答：有的商家态度挺好的，会补偿一些小东西，这样挺好的。

10. 发生服务补救之后，您是否还会继续在这家店买东西？

答：一般会的，他态度挺好的，产品质量又不是很差。

11. 在服务补救过程中，让您来评价他的处理水平的话，您比较看重哪些方面？

答：我会比较看重他们的态度，对人说话的态度以及认错的态度。如果商家爱答不理的那种，直接就投诉了。

12. 您在实体商店购物时，是否遇到过服务失败？卖家如何处理？最后效果如何？

答：有，在实体店买衣服经常会买到一些衣服，刚开始还挺好的，后来就开线什么的。（卖家是如何处理的？）第二天我就会拿到店里进行退换，商家会给我换一件或者是直接退款。（您觉得效果怎么样？）如果亲自过去的话，一般都会满意的。

13. 您觉得网络上的服务补救和实体店的有什么差异吗？

答：差别是实体店的话，与卖家面对面交谈，会好交流一些，而网络购物就打字聊天，没有实体店方便。

14. 您感觉这种差异是个体之间的差异所造成的，还是服务平台所造成的？

答：这个分情况看吧，有时候平台，有时候个体。

15. 您在网上主要购买哪些类型的产品？为什么选择在网上购买？

答：经常买衣服、电子产品。有时候买一些鼠标、键盘或者电脑主机之类的。（为什么选择在网上购买？）网上购买会很方便，不用出门，而且产品种类很多。如果你去实体店的话，你要跑这个店、那个店，会比较麻烦，在网上就可以直接通过手机看各个商家的东西。

16. 您在网上购物主要担心什么？

答：如果是电子产品，就担心会不会是盗版的、二手的、被别人用过的，然后被别人进行翻新的那种。如果买衣服的话，就会担心尺码不对，或者是质量不过关、掉颜色之类的。

职业：务工人员　性别：男　年龄：25 岁　网购经验：6 年

访谈编号：P029　　访谈日期：2019. 4. 4

1. 您在网络购物过程中是否遇到过服务失败？

答：有。

2. 您在购买什么商品时遇到了什么问题？

答：手机钢化膜，买的钢化膜寄过来是碎的。

3. 商家是如何处理的？是否道歉？是否承认错误？

答：拍了照片给商家，他说："重新给您寄一件。"没有第一时间道歉。

4. 您对这种处理是否满意？原因是什么？

答：一开始其实挺不满意的，因为他没有第一时间回复我，还把责任推给其他人。但最终的处理方案还是可以的，因为最终给我解决了问题，所以总体来说还行吧。

5. 遭遇服务补救后，您是否对卖家更加满意？

答：没有。

6. 事后您是否还在此商家购物？

答：下次不去了。

7. 评价网购服务补救水平时，您看重哪些方面？

答：态度问题，其他的都是可以商量的。

8. 您在实体商店购物时，是否遇到过服务失败？卖家如何处理？最后效果如何？

答：衣服质量问题。卖家先是查看是否与我们所述的问题是一致的，第二看一下是顾客自己的原因，还是衣服本身的原因，如果是衣服本身的原因他会给我退。

9. 评价实体商店服务补救水平时，您看重哪些方面？

答：态度问题。

10. 您所经历的网购服务补救与实体商店的服务补救的处理过程有哪些区别，让您的印象比较深刻？

答：网上的客服有时候找不到人，使得自己比较急躁，而且有一种迷茫感。实体店可以第一时间找到责任人。

11. 您在网上主要购买哪些类型的商品？为什么选择在网上购买？

答：化妆品、生活用品、衣服、鞋子等。因为有时候下班了，有的店已经关门了，没办法买。但网购的店就可以购买，第二天或第三天就送达了。

12. 您在网上购物主要担心什么？

答：不会买金额过大的，担心质量、售后服务、快递会不会掉之类的。

职业：公司职员　性别：女　年龄：28 岁　网购经验：10 年

访谈编号：P030　　访谈日期：2019. 4. 5

1. 您在网络购物过程中是否遇到过服务失败？

答：遇到过。

2. 您在购买什么商品时遇到了什么问题？

答：买衣服。看到图片很好看，穿在模特身上很美观，但是自己买回来后就会发现它有各种问题，不仅是质量问题，还有大小不合适、实物和图片不符什么的。之前冬天买了一件大衣，买回来发现和图片完全不一样，就打算退货。

3. 商家是如何处理的？是否道歉？是否承认错误？

答：联系商家询问是否可以退货，有一些商家会说是他们的问题，然后给我退货，还有运费险。但还有一些商家联系不上，半天不回消息。

4. 您对这种处理是否满意？原因是什么？

答：不满意。商家态度不好，回复时间太长。

5. 遭遇服务补救后，您是否对卖家更加满意？

答：不满意。

6. 事后您是否还在此商家购物？

答：不去了，而且还会告知身边的人，让他们不要去买。

7. 评价网购服务补救水平时，您看重哪些方面？

答：1. 比较看重质量问题；2. 商家的态度也很重要，比如在购买一件商品之前可能会有一些问题去问客服，有些商家会及时给你解答。

8. 您在实体商店购物时，是否遇到过服务失败？卖家如何处理？最后效果如何？

答：在实体店，有些店主比较亲切。但也有一些比较冷漠的店员。在实体店购买衣服，买回来可能发现质量问题，后来也不会再去那家店了。

9. 评价实体商店服务补救水平时，您看重哪些方面？

答：服务态度很重要。

10. 您所经历的网购服务补救与实体商店的服务补救的处理过程有哪些区别，让您的印象比较深刻？

答：1. 客服会使用"亲"等友好用语，然后主动承认失败并且退货。

2. 实体店则不一样，有的店主会说是他们的问题，会给我们打折。但还有一些会说是不是你自己的原因。

11. 您在网上主要购买哪些类型的商品？为什么选择在网上购买？

答：以前经常购买衣服，现在会购买一些书籍、文具、饰品，比如耳钉什么的。食品也有一些。还有护肤品，比较相信购买过的代购，实体店里价格比较昂贵，不知道是真是假。

12. 您在网上购物主要担心什么？

答：1. 图片与实物不符，达不到自己的预期，可能会先问一下商家。

2. 购买护肤品，可能担心是不是会过敏。

职业：实习生　性别：女　年龄：22岁　网购经验：4年

访谈编号：P031　　　访谈日期：2019.4.4

1. 您在网络购物过程中是否遇到过服务失败？

答：有。

2. 您在购买什么商品时遇到了什么问题？

答：买衣服质量很差。

3. 商家是如何处理的？是否道歉？是否承认错误？

答：商家道歉了，而且会选择换一件衣服。

4. 您对这种处理是否满意？原因是什么？

答：还可以，觉得他态度比较诚恳，都是做生意的，也不太容易。

5. 遭遇服务补救后，您是否对卖家更加满意？

答：是，更加满意了。

6. 事后您是否还在此商家购物？

答：以后还是会光顾。

7. 评价网购服务补救水平时，您看重哪些方面？

答：态度，因为只要换个同等程度的就差不多了，对于经济补偿没有太大要求，只要店家态度诚恳就没有什么是解决不了的。

8. 您在实体商店购物时，是否遇到过服务失败？卖家如何处理？最后效果如何？

答：遇到过。吃饭的时候里面有头发，卖家会选择帮我把菜换掉或退掉之类的。

9. 评价实体商店服务补救水平时，您看重哪些方面？

答：比较在意金钱的赔偿。

10. 您所经历的网购服务补救与实体商店的服务补救的处理过程有哪些区别，让您的印象比较深刻？

答：网上的客服有时候找不到人，实体店你可以去他的店里找他。

11. 您在网上主要购买哪些类型的商品？为什么选择在网上购买？

答：生活用品、衣服、鞋子等。因为方便。

12. 您在网上购物主要担心什么?

答：快递是否会丢，或者付了钱不发货。

职业：餐饮业服务生　性别：男　年龄：25 岁　网购经验：8 年

访谈编号：P032　　访谈日期：2019. 4. 5

1. 您在网络购物过程中是否遇到过服务失败?

答：遇到过。

2. 您在购买什么商品时遇到了什么问题?

答：购买羽绒服，商家把颜色发错了。

3. 商家是如何处理的? 是否道歉? 是否承认错误?

答：拍照片给商家，商家同意退换货。商家道歉也承认了错误。

4. 您对这种处理是否满意? 原因是什么?

答：满意。商家及时地退换货了，退回时也没有收运费，虽然耽误了一点时间，但也算及时处理了，所以还是挺满意的。

5. 遭遇服务补救后，您是否对卖家更加满意?

答：商家不仅补发了货物，还赠送了 20 元优惠券。觉得还是挺满意的，因为一直在他们家买，这次他们的服务失败也及时补救了。所以觉得也没有什么特别大的问题。

6. 事后您是否还在此商家购物?

答：会。

7. 评价网购服务补救水平时，您看重哪些方面?

答：时效性，不能等太长时间；质量，补回来的衣服质量是否还和原来一样。

8. 您在实体商店购物时，是否遇到过服务失败? 卖家如何处理? 最后效果如何?

答：遇到过，在饭店吃东西，一个蔬菜上面有泥巴，店家给我们补了一份新的菜，这份菜最后也没有收费，同时也给了我们一张优惠券，所以觉得他们的服务真的挺好的。

9. 评价实体商店服务补救水平时，您看重哪些方面?

答：沟通，商家的态度。有的商家不承认自己的产品有问题。补救的方法：商家是否会给我们退换货，或者以其他方式来弥补这种过失。

10. 您所经历的网购服务补救与实体商店的服务补救的处理过程有哪些区别，让您的印象比较深刻?

答：1. 网购基本上如果我们反映有问题，他就会马上去解决问题。

2. 实体店中，往往我们说有这样的问题，他们就是不承认有问题，也不是很及时地处理。

所以网店虽然在网上，但是效率还挺高的。

11. 您在网上主要购买哪些类型的商品？为什么选择在网上购买？

答：衣服。比较便宜和方便。

12. 您在网上购物主要担心什么？

答：质量，因为看不见摸不着。

职业：公司职员　性别：女　年龄：27 岁　网购经验：7 年

访谈编号：P033　　访谈日期：2019. 4. 4

1. 您在网络购物过程中是否遇到过服务失败？

答：有。

2. 您在购买什么商品时遇到了什么问题？

答：买书，发现书的质量很差，还缺页。

3. 商家是如何处理的？是否道歉？是否承认错误？

答：换货，商家重新发了一本书，也道歉了。

4. 您对这种处理是否满意？原因是什么？

答：还行，嫌麻烦。

5. 遭遇服务补救后，您是否对卖家更加满意？

答：没有。

6. 事后您是否还在此商家购物？

答：并不是很记得买东西的是哪一家店。

7. 评价网购服务补救水平时，您看重哪些方面？

答：速度，什么时候回答问题。

8. 您在实体商店购物时，是否遇到过服务失败？卖家如何处理？最后效果如何？

答：没有。

9. 评价实体商店服务补救水平时，您看重哪些方面？

答：态度。

10. 您所经历的网购服务补救与实体商店的服务补救的处理过程有哪些区别，让您的印象比较深刻？

答：实体店补救比较直接。

11. 您在网上主要购买哪些类型的商品？为什么选择在网上购买？

答：生活用品，因为方便。

12. 您在网上购物主要担心什么？

答：担心快递不会发货。

职业：家庭主妇　性别：女　年龄：32岁　网购经验：9年

访谈编号：P034　　访谈日期：2019.4.7

1. 您在网络购物过程中是否遇到过服务失败？

答：有，遇到过。

2. 您在购买什么商品时遇到了什么问题？

答：比如说之前买的龟苓膏，外包装破了，要求退货，他又找了一个客服来，过了好几分钟才来找我，我就有点生气。

3. 商家是如何处理的？是否道歉？是否承认错误？

答：没有道歉，后来就是叫我退款。没有承认错误。

4. 您对这种处理是否满意？原因是什么？

答：不满意，因为处理效率很慢。

5. 遭遇服务补救后，您是否对卖家更加满意？

答：没有。

6. 事后您是否还在此商家购物？

答：不一定。

7. 评价网购服务补救水平时，您看重哪些方面？

答：服务态度和服务速度。

8. 您在实体商店购物时，是否遇到过服务失败？卖家如何处理？最后效果如何？

答：有，买假货。卖掉东西以后，老板态度差等。

9. 评价实体商店服务补救水平时，您看重哪些方面？

答：服务。

10. 您所经历的网购服务补救与实体商店的服务补救的处理过程有哪些区别，让您的印象比较深刻？

答：网购的话整体来说服务补救的态度要好一点。实体店买的东西虽然说贵一点，但是质量可能会高一点。

11. 您在网上主要购买哪些类型的商品？为什么选择在网上购买？

答：买衣服，因为比较方便。

12. 您在网上购物主要担心什么?

答:买的东西和实际用起来差别好大。

职业:大学生　性别:男　年龄:22 岁　网购经验:4 年

访谈编号:P035　　　访谈日期:2019. 4. 6

1. 您在网络购物过程中是否遇到过服务失败?

答:有,很多服务失败的问题。

2. 您在购买什么商品时遇到了什么问题?

答:网上买了一件羊毛衫,他给我发错了,我订的是一件杏色的,店家给我发的是一件黑色的,我要的是短袖,他给我发的是长袖。

3. 商家是如何处理的? 是否道歉? 是否承认错误?

答:有,他第一时间跟我道歉了,叫我把衣服寄回去,运费他出,但是我觉得不太好,因为我损失了很多时间。

4. 您对这种处理是否满意? 原因是什么?

答:不满意,我觉得他应该在发现自己发错货的第一时间重新给我发一件衣服过来,然后我这边马上给他寄回去。他浪费了我的时间。

5. 遭遇服务补救后,您是否对卖家更加满意?

答:会,有的店铺发现错误之后,马上跟我道歉,然后用顺丰给我重新发了一件,只用了一天的时间就到了。

6. 事后您是否还在此商家购物?

答:看他的服务补救是不是让我非常满意。

7. 评价网购服务补救水平时,您看重哪些方面?

答:第一,他道歉一定要有态度;第二,他一定要很主动;第三,发货一定要迅速。

8. 您在实体商店购物时,是否遇到过服务失败? 卖家如何处理? 最后效果如何?

答:实体商店的话没有,因为都是我自己选的。

9. 评价实体商店服务补救水平时,您看重哪些方面?

答:第一个是店家的态度,第二个他可以给我无条件退换。

10. 您所经历的网购服务补救与实体商店的服务补救的处理过程有哪些区别,让您的印象比较深刻?

答:有区别。第一,实体商店服务补救措施比网店的服务补救措施更直接、时间更快、态度更好,因为是面对面的;第二,我觉得实体店的服务补救措施比较让我满意，因为他们道歉都很诚恳。我曾经在网络上遇到一些商家直接不理我。

11. 您在网上主要购买哪些类型的商品？为什么选择在网上购买？

答：衣服、书籍。因为如果想在实体店买一本书的话要去找很久，还不一定有，但是网上只要知道书名就可以找到。

12. 您在网上购物主要担心什么？

答：最担心的就是买到假货。

职业：大学生　性别：男　年龄：21 岁　网购经验：7 年

访谈编号：P036　　访谈日期：2019.4.5

1. 您在网络购物过程中是否遇到过服务失败？

答：是的，多多少少都有一些。

2. 您在购买什么商品时遇到了什么问题？

答：一些商品质量问题和邮寄的问题。

3. 商家是如何处理的？是否道歉？是否承认错误？

答：一般就是道歉，赔偿之类的也有，大部分商家还是愿意承认错误的。

4. 您对这种处理是否满意？原因是什么？

答：嗯，有的时候一些小的细节，不是大的出入的话，他们道歉我觉得还是可以的，因为人无完人嘛，不可能一点错误都不犯的，也许有的问题是快递之类的原因。

5. 遭遇服务补救后，您是否对卖家更加满意？

答：大部分会。

6. 事后您是否还在此商家购物？

答：应该会。他们如果说做到让我满意的那种处理的话，我还是会在那家买东西。最起码的一点，他负责任了，所以我还是愿意在他家买。

7. 评价网购服务补救水平时，您看重哪些方面？

答：其实补偿倒没什么，主要是这一件衣服买了是坏的、不好的，你能给我换就行了，也不需要什么赔偿。

8. 您在实体商店购物时，是否遇到过服务失败？卖家如何处理？最后效果如何？

答：也有。但是一般的实体店比网络上要好一些，因为它是实体的，我们可以对商品有一些了解，如果不好，我们可以随时拿去换。

9. 评价实体商店服务补救水平时，您看重哪些方面？

答：实体店的话我看中衣服的品质，每个细节我们都一目了然，但是网购有的东西就是图片。

10. 您所经历的网购服务补救与实体商店的服务补救的处理过程有哪些区别，让您的印象比较深刻？

答：实体店商品不好我可以随时拿去换，网购中间有邮递之类的问题，中途会比较折腾。

11. 您在网上主要购买哪些类型的商品？为什么选择在网上购买？

答：平时就买一些日用品、衣服之类的。第一，它的价格比实体店要便宜，第二就是网上真的是什么都有，琳琅满目，比实体店要种类齐全，也能节省时间。还有就是有的东西在网上你一搜就能找到，也许有的东西你在实体店都还不一定能买到，网上都能买到。

12. 您在网上购物主要担心什么？

答：在网上购物最担心的问题，第一个就是寄过来的东西不让自己满意，不是我自己想象的那种品质，第二个就是发货慢。

职业：私营店主　性别：女　年龄：35 岁　网购经验：5 年

访谈编号：P037　　访谈日期：2019. 4. 9

1. 您在网络购物过程中是否遇到过服务失败？

答：有，遇到过。

2. 您在购买什么商品时遇到了什么问题？

答：我之前买衣服的时候，由于商家的失误，我拿到的衣服是破损的。

3. 商家是如何处理的？是否道歉？是否承认错误？

答：一般来说会给一个令人满意的答复。像一些较大的服务失败，如产品质量，一般我会和卖家协商处理，卖家会更换有问题的产品。

4. 您对这种处理是否满意？原因是什么？

答：满不满意最终还是要看问题有没有被解决，如果我的需求或者说我的这个问题，商家能够给我处理好，能够满足我的需求，那么后面我并不会对这个问题产生抱怨，也并不会对这个商家产生什么看法。

5. 遭遇服务补救后，您是否对卖家更加满意？

答：这个还得看情况来说，主要看我对这个商品的需求度如何。

6. 事后您是否还在此商家购物？

答：如果我购买一个性价比不高的生活必需品的时候，商家出现了服务失败，在他们进行补救以后，我得到了一个比较满意的解决方案的情况下，我可能并不会觉得有什么问题。当我买一个价值大，我比较珍视的物品的时候，如果出现了服务失败，他进行补救之后，我可能会对这个店铺有一点点抱怨，以后购买同类产品的时候就不会考虑。

7. 评价网购服务补救水平时，您看重哪些方面？

答：我所关注的是当问题发生的时候商家能够用什么样的速度进行解决，也就是这个问题的处理效率。第二个是商家对待由商家的原因造成的错误是什么态度，第三点有些问题的发生可能是由于一些不可控的因素这一点我认为就是消费者和商家都必须承担责任。

8. 您在实体商店购物时，是否遇到过服务失败？卖家如何处理？最后效果如何？

答：有，一般都是和商家协商解决，然后商家根据我的需求来解决问题，最后一般都能圆满地解决问题。

9. 评价实体商店服务补救水平时，您看重哪些方面？

答：我一般评价实体店，看重的第一个是工作人员的态度，他的态度能够比较直观地让人感受到他到底对于我的需求有没有认真地对待；第二个是工作人员的专业能力，工作人员能不能解决我的问题；第三个是商品的价格问题；最后一个是商品的品牌。

10. 您所经历的网购服务补救与实体商店的服务补救的处理过程有哪些区别，让您的印象比较深刻？

答：第一点，实体店的服务补救比较迅速，网购的服务补救会存在一个时间差。第二个，线下问题的沟通要比线上容易，总的来说实体店进行服务补救的效率要比网购服务补救效率高。

11. 您在网上主要购买哪些类型的商品？为什么选择在网上购买？

答：电子产品、衣服、数码，包括生活用品和零食这些东西我都会在网上购买。为什么在网上购买，第一个可能是商品种类的原因，第二个网购相对于实体店，价格会更具有优势，第三个就是我网购的时间比较长了，已经养成习惯，买东西想到的第一方式就是网购。

12. 您在网上购物主要担心什么？

答：网购时无法对商品质量有一个直接的感受，所以购买商品时可能会不符合自身的要求，如果商品出现质量问题，可能会浪费比较多的时间。

职业：公司职员　性别：男　年龄：24 岁　网购经验：7 年

访谈编号：P038　　　访谈日期：2019.4.9

1. 您在网络购物过程中是否遇到过服务失败？

答：有，比如说商品不满意，还有就是发货比较晚。

2. 您在购买什么商品时遇到了什么问题？

答：看到的东西和收到的不一样。

3. 商家是如何处理的？是否道歉？是否承认错误？

答：这个你问客服的话肯定都是会承认错误的，但是能不能给你换，能不能给你解决又是另外一回事了。

4. 您对这种处理是否满意？原因是什么？

答：肯定不满意，因为很多都只会道歉，最多给你换一个，但是换的话又会浪费很多时间，一般都急着用，所以一般都很难令人满意，有的连换都懒得给你换。

5. 遭遇服务补救后，您是否对卖家更加满意？

答：这种商家特别少，有的人会给你优惠券，有的甚至会给你退款，然后给你补发一个。

6. 事后您是否还在此商家购物？

答：很少，如果售后特别好的话肯定都会回去购买的。

7. 评价网购服务补救水平时，您看重哪些方面？

答：首先看买家评价，然后就是价格之类的。

8. 您在实体商店购物时，是否遇到过服务失败？卖家如何处理？最后效果如何？

答：实体店购物的时候，一般都是你要选得特别好，有时候你粗心大意没选好，或者商品有瑕疵你自己没发现的话，你要是回去找他确实有一点麻烦，但是一般大型的商场或者超市，品牌比较好的话都会给你换的，就比较有保障一点。

9. 评价实体商店服务补救水平时，您看重哪些方面？

答：首先肯定是态度，还有就是补偿是不是满意。

10. 您所经历的网购服务补救与实体商店的服务补救的处理过程有哪些区别，让您的印象比较深刻？

答：网络服务补救一般都比较抽象，比较难让人满意，网络服务补救就是没有实体店那么直接。

11. 您在网上主要购买哪些类型的商品？为什么选择在网上购买？

答：主要在网上买衣服，然后天猫超市有买生活用品，因为网上买比实体店要便宜一点，有优惠券。

12. 您在网上购物主要担心什么？

答：主要担心质量。

职业：大学生 性别：男 年龄：23 岁 网购经验：4 年

访谈编号：P039   访谈日期：2019.4.7

1. 您在网络购物过程中是否遇到过服务失败？

答：遇到服务失败。

2. 您在购买什么商品时遇到了什么问题？

答：购买毛衣，少发漏发。

3. 商家是如何处理的？是否道歉？是否承认错误？

答：联系商家，商家主动承认错误，进行补发。

4. 您对这种处理是否满意？原因是什么？

答：满意，因为觉得商家的服务态度比较好，守诚信。

5. 遭遇服务补救后，您是否对卖家更加满意？

答：一开始给自己的印象就比较好，比较满意。

6. 事后您是否还在此商家购物？

答：后续有需要的话会优先考虑此商家。

7. 评价网购服务补救水平时，您看重哪些方面？

答：卖家的服务态度；处理的效率，有些卖家处理的不及时。

8. 评价网购服务补救水平时，您会经历一个怎样的过程？

答：一开始会有点不满，但是跟卖家沟通，收到东西后会比较满意。

9. 您在实体商店购物时，是否遇到过服务失败？卖家如何处理？最后效果如何？

答：遇到过服务失败，产品质量有问题，卖家进行了退换。

10. 评价实体商店服务补救水平时，您看重哪些方面？

答：卖家的服务态度比较重要。

11. 您所经历的网购服务补救与实体商店的服务补救的处理过程有哪些区别，让您的印象比较深刻？

答：网购时间可能比较长，但是比较方便；实体店比较麻烦，态度可能不太好。

12. 您在网上主要购买哪些类型的商品？为什么选择在网上购买？

答：衣服、日用小商品。比较方便，拥有 7 天无理由退货。

13. 您在网上购物主要担心什么？

答：产品的质量、尺寸。

职业：采购　性别：女　年龄：29 岁　网购经验：6 年

访谈编号：P040　　访谈日期：2019. 4. 7

1. 您在网络购物过程中是否遇到过服务失败？

答：遇到过。

2. 您在购买什么商品时遇到了什么问题？

答：购买双眼皮胶，卖家忘记发工具。

3. 商家是如何处理的？是否道歉？是否承认错误？

答：卖家承认错误并道歉，补发工具。

4. 您对这种处理是否满意？原因是什么？

答：不是很满意，因为联系卖家说忘记发工具，卖家承认是自己的工作失误，却要求我承担邮费，所以不是很满意。

5. 遭遇服务补救后，您是否对卖家更加满意？

答：不满意，印象更加不好。

6. 事后您是否还在此商家购物？

答：没有。

7. 评价网购服务补救水平时，您看重哪些方面？

答：服务态度和补救结果。

8. 评价网购服务补救水平时，您会经历一个怎样的过程？

答：遭遇服务失败，联系卖家，心里挺不高兴的，卖家又不愿意补发，我说要差评，卖家才愿意补发，挺生气的。

9. 您在实体商店购物时，是否遇到过服务失败？卖家如何处理？最后效果如何？

答：遇到过。在饭店吃饭，上了一份不是很新鲜的毛肚，当时告诉卖家要求重新换一个菜，卖家不同意，和卖家争执一会，卖家最后并没有退换，再也没有去过他家吃饭。

10. 评价实体商店服务补救水平时，您看重哪些方面？

答：自身的服务态度以及处理服务失败的方式。

11. 您所经历的网购服务补救与实体商店的服务补救的处理过程有哪些区别，让您的印象比较深刻？

答：实体店可以面对面交流，直接有效。

12. 您在网上主要购买哪些类型的商品？为什么选择在网上购买？

答：生活用品和服饰。生活用品网上选择性较多，不需要跑。衣服也是选择种类多。

13. 您在网上购物主要担心什么？

答：质量问题和色差。

职业：人力资源管理专员　性别：女　年龄：24 岁　网购经验：6 年

访谈编号：P041　　访谈日期：2019.4.7

1. 您在网络购物过程中是否遇到过服务失败？

答：是。

2. 您在购买什么商品时遇到了什么问题？

答：衣服，码数发错。

3. 商家是如何处理的？是否道歉？是否承认错误？

答：商家承认错误，要求把误发的衣服寄回并承担邮费，重新发一件新的衣服。

4. 您对这种处理是否满意？原因是什么？

答：还算满意。

5. 遭遇服务补救后，您是否对卖家更加满意？

答：一般。

6. 事后您是否还在此商家购物？

答：还在此家购物。

7. 评价网购服务补救水平时，您看重哪些方面？

答：态度和诚意。

8 评价网购服务补救水平时，您会经历一个怎样的过程？

答：如果态度很好，即使问题很严重，服务补救很满意；如果问题很小，服务态度不好，则很不满意。

9. 您在实体商店购物时，是否遇到过服务失败？卖家如何处理？最后效果如何？

答：遇到过，在一家饭店（快餐店）吃饭，食品里有餐巾纸。卖家承认错误，更换食物，给了代金券。感觉服务补救还行。

10. 评价实体商店服务补救水平时，您看重哪些方面？

答：和网购差不多。态度和诚意。

11. 您所经历的网购服务补救与实体商店的服务补救的处理过程有哪些区别，让您的印象比较深刻？

答：区别是一个是打字告诉你，一个就是面对面告诉你；网购服务补救需要经过一段时间，实体店服务补救更快捷。

12. 您在网上主要购买哪些类型的商品？为什么选择在网上购买？

答：什么都买，淘宝有的都买。因为我不经常出门。

13 您在网上购物主要担心什么？

答：什么都不担心，不满意就退货。

职业：大学生　性别：男　年龄：26 岁　网购经验：7 年

访谈编号：P042　　**访谈日期：2019. 4. 6**

1. 您在网络购物过程中是否遇到过服务失败？

答：遇到过服务失败。

2. 您在购买什么商品时遇到了什么问题？

答：购买服装时，尺寸不合适。

3. 商家是如何处理的？是否道歉？是否承认错误？

答：我通过发布微博@官方客服，商家通过电话向我致歉，告诉我具体流程怎么操作。

4. 您对这种处理是否满意？原因是什么？

答：还算满意，处理得比较及时。

5. 遭遇服务补救后，您是否对卖家更加满意？

答：并不能说更加满意，因为这是基本服务。

6. 事后您是否还在此商家购物？

答：如果遇到合适的商品，还在此家购物。

7. 评价网购服务补救水平时，您看重哪些方面？

答：服务是否及时，补偿措施是否让我满意。

8. 评价网购服务补救水平时，您会经历一个怎样的过程？

答：刚开始，客服如果没有及时回复，我会比较生气，觉得回复慢；如果卖家解释原因，并给我补偿一些东西，还算是可以理解，也会给卖家好评。

9. 您在实体商店购物时，是否遇到过服务失败？卖家如何处理？最后效果如何？

答：在饭店吃饭，在菜里发现钢丝球，服务员向我道歉，服务补救效果还算可以，我能接受。

10. 评价实体商店服务补救水平时，您看重哪些方面？

答：是否及时处理，是否对我的疑问及时解答，补救措施是否让我满意。

11. 您所经历的网购服务补救与实体商店的服务补救的处理过程有哪些区别，让您的印象比较深刻？

答：网购主要通过客服，如果客服不理你，还要打电话联系，流程复杂；实体店通过店员直接沟通，反映的问题解决得比较快。

12. 您在网上主要购买哪些类型的商品？为什么选择在网上购买？

答：食品、服装。网购种类较多，价格便宜；实体店没有你想要的东西，要去逛好多地方。

13. 您在网上购物主要担心什么？

答：服装主要担心质量、尺寸。

职业：程序员　性别：男　年龄：34 岁　网购经验：9 年

访谈编号：P043　　访谈日期：2019. 4. 6

1. 您在网络购物过程中是否遇到过服务失败？

答：遇到过。

2. 您在购买什么商品时遇到了什么问题？

答：购买书本，书本后面有缺页，最有一页有脚印。

3. 商家是如何处理的？是否道歉？是否承认错误？

答：我联系卖家说明问题，商家要求发送有问题的商品的图片过去。商家看完图片，就发送新的书本并道歉。

4. 您对这种处理是否满意？原因是什么？

答：挺满意的，因为这种书本不是急用，换一本书的机会成本挺小的，感觉还行。

5. 遭遇服务补救后，您是否对卖家更加满意？

答：当然满意。

6. 事后您是否还在此商家购物？

答：还在此家店铺购物。

7. 评价网购服务补救水平时，您看重哪些方面？

答：卖家的处理速度；卖家的处理质量，怎么帮你处理这件事，处理得好不好。

8. 评级网购服务补救水平时，您会经历一个怎样的过程？

答：刚开始的时候，心里会想卖家会不会处理这个事情；处理一半的时候要求把书发过去，寄送一本新的书本。在等待的过程中，查看物流，会担心收不到新的书。

9. 您在实体商店购物时，是否遇到过服务失败？卖家如何处理？最后效果如何？

答：遇到过服务失败，买了一条裤子，后来起毛了。因为在购买时卖家承诺不会起毛，后来出现问题去找卖家，卖家换了一条新裤子。

10. 评价实体商店服务补救水平时，您看重哪些方面？

答：处理速度和服务水平。和网店一样。

11. 您所经历的网购服务补救与实体商店的服务补救的处理过程有哪些区别，让您的印象比较深刻？

答：网上购物，处理问题需要一个过程。在实体店购物，问题能很快得到解决。

13. 您在网上主要购买哪些类型的商品？为什么选择在网上购买？

答：书本、零食、衣服。书本在网上购买比较便宜，比实体店便宜；衣服在实体店选中样式然后在网上购买，网上比较便宜。

12. 您在网上购物主要担心什么？

答：购买商品的质量、物流的速度。

职业：标书制作员　性别：男　年龄：30 岁　网购经验：8 年

访谈编号：P044　　访谈日期：2019. 4. 3

1. 您在网络购物过程中是否遇到过服务失败？

答：是的，遭遇过。

2. 您在购买什么商品时遇到了什么问题？

答：购买玻璃制品，一个杯子，遇到的问题就是运输过程中杯子碎了。

3. 商家是如何处理的？是否道歉？是否承认错误？

答：商家要求把杯子退回去，然后退了款。道歉了，也承认了错误。

4. 您对这种处理是否满意？原因是什么？

答：算是满意，把破了的杯子退回去了，钱也退给我了。

5. 遭遇服务补救后，您是否对卖家更加满意？

答：并没有更加满意。

6. 事后您是否还在此商家购物？

答：没有继续购物。

7. 评价网购服务补救水平时，您看重哪些方面？

答：看我自己得到了什么，如果在杯子碎了这个事情上，商家选择重新发货而不是退款的话，我会觉得比较满意，因为退款以后我还要花更多的精力去挑选购买一个杯子。主要是商家的处理方式，给顾客带来的心理感受，要让顾客心里觉得舒服。其次是有没有做出补偿，当受到损害的时候，顾客总是希望能得到一定的补偿。另外就是及时性，商家最好能及时处理问题。

8. 评价网购服务补救水平时，您会经历一个怎样的过程？

答：如果我提出了一个情况，商家能提出解决的办法，就会让我觉得满意。但是如果商家的处理方式跟我预期的不一样，我也会觉得不太满意。

9. 您在实体商店购物时，是否遇到过服务失败？卖家如何处理？最后效果如何？

答：是的，遭遇过。买衣服的时候，关注一个公众号，说了在原来的折扣上再打折，后来实体店就不愿意实行这个优惠，我就没有选择购买。

另外是在饭店，菜单上的图片与实物不符，跟服务员反映了以后，说图片仅供参考，我觉得这是一种欺骗。

10. 评价实体商店服务补救水平时，您看重哪些方面？

答：首先是能满足顾客需要；其次，在补救的时候，有没有提供折扣；第三就是补救的态度。

11. 您所经历的网购服务补救与实体商店的服务补救的处理过程有哪些区别，让您的印象比较深刻？

答：网购服务补救，商家在态度上更加客气，会采取更加积极的方式。

12. 您在网上主要购买哪些类型的商品？为什么选择在网上购买？

答：食品、衣服、生活用品还有书籍。

网上选择的余地更大，比如衣服的话，实体店还要一家店一家店逛，就没手机上方便。书籍的话，网上的价格会比实体店便宜很多。还有食品也是。

13. 您在网上购物主要担心什么？

答：首先是假货问题，其次是发货时间，怕发货时间太长，第三就是怕路上遭到损坏，物流暴力。

职业：建筑工人　性别：男　年龄：28 岁　网购经验：2 年

访谈编号：P045　　访谈日期：2019. 4. 3

1. 您在网络购物过程中是否遇到过服务失败？

答：是的，遭遇过。

2. 您在购买什么商品时遇到了什么问题？

答：购买衣服的时候，收到货以后，发现衣服质量太差了，手感也不好，穿上的效果也很差。

3. 商家是如何处理的？是否道歉？是否承认错误？

答：联系商家进行了退货。说了一些客气的话，"很抱歉"之类的。

4. 您对这种处理是否满意？原因是什么？

答：还算满意，因为同意退货处理了。但是处理的过程很长，时间拖了很久。

5. 遭遇服务补救后，您是否对卖家更加满意？

答：没有更加满意。也没有不满意，因为这个事情是偶尔一次。

6. 事后您是否还在此商家购物？

答：如果有购物需求的话，还是会在他家买，因为出现这种问题是个例，以前也在这家店买过，没有问题。

7. 评价网购服务补救水平时，您看重哪些方面？

答：处理的速度，要及时一些。如果不是质量问题，要及时处理，如果是质量问题，就要退货。

8. 评价网购服务补救水平时，您会经历一个怎样的过程？

答：有一种我无法接受，就是购买东西以后，商家发短信来说好评返现。如果问题不大，消费者心理就是如果能给我补偿一点，那问题也就解决了。

9. 您在实体商店购物时，是否遇到过服务失败？卖家如何处理？最后效果如何？

答：没有遇到买了什么东西，需要回头找商家的。我们也是减少麻烦，如果遇到问题不是很大，也不会去找商家。

10. 评价实体商店服务补救水平时，您看重哪些方面？

答：态度要好一点，实体店服务员别乱说话的那种。

11. 您所经历的网购服务补救与实体商店的服务补救的处理过程有哪

些区别，让您的印象比较深刻？

答：比如说同一个问题，网购服务补救在处理过程中，会得体一点，网店更在乎消费者的评价，因此会尽可能地满足消费者。而在实体店，就是想把事情能抹过去就抹过去，处理结果不一定会让消费者完全满意。

12. 您在网上主要购买哪些类型的商品？为什么选择在网上购买？

答：日用品、衣服、裤子、鞋子等。网上容易进行挑选、对比，节省时间。

13. 您在网上购物主要担心什么？

答：也不担心什么，退货机制也比较到位，尽量会选择去旗舰店购买，会减少很多出现问题的可能性。

职业：个体户　性别：男　年龄：30 岁　网购经验：10 年

访谈编号：P046　　访谈日期：2019. 4. 2

1. 您在网络购物过程中是否遇到过服务失败？

答：是的，遭遇过。

2. 您在购买什么商品时遇到了什么问题？

答：购买衣服的时候，遇到的问题是衣服的质量太差了。还有购买的小电器，质量也不行。

3. 商家是如何处理的？是否道歉？是否承认错误？

答：卖衣服的商家同意进行退货退款，并进行了道歉，但没有承认错误，说是每个人对衣服的预期不一样。但是购买的小电器，没有找商家处理。

4. 您对这种处理是否满意？原因是什么？

答：还行，没有满意或者不满意，因为自己没有遭遇实质性的损失。

5. 遭遇服务补救后，您是否对卖家更加满意？

答：没有更加满意。

6. 事后您是否还在此商家购物？

答：不会在这家商店继续购买东西。

7. 评价网购服务补救水平时，您看重哪些方面？

答：第一是态度很重要，如果商家态度好，就很满意，如果态度不好，就不满意。第二是处理的时间，响应时间要快。

8. 您在实体商店购物时，是否遇到过服务失败？卖家如何处理？最后效果如何？

答：遇到过，买衣服的时候，大小不合适。找卖家换了，效果还可以，因为可以直接试。

9. 评价实体商店服务补救水平时，您看重哪些方面？

答：态度，要比较和蔼，不要觉得服务失败是消费者的问题。

10. 您所经历的网购服务补救与实体商店的服务补救的处理过程有哪些区别，让您的印象比较深刻？

答：区别就是，网购如果不满意或者不合适可以退款，但是实体店的话一般不允许退款或者退货，遇到问题只能换货。

11. 您在网上主要购买哪些类型的商品？为什么选择在网上购买？

答：日用品、衣服、护肤品。都是因为便宜，购买方便，节约时间。

12. 您在网上购物主要担心什么？

答：主要担心质量不行，还有假货问题。

职业：研究生一年级　性别：女　年龄：24 岁　网购经验：7 年

访谈编号：P047　　访谈日期：2019.4.2

1. 您在网络购物过程中是否遇到过服务失败？

答：是的，遭遇过。

2. 您在购买什么商品时遇到了什么问题？

答：购买电子产品的时候，遇到商品质量问题，质量不太好。

3. 商家是如何处理的？是否道歉？是否承认错误？

答：商家给予退换，并进行了道歉，也承认了错误。

4. 您对这种处理是否满意？原因是什么？

答：满意，因为免费退换了，换了好的电子产品。

5. 遭遇服务补救后，您是否对卖家更加满意？

答：看情况，对产品是否很喜欢。如果对产品喜欢，会经常去询问商家一些问题，如果态度很好，都一一回答了问题的话，就会对商家很满意。

6. 事后您是否还在此商家购物？

答：是的，继续在此商家购物。

7. 评价网购服务补救水平时，您看重哪些方面？

答：一个是态度，第二是服务反馈的效率和速度。最好是不出现问题，不需要服务补救。

8. 评价网购服务水平时，您会经历一个怎样的过程？

答：第一反应是觉得烦，出现了问题就耽误自己的时间，等退换。评价服务水平的时候，主要还是看商家态度，是否比较好地解决问题，是否尽快处理了问题。

9. 您在实体商店购物时，是否遇到过服务失败？卖家如何处理？最后效果如何？

答：遭遇过，买衣服的时候，衣服没几天就破掉了。还有买的鞋子，后来脱胶了。当时刚过质量保修期，卖家就态度很不好，坚持不能退换，卖家说只能给鞋子用胶粘一下，胶粘以后过了一个多月，鞋子又脱胶了，效果很不好。

10. 评价实体商店服务补救水平时，您看重哪些方面？

答：主要还是态度，出现问题的时候，态度一定要好。

11. 您所经历的网购服务补救与实体商店的服务补救的处理过程有哪些区别，让您的印象比较深刻？

答：网购服务补救的商家态度非常好，实体商店的服务补救态度没有网购商家好。

12. 您在网上主要购买哪些类型的商品？为什么选择在网上购买？

答：电子产品、食品、衣服。因为懒得出门，网购节省时间，比较方便。

13. 您在网上购物主要担心什么？

答：担心质量问题。还有衣服的图片与实物不符的问题，收到货会有比较大的心理落差。

职业：售前技术支持工程师　性别：男　年龄：25 岁　网购经验：5 年

访谈编号：P048　　访谈日期：2019.4.3

1. 您在网络购物过程中是否遇到过服务失败？

答：是的，遇到过。

2. 您在购买什么商品时遇到了什么问题？

答：购买鞋子的时候，商家寄错了鞋码。

3. 商家是如何处理的？是否道歉？是否承认错误？

答：跟商家提出要换鞋码，但是商家一直推脱，响应很慢，处理很慢，既没有道歉也没有承认错误，一直是机器回复消息，没有人工客服来处理问题。

4. 您对这种处理是否满意？原因是什么？

答：不是特别满意，因为商家处理很慢，客服在处理问题的时候，还发错了信息，明显是不专心的态度。

5. 遭遇服务补救后，您是否对卖家更加满意？

答：没有，这个服务补救并没有让我觉得更加满意。

6. 事后您是否还在此商家购物？

答：没有继续在此商家购物了。

7. 评价网购服务补救水平时，您看重哪些方面？

答：首先服务态度要好，其次是解决问题一定要快，不要翻来覆去就一句"请稍等，请稍等"。

8. 评价网购服务补救水平时，您会经历一个怎样的过程？

答：如果商家主动地提出解决问题的办法和补偿措施，比如说返现金或者是给予优惠券之类的，就会觉得比较满意。

9. 您在实体商店购物时，是否遇到过服务失败？卖家如何处理？最后效果如何？

答：有，遇到过。去水果店购买水果，拿回家发现是烂的，但是也没有再去找商家处理。还有就是买羽绒服的时候，当时购买了两件羽绒服，买回家以后觉得其中一件码数不正，款式也不是很好看，但是没有质量问题，觉得不喜欢了，后来就去找商家换了，商家给换了，效果还挺满意的。

10. 评价实体商店服务补救水平时，您看重哪些方面？

答：主要是服务态度，这是最主要的，其他都不是很重要。

11. 您所经历的网购服务补救与实体商店的服务补救的处理过程有哪些区别，让您的印象比较深刻？

答：区别就是，虽然实体店服务补救看似比较麻烦，但是你直接去店里，跟商家反映了问题，大部分立马就能给解决，而网购的话，有时候拖拖拉拉处理时间比较长，或者网店商家说了返现金，但是忘了，我还得回头提醒他们。

12. 您在网上主要购买哪些类型的商品？为什么选择在网上购买？

答：衣服、包、生活用品和护肤品。因为方便，节省时间，价格便宜。

13. 您在网上购物主要担心什么？

答：担心衣服的实物与图片有差距，担心尺码不合适，担心假货问题，担心发货时间太久，想穿衣服的时候还没拿到手。

职业：文案　性别：女　年龄：24 岁　网购经验：7 年

访谈编号：P049　　访谈日期：2019.4.4

1. 您在网络购物过程中是否遇到过服务失败？

答：是的，有。

2. 您在购买什么商品时遇到了什么问题？

答：主要是在购买衣服时的尺码问题和品牌发错了。

3. 商家是如何处理的？是否道歉？是否承认错误？

答：出现尺码问题，商家重新换了。因为商家卖的衣服的品牌比较多，自己当时是将衣服洗过后才发现衣服发错了，卖家便只补了差价。衣服尺码发错的问题，卖家是有道歉，有承认错误的。

4. 您对这种处理是否满意？原因是什么？

答：比较满意，尺码发错的商家在这件事的处理过程中，态度是比较好的，处理也是比较及时的，更换了衣服，来回运费也都是卖家出的。

5. 遭遇服务补救后，您是否对卖家更加满意？

答：重新换货是很满意的。补差价不是很满意，毕竟不是自己想要的东西。

6. 事后您是否还在此商家购物？

答：一般情况，是会的，总体服务补救还是可以接受的。

7. 评价网购服务补救水平时，您看重哪些方面？

答：商家的服务态度，能否主动承认错误，有些商家会在第一时间表达自己的歉意，而有些商家则是对买方所叙述的问题表示质疑；之后就是商家后期的售后。像衣服这种商品，如果洗过后才发现问题，卖家是很少对其进行退换。如果是对衣服品牌没有太多的追求，那么补差价也是可以接受的。

8. 您在实体商店购物时，是否遇到过服务失败？卖家如何处理？最后效果如何？

答：一般进行网络购物。实体店很少遇到服务失败。

9. 评价实体商店服务补救水平时，您看重哪些方面？

答：网购是有一定时间成本的，而实体店毕竟是面对面的服务，更加看中他补救的及时性。

10. 您所经历的网购服务补救与实体商店的服务补救的处理过程有哪些区别，让您的印象比较深刻？

答：能够理解网络服务失败，毕竟日常单子比较多，有些小失误也是在所难免的。实体店都是一对一服务，失误主要是由于商家服务水平不高。由于存在时间上的问题，实体店应该在补救过程中表现得更加积极。

11. 您在网上主要购买哪些类型的商品？为什么选择在网上购买？

答：主要购买衣服、生活用品、电脑；选择的种类较多，且价格透明。

12. 您在网上购物主要担心什么？

答：主要担心质量问题。

职业：研究生　性别：男　年龄：25 岁　网购经验：5 年

访谈编号：P050　　访谈日期：2019. 4. 5

1. 您在网络购物过程中是否遇到过服务失败？

答：是的，有。

2. 您在购买什么商品时遇到了什么问题？

答：主要是在购买衣服时的尺码和平时穿的不一样，要的是 M 码，卖家发的也确实是 M 码，但是穿上去非常修身。

3. 商家是如何处理的？是否道歉？是否承认错误？

答：没有道歉，没有承认错误，但是及时换了。

4. 您对这种处理是否满意？原因是什么？

答：比较满意，因为卖家在处理上比较及时，态度很好。

5. 遭遇服务补救后，您是否对卖家更加满意？

答：重新换了很满意。

6. 事后您是否还在此商家购物？

答：那肯定是会的，毕竟卖家态度还是很好的。

7. 评价网购服务补救水平时，您看重哪些方面？

答：服务态度、补救措施、处理速度。

8. 您在实体商店购物时，是否遇到过服务失败？卖家如何处理？最后效果如何？

答：有，比如在饭店吃饭的时候，有时会多上一盘菜，或者少上一盘菜。如果是多上了一盘菜，商家就会把菜给撤掉，或者换一盘；如果是少上了一盘菜，商家只会把菜给补上。

9. 评价实体商店服务补救水平时，您看重哪些方面？

答：第一，服务的态度；第二，补救的时间；第三，补救的措施。

10. 您所经历的网购服务补救与实体商店的服务补救的处理过程有哪些区别，让您的印象比较深刻？

答：补救的及时性，实体店处理得更加及时，当时就可以处理，而网络上还需要一定的时间；交流的感觉，实体店里肢体语言、面部表情都能够很直观在消费者面前表现出来，而网络服务补救仅仅只是通过打字的方式交流，没有那么的直观，给消费者的感受不够强烈。

11. 您在网上主要购买哪些类型的商品？为什么选择在网上购买？

答：各种生活用品。因为选择的种类较多，且价格低；不需要花太多的时间在购物上；跟随购物热潮。

12. 您在网上购物主要担心什么？

答：主要担心质量问题；卖家处理事情的及时性。

职业：房产销售　性别：男　年龄：25 岁　网购经验：6 年

访谈编号：P051　　访谈日期：2019. 4. 5

1. 您在网络购物过程中是否遇到过服务失败？

答：是的，有遇到过。

2. 您在购买什么商品时遇到了什么问题？

答：主要是在购买鞋子时，尺码发错了。

3. 商家是如何处理的的？是否道歉？是否承认错误？

答：和商家沟通，让商家重新发货了，由于是商家的失误，商家道歉并承认了错误，同时也让我把这双错码的鞋子退了回去，并且补了运费。

4. 您对这种处理是否满意？原因是什么？

答：比较满意，处理时间也在能够接受的范围内，并且还补了运费。

5. 遭遇服务补救后，您是否对卖家更加满意？

答：没有感到更加满意。

6. 事后您是否还在此商家购物？

答：如果有一些合适的商品，一般情况是会的。毕竟从态度到对我的补救措施来看都处理得很到位。

7. 评价网购服务补救水平时，您看重哪些方面？

答：卖家的服务态度和他在补发货的反应速度上。

8. 您在实体商店购物时，是否遇到过服务失败？卖家如何处理？最后效果如何？

答：有，第二天去找卖家进行换货处理，且卖家的服务态度也很不错。

9. 评价实体商店服务补救水平时，您看重哪些方面？

答：第一，商家是否注重信誉；第二，补救的时间反应是否比较及时，能否将问题及时处理。

10. 您所经历的网购服务补救与实体商店的服务补救的处理过程有哪些区别，让您的印象比较深刻？

答：二者的主要区别在于实体店里是可以面对面交流的，从肢体语言、面部表情能够更好感受到卖家对于服务失败的态度。网络服务补救只能通过文字反映卖家的一个处理流程。

11. 您在网上主要购买哪些类型的商品？为什么选择在网上购买？

答：各种生活用品、衣服、鞋子、电脑内存条等。因为价格低，且不需要花太多的时间在购物上。

12. 您在网上购物主要担心什么？

答：主要担心质量问题，是否是正品和有无保修。

职业：研究生　性别：男　年龄：25 岁　网购经验：5 年

访谈编号：P052　　　访谈日期：2019.4.4

1. 您在网络购物过程中是否遇到过服务失败？

答：是的，有。

2. 您在购买什么商品时遇到了什么问题？

答：主要是在购买外设键盘的时候，键盘反应不灵敏，点击后一两秒才会在电脑上显示。

3. 商家是如何处理的？是否道歉？是否承认错误？

答：向商家反映问题后，商家让我退货。但是他们并没有道歉，也没有承认错误。

4. 您对这种处理是否满意？原因是什么？

答：比较满意，毕竟处理比较及时，给我退了款。

5. 遭遇服务补救后，您是否对卖家更加满意？

答：一般。

6. 事后您是否还在此商家购物？

答：应该不会了，因为这次的购买经历，让人觉得是产品质量本身就有问题，对商家的产品不再信任了。

7. 评价网购服务补救水平时，您看重哪些方面？

答：更加注重的是商家的服务态度。

8. 您在实体商店购物时，是否遇到过服务失败？卖家如何处理？最后效果如何？

答：在实体店没有遇到过，因为是面对面的购买，在选择上会比较清晰，把握比较精准。

9. 评价实体商店服务补救水平时，您看重哪些方面？

答：如果在实体店发生了服务失败，更加看重的也是商家在补救时的服务态度。如果服务态度比较好，也能够很好地接受。

10. 您所经历的网购服务补救与实体商店的服务补救的处理过程有哪些区别，让您的印象比较深刻？

答：主要的区别是在实体店里，商家的态度及言语都能很好地反映出来，有些话可以避免一些不必要的误解。而网络不能够充分表现出来。

11. 您在网上主要购买哪些类型的商品？为什么选择在网上购买？

答：生活用品；比较便捷。

12. 您在网上购物主要担心什么？

答：主要担心产品质量问题，因为一开始看不到这个产品，只能通过图片和评论去了解，而且网上还存在大量故意刷好评的，无法真实了解这个产品。

职业：研究生　性别：男　年龄：24 岁　网购经验：7 年

访谈编号：P053　　访谈日期：2019.4.5

1. 您在网络购物过程中是否遇到过服务失败？

答：是的，有过。

2. 您在购买什么商品时遇到了什么问题？

答：主要是在网络商家打印试题标题和内容错位。

3. 商家是如何处理的？是否道歉？是否承认错误？

答：是的，商家对我道歉并承认了错误，返还了打印费。

4. 您对这种处理是否满意？原因是什么？

答：不满意，导致看书很不舒心，并没有达到心理预期。

5. 遭遇服务补救后，您是否对卖家更加满意？

答：没有更加满意，发生这样的事情比较耽误时间。

6. 事后您是否还在此商家购物？

答：不会了。

7. 评价网购服务补救水平时，您看重哪些方面？

答：卖家是否能做到及时应对；卖家的补救方式要满足消费者的心理预期。

8. 您在实体商店购物时，是否遇到过服务失败？卖家如何处理？最后效果如何？

答：在实体店里没有遇到过。

9. 评价实体商店服务补救水平时，您看重哪些方面？

答：服务态度。

10. 您所经历的网购服务补救与实体商店的服务补救的处理过程有哪些区别，让您的印象比较深刻？

答：从实体店来看，实体店的补救更加具有及时性，当时就可以处理问题；网络购物在服务补救上还有一个物流时间在里面。

11. 您在网上主要购买哪些类型的商品？为什么选择在网上购买？

答：各种生活用品、代购产品等。方便而且价格便宜、种类齐全，有些东西实体店很难买到，只能通过这些平台进行购买。

12. 您在网上购物主要担心什么？

答：主要担心买到假货和产品的质量问题。

职业：银行从业人员　性别：男　年龄：27 岁　网购经验：8 年

访谈编号：P054　　访谈日期：2019. 4. 6

1. 您在网络购物过程中是否遇到过服务失败？

答：遇到过。

2. 那您是购买什么商品遇到的问题呢？

答：买鞋子大了一号，要调换。

3. 商家是如何处理的呢？

答：商家态度还挺好的，就是来回的运费都是要自己出，感觉有点不太好。

4. 商家道歉或者承认错误了吗？

答：这种也不太能怪商家吧，是自己感觉鞋子有点偏小，然后不小心买大了。不过商家态度确实挺好的，说鞋子大就给换，让我们邮过去。

5. 那您对这处理是否满意？原因是什么呢？

答：我挺满意的，鞋子本来大的后来换好了，虽然费了一些邮费，但起码是能穿的，然后店家态度也很好，没有很恶劣说不给换什么的，我觉得还可以。

6. 那您之后在此商家购物吗？

答：不了，因为那一次感觉在网上买鞋不靠谱。

7. 那遭遇服务补救后你对此店家还满意吗？

答：满意。

8. 那在这个服务补救过程中，让您来评价他的补救水平的话，您比较看重哪些方面？

答：态度和速度，但是态度我肯定是最看重的。

9. 您在实体商店购物时，是否遇到过服务失败？卖家如何处理？最后效果如何？

答：实体店基本没有遇到过，基本上就是导购员在那看你想要什么，他才会一直给你推荐东西。

10. 您所经历的网购服务补救与实体商店的服务补救的处理过程有哪些区别，让您的印象比较深刻？

答：我觉得实体店很少出错，他们的补救水平挺好的，我觉得比网店水平更好一些。衣服大了小了，都可以直接到店家那里换。我觉得还是实体店比较好一些。

11. 您在网络上主要购买哪些类型的商品？

答：我买文具用品和零食比较多一些。

12. 为什么选择在网络上购买一些零食之类的呢？

答：网上品种比较多，而且还打折很便宜。

13. 您在网络购物过程中担心些什么呢？

答：最担心的是货物的质量，尤其是真假问题。

职业：大学生　性别：女　年龄：19 岁　网购经验：2 年

附录2 电商从业人员深度访谈实录

访谈编号：M001 访谈日期：2019.4.8

1. 请问您在网上主要销售的商品是什么？

答：服装，男装女装都有。

2. 您在网络零售过程中发生过怎样的服务失败？为什么会出现该问题？

答：有时候发错货，颜色、尺码、款式发错了。这是最让消费者无法接受的。有时候发货比较多，仓库可能看不清楚，搞混淆了就发过去了。

3. 发生服务失败后，您通常是如何处理的？是如何进行服务补救的？您是否会向消费者道歉？是否承认错误？

答：一般先问问客户，能不能接受先给他进行补发，接受不了的话就退货，给他送一些小礼品或者给他一些经济上的补偿。肯定会道歉，肯定会承认错误。

4. 你所提供的服务补救效果如何？消费者是否对您的服务补救满意？

答：有的客户能理解，有的客户理解不了，可能顾客本身比较着急，他就没有办法接受所谓的服务补救。

效果因人而异，有的人满意，有的人不满意。可能一半一半，有的人会比较满意，你给他补发一件就没有关系，有的人就接受不了，即使你给他补发了，他还会给你一个差评。

如果有差评尽量和客户沟通，努力让客户满意，安抚客户的情绪，让客户把差评取消。打电话给客户说好话道歉，如果是女士，适当地送一些小礼品，或者给客户返现。大部分人都能理解，有些人当时在气头上可能会给差评，但是和顾客沟通后有些人会把差评取消，但不一定完全给好评。

5. 经历过服务补救之后该消费者是否还继续在你的网店购物？

答：有的会，有的不会，有的不满意的是我给他发错货了，但是他对我衣服的质量款式还是比较满意的，所以他还会回头购买，因为这个发错货也不是绝对的，只是偶尔发错货，只是一种失误。

6. 经历网购服务补救后，消费者是否会更加满意？

答：有，我之前卖出去一件衣服，当时发错了尺码，要 M 码发成了 L 码，但是和他解释了一下是工作失误，我们重新给他补发，他说不用了，这一款他送人，再给他补发另一个尺码就行了，因为他对衣服质量还挺满意的，对服务态度也是认可的，所以不用退了，再重新买一件，他最后买了两件衣服，后来店里上新时，他每次也会光顾。

导致顾客更加满意的原因：（1）产品的质量好，性价比高；（2）服务态度好：商家遇到问题，不能逃避，不能躲避，勇于承认，要想办法进行补救，这使消费者心里很舒服，所以会继续购物。

7. 您认为服务补救是否会对消费者的评价产生影响？会产生怎样的影响？

答：会，比如有些客户购买商品后不是特别的满意，有时候不会给你评价（不给好评和差评）。而发生一些小曲折，顾客可能会觉得这家店铺各方面态度比较好，他会特意给你留个好评还有写一些评语。因为买家都会看评语，这会对我们商家有一些积极的作用。所以，我们会努力利用服务补救来提高满意度。

8. 您在进行网购服务补救时，最苦恼的是什么？有哪些问题？

答：苦恼：摸不透买家的心思，有的买家你给他道歉，说说好话就可以了；有的买家需要给他返现；有的买家需要送一些小礼物之类的，所以捉摸不透。我们一般不直接问，但有些买家会主动提出你给我返现我就不计较了，就比较好处理。

如果发生了服务失败，会直接询问顾客他需要什么服务补救措施，会根据他的需求来，尽量满足他。

问题：有些顾客，你问他要怎样才能补偿他，他就一直不给你回复，他一直说产品不好，让他退他也不退，最后给差评。一般遇到了，尽量去沟通，实在不行也没办法。可能对店铺的影响不是非常大，因为评论还是比较中肯，衣服质量还行，只是尺码发错货了等，很多买家对于偶然性失败都是可以理解的，有时候确实是发货比较多搞混掉了。

9. 您认为处理网店的服务补救与实体商店的服务补救有哪些明显的区别？

答：（1）实体店补救的方式较多，而网店的服务补救受局限比较多。比如买一件衣服，实体店可以给顾客承诺几次售后服务的机会，比如清洗。网店就没有办法这样操作，只可以让买家寄回来，再进行处理。

（2）从成本的角度来说，网店也没有实体店灵活，比如给顾客寄一些小礼品，因为运费占一部分成本，所以就决定了我给他送的东西不一定很贵重；但在实体店我可以给他送稍微贵一点的东西，因为没有运费。来回运费一般都是由卖家承担，服务失败会对我们的利润造成一定的影响，但影响不是特别大，因为这种失误不是很常见，可能一个月就发生几件，也只可能对单次服务产生影响。就算利润空间不太大，我们也还是会进行服务补救，因为我们看重的是长远的利益。

年龄：27 岁　性别：男　网络零售经验：3~4 年　月销售额：4 万~5 万元　职位：店主

访谈编号：M002　　访谈日期：2019.4.11

1. 请问您在网上主要销售的商品是什么？

答：男士的运动健身服饰及配件，比较小众。价格 39~89 元/件，春夏的衣服。

2. 您在网络零售过程中发生过哪种类型的服务失败？造成服务失败的原因是什么？该问题是偶然发生还是经常发生？

答：会发错货，因为库存不准，发生频率 1%~3%。原因是我们使用多个平台进行销售（淘宝、微店、拼多多），每个平台有软件可以自动统计库存，但是不能跨平台统计，所以会导致库存不准，需要过一段时间进行人工点货。

3. 您有哪些常用的、有效的服务补救措施？如何运用这些措施？是否会针对不同的顾客选择不同的措施？

答：一般会退货、换货、发店铺红包。一般红包的话，顾客不要求是不主动给的。

3-1. 发生服务失败后，您如何安抚顾客的不满情绪？

答：用语言安抚，例如"亲"等称呼。道歉，也有固定模式，会使用机器人回复。一般晚上 10 点以后，基本上都是机器人回复。

3-2. 您是否会主动向顾客道歉？是否主动承认错误？是否会积极地进行服务补救？

答：会道歉，主动承认错误。但如果顾客不要求，就不会给红包，一般会承担邮费之类，会积极补救。

3-3. 您进行服务补救时，是否会提供物质补偿？具体金额如何确定？一般选择什么类型的物质去补偿？为什么愿意提供该标准的物质补偿？在什么情况下进行物质补偿效果较好？提供服务补救是否会增加您的经营成本？

答：基本上 3 元，商品价格都不高，一般是 30～40 元。增加的成本能控制在 2% 之内。

4. 发生服务失败后，顾客一般通过什么方式联系您？对于顾客的投诉抱怨，您一般多久进行回应？为什么？

答：旺旺等官方后台。一般是通过手机立刻回复，很方便。除非是下班了，那就第二天回复。

5. 您认为服务补救成功的标准是什么？是顾客满意？好评？重复购买？或是其他？

答：好评。因为只有先获得顾客好评，顾客才有可能会下次购买、推荐给朋友。

5－1. 您所提供的服务补救效果如何？您认为消费者是否对您的服务补救满意？消费者是否还继续在您的网店购物？

答：99% 的顾客是比较满意的。虽然常有发错货的情况，但因为便宜，顾客就再买一件原本喜欢的衣服。我关注顾客的评价，以此来判断顾客是不是满意。店里的顾客忠诚度蛮高的，服务失败发生后，顾客一般还会继续购买的。

5－2. 经历过服务补救之后，消费者是否会比之前更加满意？原因是什么？

答：某种程度上会有，服务失败的发生促进了沟通，加强了理解，反而更忠诚。

5－3. 服务补救是否会影响消费者给店铺好评或差评？影响程度如何？

答：其实影响挺大的，顾客评价中谈到态度的，一般都是指服务补救的态度。售前的咨询大都是关于尺码的。

5－4. 您是否积极以服务补救为契机，改善服务质量？为什么？

答：会的，我会在可控范围内尽量满足顾客的需求。顾客长期网上购买的过程中，难免遇到问题。如果处理得当，顾客一般会评价老板服务态度很不错的，其他顾客才会放心买。

6. 您认为影响服务补救成功的关键因素是什么？

答：因人而异，有的人不好讲话。

我一般第一时间快速回复，尽量满足他们的合理条件。

7. 请您各举一个发生在您的网店中的服务补救成功和服务补救失败的案例。

答：成功的例子就是服务失败发生后，及时道歉，获得了顾客的理解，认为产品质量好，再买一件。

失败的例子就是退货方式没有满足顾客所提出的要求，如顾客想用顺丰等寄回，邮费比商品还贵。给差评的也有。

8. 您在进行网购服务补救时，最苦恼的是什么？您在进行服务补救会遭遇哪些问题？您是如何解决的？

答：缺货，商品被拍了，然后联系不上买家。或者因为发错货了，买家会直接骂人，比较讨厌。如果对方很暴躁，就用机器人自动回复。实际上解决的方式，就是退货、换货、卖家承担邮费，给3元钱。

9. 您认为处理网店的服务补救与实体商店的服务补救有哪些明显的区别？

答：有，实体店面对面的交流更方便，通过语气、眼神交流、肢体语言等，解决问题更容易。网店的交流方式过于单一，只有文字，没有语气和感情等，回复也有时间差等，都会对服务补救产生影响。

年龄：28岁　性别：女　从事网络零售业的经验：5年

月销售额：20万元　职位：店主

访谈编号：M003　访谈日期：2019.4.11

1. 请问您在网上主要销售的商品是什么？

答：女装。

2. 您在网络零售过程中发生过哪种类型的服务失败？造成服务失败的原因是什么？该问题是偶然发生还是经常发生？

答：顾客购买衣服的时候，由于没有跟厂家在数量问题上协调好，导致某一款衣服需求增大时，我们补不上货，就需要跟顾客解释原因。需要顾客等待，顾客也会有一些意见。缺货导致顾客需要等待。还比如顾客购买以后，觉得尺码不对，或者穿上觉得不好看，还有就是衣服上有一些小污渍，让他们觉得不能接受，要求退货或者换货。这种问题还挺多的。

3. 您有哪些常用的、有效的服务补救措施？如何运用这些措施？是否会针对不同的顾客选择不同的措施？

答：返现金，补差价，小问题的话就会返现金，或者是衣服遇到问题，但是店里已经下架该产品了，就会选择补钱给顾客。还有赠送一些小礼品，比如发货时间太久，让顾客等久了，就会去超市买一些精致的小礼物放在快递里赠送给顾客。会针对不同的顾客选择不同的措施，比如顾客询问了很多相关信息，态度比较好的，我们就会给予更多的补偿，态度比较差的顾客，就可能补偿得少。

3-1. 发生服务失败后，您如何安抚顾客的不满情绪？

答：一般都是这样的："亲，实在不好意思呢，我们这边给您返现您看行不行"；"亲，不好意思呢，我们这边给您换货您看行不行"；"亲，实在不好意思呢，我们没有补上货，实在不好意思希望亲能谅解我们呢。"

3-2. 您是否会主动向顾客道歉？是否主动承认错误？是否会积极地进行服务补救？

答：会主动道歉，会主动承认错误，然后积极地进行服务补救。

3-3. 您进行服务补救时，是否会提供物质补偿？具体金额如何确定？一般选择什么类型的物质去补偿？为什么愿意提供该标准的物质补偿？在什么情况下进行物质补偿效果较好？提供服务补救是否会增加您的经营成本？

答：会提供物质补偿，一般都是 5 元、10 元这样，返现金的方式。不然的话，快递寄来寄去还是要花钱，成本还是会在，直接返现会比较方便，虽然这会增加成本。

4. 发生服务失败后，顾客一般通过什么方式联系您？对于顾客的投诉抱怨，您一般多久进行回应？为什么？

答：旺旺联系。我们马上就会回应，秒回。因为顾客是上帝。

5. 您认为服务补救成功的标准是什么？是顾客满意？好评？重复购买？或是其他？

答：双方都满意，特别是顾客满意，给我们 5 星好评，增加回头率。

5-1. 您所提供的服务补救效果如何？您认为消费者是否对您的服务补救满意？消费者是否还继续在您的网店购物？

答：效果还是挺好的，比较少遇到特别不讲理的人，哪怕第一次购物遇到小问题，只要态度好，顾客还是愿意再次购买的。一般都比较满意，一部分人会继续购物。

5-2. 经历过服务补救之后，消费者是否会比之前更加满意？原因是什么？

答：有，因为我们服务态度比较好，解决问题比较及时，甚至能给他们意想不到的惊喜。比如在服务补救中送一些小礼品，让他们觉得，哇，还挺惊喜的情况下，可能会更满意。顾客知道店主是两位小姐姐，有时候还会聊聊天之类的。

5-3. 服务补救是否会影响消费者给店铺好评或差评？影响程度如何？

答：不太会影响，我感觉我的店铺没有一个差评，没有什么影响。

5-4. 您是否积极以服务补救为契机，改善服务质量？为什么？

答：是的，因为每一次问题的发生都说明店铺有一些不太完善的地方，这也会增加运营成本，为了控制成本，也为了我们能更好地为顾客服务，我们会在下一次的服务中做得更好一些。

6. 您认为影响服务补救成功的关键因素是什么？

答：态度，对顾客的态度一定要好。

7. 请您各举一个发生在您的网店中的服务补救成功和服务补救失败的案例。

答：成功的案例：一个小姑娘，在店里买裙子，当时裙子补不上货了，要推迟几天发货，当时她问我们说几天内发货，我们说 3 天内发货，但是因为临时发生了一些事情，实在是补不上货，那我们就不知道怎么解决问题，就很诚恳地写了一份道歉信，还买了很多小零食，寄了衣服一个箱子，零食一个箱子，在这种情况下，她就觉得我们挺主动的，给了好评，还跟我们说觉得我们很好啊之类的。

失败的案例：无。

8. 您在进行网购服务补救时，最苦恼的是什么？您在进行服务补救会遭遇哪些问题？您是如何解决的？

答：最苦恼的是明明一件衣服也没赚多少钱，我们还要去进行服务补救，非常增加运营成本。

比如有的顾客，衣服已经穿过了，影响二次销售的情况下，还是坚持要退货而不是换货。最后我们还是给退货了。

9. 您认为处理网店的服务补救与实体商店的服务补救有哪些明显的区别？

答：网店的话主要是线上的沟通跟交流，实体店的话主要是面对面交流，网店可能返现的情况比较多，实体店退换的情况比较多。

年龄：24 岁 性别：女 从事网络零售业的经验：2 年

月销售额：1 万元 职位：店主

访谈编号：M004 访谈日期：2019.4.11

1. 请问您在网上主要销售的商品是什么？

答：代购一些护肤品、化妆品，还有一些衣服、鞋子、包包，都是一些日韩产品。

2. 您在网络零售过程中发生过哪种类型的服务失败？造成服务失败的原因是什么？该问题是偶然发生还是经常发生？

答：有发错货的情况，因为每天发货量很大，仓库那边肯定会出现一些失误，这个问题是偶然发生的。

3. 您有哪些常用的、有效的服务补救措施？如何运用这些措施？是否会针对不同的顾客选择不同的措施？

答：我们包来回的邮费，然后重新发货，或者有些顾客比较好讲话的，发错货了也可以接受，我会给予一点折扣，她还会继续购买她原先想要的产品。我会针对不同顾客选择不同的措施。

3－1. 发生服务失败后，您如何安抚顾客的不满情绪？

答：很真诚地道歉。

3－2. 您是否会主动向顾客道歉？是否主动承认错误？是否会积极地进行服务补救？

答：会主动道歉，会主动承认错误，然后问顾客是退货重新发货还是说给予折扣，由顾客自行选择服务补救措施。

3－3. 您进行服务补救时，是否会提供物质补偿？一般选择什么类型的物质去补偿？具体金额如何确定？为什么愿意提供该标准的物质补偿？在什么情况下进行物质补偿效果较好？提供服务补救是否会增加您的经营成本？

答：会，一般会提供折扣来补偿。

根据产品的价值，价格高的话，折扣稍微大一点。

因为是我这边出现的错误，然后顾客愿意接受我提出的物质补偿方案。

因为想要回头客，成本肯定会增加。

4. 发生服务失败后，顾客一般通过什么方式联系您？对于顾客的投诉抱怨，您一般多久进行回应？为什么？

答：微信联系，一看到信息就会回复，回复信息相对来说是比较快的。

5. 您认为服务补救成功的标准是什么？是顾客满意？好评？重复购买？或是其他？

答：顾客接受了我的提议，然后第二次介绍朋友或者自己又再次来回购了。

5－1. 您所提供的服务补救效果如何？您认为消费者是否对您的服务补救满意？消费者是否还继续在您的网店购物？

答：目前来说都还蛮好的，店里有比较多的回头客。

5-2. 经历过服务补救之后，消费者是否会比之前更加满意？原因是什么？

答：不好说消费者有没有比之前更满意，无从得知，只知道顾客有没有再来购买。

5-3. 服务补救是否会影响消费者给店铺好评或差评？影响程度如何？

答：肯定会有影响，但是这个影响程度不是很大，因为出现服务失败的情况也比较少，所以需要服务补救的情况也不多。

5-4. 您是否积极以服务补救为契机，改善服务质量？为什么？

答：会。

6. 您认为影响服务补救成功的关键因素是什么？

答：让客户感受到我的诚意，让客户满意。

7. 请您各举一个发生在您的网店中的服务补救成功和服务补救失败的案例。

答：成功的案例：之前有发错过一双鞋，同一个人连续发错两次。顾客买了一双鞋，高帮的，第一次仓库发的货码数错了，偏大，然后我们重新发，第二次码数发对了，但是高帮发成了低帮，然后我们包了两次的来回运费，给予了一定的折扣，顾客算是比较满意，他说收到鞋子以后，质量很好。

失败的案例：之前卖给一个同学护肤品，她说跟她之前在别的地方买到的产品不一样，她就说是假的，但是这个护肤品有日版的和韩版的，我就说可以问问身边懂的朋友，或者自己上网查一查。后来她就一直觉得这个东西是假的，而且还告诉身边人说我的东西是假的，我就跟她说，不满意可以退回来，她也没有退，不理我了，她就认定了我的东西是假的，又不愿意退货。

8. 您在进行网购服务补救时，最苦恼的是什么？您在进行服务补救会遭遇哪些问题？您是如何解决的？

答：就怕顾客这也不认同那也不认同，收到货以后要退，还要给差评，提出的解决方案都不认同，还要到处跟人说这不好那不好，但是对我提出的解决方案都不理睬。

9. 您认为处理网店的服务补救与实体商店的服务补救有哪些明显的区别？

答：实体店可以上门当面退换，更直接一点。网上只能聊一聊，感觉还是不一样，但我没有实体店。

年龄：24 岁　性别：女　从事网络零售业的经验：5 年　月销售额：10 万元　职位：店主

访谈编号：M005　　访谈日期：2019.4.14

1. 请问您在网上主要销售的商品是什么？

答：主要销售的是水果，包括枇杷、山竹这些。

2. 您在网络零售过程中发生过哪种类型的服务失败？造成服务失败的原因是什么？该问题是偶然发生还是经常发生？

答：比如说发错货、发错地址。比如顾客说要修改信息地址，我们这边没有及时修改，发货以后就出现没有及时收到货，水果又容易腐烂，就导致水果坏掉了。修改地址这种问题还是偶然性的，经常出现的问题就是水果容易坏，顾客收到货以后水果坏掉的情况，每天都有。

3. 您有哪些常用的、有效的服务补救措施？如何运用这些措施？是否会针对不同的顾客选择不同的措施？

答：先看这个订单是顾客的问题还是我们的问题，比如说是因为电话联系不上顾客，快递无法被及时签收的情况就属于客户自己的责任，我们只能表示歉意，无法补偿。但是如果顾客及时签收了，但是发现果子坏了的情况，那我们基本都是第一时间按果子坏掉的情况进行补偿、赔偿或者是重新补发，坏得严重的话我们一般是补发或者全额退款。

一般都看顾客的需求来选择措施，如果顾客说不需要补发，那我们就退款。如果顾客还是需要这个水果的，还是相信我们的，那我们就再补发一次。

3-1. 发生服务失败后，您如何安抚顾客的不满情绪？

答：一般来说我们也只能表示歉意，生鲜水果坏掉也是不太可能避免的，作为消费者来说，在网购水果的时候也是有这个心理准备的，不能说因为水果坏了就是我们的责任，水果坏了这个事情也不是我们卖家希望看到的，都是相互不希望看到的。出现这个问题呢，损失也不能让顾客承担，一般都是由我们卖家承担。

3-2. 您是否会主动向顾客道歉？是否主动承认错误？是否会积极地进行服务补救？

答：肯定会道歉，不管什么原因先表示歉意，因为顾客总是不希望买到坏掉的水果的。

我们会积极地进行服务补救。

3-3. 您进行服务补救时，是否会提供物质补偿？具体金额如何确定？一般选择什么类型的物质去补偿？为什么愿意提供该标准的物质补偿？在什么情况下进行物质补偿效果较好？提供服务补救是否会增加您的经营成本？

答：一般来说，如果水果坏得少，我们就进行现金赔偿，金额的话就比如说果子均价大概多少钱一个，我们就会跟客户协商，问他是否能接受，如果能接受呢就发现金红包，如果不能接受呢就尊重顾客的意思。有时候吃亏呢也就吃亏一点。

顾客花了钱买到坏的果子，这个损失不可能让顾客承担，肯定是我们补偿。在坏掉的果子不是很多的情况下物质补偿效果比较好，比如说坏了三四个，那我们基本上补偿两三块钱，顾客基本都能接受。如果坏掉的果子多的话，一般会选择补发或者全额退款。

服务补救肯定会增加经营成本，我们会把这一块的费用全部统计到运营成本中去。

4. 发生服务失败后，顾客一般通过什么方式联系您？对于顾客的投诉抱怨，您一般多久进行回应？为什么？

答：在牵牛（卖家版）联系，买家版称为阿里旺旺。客服的话，从8：30～24：00都是有人在线的，如果顾客来问的话，都能直接对接的，如果客服处理不了的，会告诉我，我再授权给他怎么处理。

基本看到消息就能回应，我们对客服的要求是响应时间在 15 秒之内，因为这本身就是淘宝对商家的一个考核指标。

5. 您认为服务补救成功的标准是什么？是顾客满意？好评？重复购买？或是其他？

答：顾客是不是满意，如果顾客能接受的话，那基本上是满意的。

5－1. 您所提供的服务补救效果如何？您认为消费者是否对您的服务补救满意？消费者是否还继续在您的网店购物？

答：我觉得只要是正常的消费者，我们提供的服务补救标准和服务基本上都能令他满意，也会有比较挑剔的顾客，遇到这种情况呢，该吃亏就吃点亏，但是遇到确实不合理的要求我们也会拒绝，最终让小二介入处理纠纷。

大部分都认可我的服务补救吧。

一般看产品，水果的复购率还是比较高的。

5－2. 经历过服务补救之后，消费者是否会比之前更加满意？原因是什么？

答：会有的，也有一些对你产品不太信任的人。

更加满意的原因是我们的售后处理让顾客觉得我们是比较重视客户

的，不是做一次性生意的。

5-3. 服务补救是否会影响消费者给店铺好评或差评？影响程度如何？

答：肯定会影响，如果消费者不满意，肯定会给我们不好的评价。如果他满意的话，会在评价中表现出来。这个影响程度肯定大的，中差评包括评分是考核我们天猫卖家的一个最主要的标准，后面的顾客也会根据这个评价和评分来作为他是不是想买的参考依据。

5-4. 您是否积极以服务补救为契机，改善服务质量？为什么？

答：基本上，我们对每个顾客存在的问题都会仔细处理的，不管后续会带来什么样的结果，我们都是以做好自己的服务为标准。做生意主要靠的是诚信。

6. 您认为影响服务补救成功的关键因素是什么？

答：关键因素还是达到顾客的预期标准，比如坏得少的赔钱，坏得多的补发，一般顾客都会满意。

7. 请您各举一个发生在您的网店中的服务补救成功和服务补救失败的案例。

答：成功的案例的话，按我们承诺的标准进行售后处理的话，一般都会满意的。

失败的呢，主要是有一些顾客有一些理解上的误差，我们在详情页的描述和顾客的想象不太一致，他在认知上和我们的描述上存在差异，但是我们已经达到我们承诺的标准了，那我们确实没有办法处理。打个比方，我们写的果子 20~30 个，顾客收到货以后觉得果子太小了，但这个东西也没办法太清楚地表达，我达到自己的标准了，也没办法补救了，所以说往往出现不满意的结果呢就是顾客收到的东西和想象的不一样，但是我们这边已经达到我们承诺的标准了，这两个之间会存在差异，所以说顾客会产生心理落差，心里会不满意，一般我们就会向顾客解释，让他注意详情页的介绍。

8. 您在进行网购服务补救时，最苦恼的是什么？您在进行服务补救会遭遇哪些问题？您是如何解决的？

答：最苦恼的就是顾客可能觉得我们有意欺骗老顾客。特别是水果，这个东西是一个没有标准的东西，比如说顾客第一次购买的时候，收到的果子比较大的，然后第二次购买的时候，收到的是比较小的，但是我们的标准呢就是第二次比较小的，只不过第一次给他发了比较大的，那顾客就会以第一次为标准，觉得第二次给他发的果子小了，遇到这个问题解释也解释不清楚，顾客就觉得我们是欺骗老顾客。其实这个天然种植的东西，我们也不可能每次都一样大的，当然我们是尽量控制在标准范围之内的。有些果农送过来的果子相对比较大，那我们大的也就发货了，第二天果农送过来的果子比较小，但是也达到我们的收购标准，那我们肯定也是发货的。同一个顾客就可能以同样的价格，收到的果子确实是有差异的，他就会觉得不满意，特别是第二次收到比较小的果子，就会找我们。那这个东西我们只能解释，我们不能以超标准的果子来要求。

还有顾客不理解我们。比如今天遇到一个顾客说果子少重量，这个情况也是有可能的。但是顾客就觉得我们是故意欺骗。我们都写了坏果包赔、少的话也包补偿的，那我们肯定不会这样做的，对此我们也只能解释。还有一个问题就是，这个链接以前卖的是中果，他买的也是中果，然后呢我们中果收不到货后期就改成了卖大果，顾客就误认为他买的是大果，我们解释了很多遍也解释不清楚，后来也没有办法，就直接全额退款了。与其在这个事情上浪费时间精力去解释的话，还不如吃亏点，相对来说还节约下不少的时间成本。

9. 您认为处理网店的服务补救与实体商店的服务补救有哪些明显的区别？

答：实体店没有做过，不太清楚。我们网店的话只能通过视频和图片来形容产品，有些和顾客的想象不太一样，我们只能尽量去表达产品的真实性，比如重量、甜度、包装等，尽量详细地描述。还有和实体店不一样的就是，顾客在认知上还是有差异，导致得到的东西觉得不满意。

具体服务补救的区别说不上来，没有做过这方面，只能答我们网店是怎么样补救的情况。

年龄：41 岁　性别：男　从事网络零售业的经验：11 年

月销售额：20 万元　职位：店主

访谈编号：M006　　访谈日期：2019.4.11

1. 请问您在网上主要销售的商品是什么？

答：代购化妆品、护肤品，代购韩国的衣服、帽子、生活用品。

2. 您在网络零售过程中发生过哪种类型的服务失败？造成服务失败的原因是什么？该问题是偶然发生还是经常发生？

答：货物丢失、货物寄错等。造成的原因一般是自己的原因，因为要发的东西太多了，可能会发错快递，又或者是由于快递公司的原因。服务失败偶然发生。

3. 您有哪些常用的、有效的服务补救措施？如何运用这些措施？是否会针对不同的顾客选择不同的措施？

答：当发生服务失败时，第一时间向顾客承认错误，然后进行服务补救。比如说，快递寄错第一时间进行补发；快递丢失，首先弄清丢失的原因，再进行补救。我会针对不同的顾客采取不同的补救措施。

3－1. 发生服务失败后，您如何安抚顾客的不满情绪？

答：作为卖家，要理解顾客的不满情绪，因为顾客花了钱没有拿到商品，站在顾客的角度进行思考，顾客的情绪是因为商品没有及时发货，作为卖家应该加紧发货，让顾客第一时间拿到商品。

3－2. 您是否会主动向顾客道歉？是否主动承认错误？是否会积极地进行服务补救？

答：会主动向顾客道歉、主动承认错误、积极地进行服务补救。

3－3. 您进行服务补救时，是否会提供物质补偿？具体金额如何确定？一般选择什么类型的物质去补偿？为什么愿意提供该标准的物质补偿？在什么情况下进行物质补偿效果较好？提供服务补救是否会增加您的经营成本？

答：会对顾客赠送一些小样品，让顾客觉得花较低的钱买更多的商品。小样品的成本不是很大。如果东西寄错或者丢失，会给顾客赠送样品、优惠券、下次购物打折等都是服务补救措施。此类措施会增加经营成本，但顾客的利益是第一位，卖家所做的都是为了让顾客满意，这是我们网上销售产品的宗旨。

4. 发生服务失败后，顾客一般通过什么方式联系您？对于顾客的投诉抱怨，您一般多久进行回应？为什么？

答：微信，我们主要是做微商，有时候也通过电话联系。一般第一时间进行联系。当我看见信息或者电话，第一时间进行回应。

5. 您认为服务补救成功的标准是什么？是顾客满意？好评？重复购买？或是其他

答：顾客满意、好评、重复购买等都是服务补救成功的标准。

5－1. 您所提供的服务补救效果如何？您认为消费者是否对您的服务补救满意？消费者是否还继续在您的网店购物？

答：大部分的服务补救是很成功的，消费者会再次在我们店铺购买商品，所以他们应该是满意的。

5-2. 经历过服务补救之后，消费者是否会比之前更加满意？原因是什么？

答：有的消费者会更加满意，因为有的消费者会选择相信卖家；有的消费者在某种程度上买东西没有获得满足，下次不会在我们家店铺购买。

5-3. 服务补救是否会影响消费者给店铺好评或差评？影响程度如何？

答：主要看你如何进行服务补救。

顾客给了好评，会有更多的顾客在店铺买东西；差评会影响我们的销售额。

5-4. 您是否积极以服务补救为契机，改善服务质量？为什么？

答：会，不断地进步，不断地让自己做得更好，网购做得更好。

6. 您认为影响服务补救成功的关键因素是什么？

答：服务态度，态度很重要。产品的质量。

7. 请您各举一个发生在您的网店中的服务补救成功和服务补救失败的案例。

答：成功的案例：有一次，顾客在我这里买了商品，三天都没有收到，查询发现快递把他的快递遗漏了，再一次给他发货，相当于给了他两个同样的物品，现在此顾客常在我们家店铺购买商品。

失败的案例：有一次，顾客认为我是一个假的代购，不相信我们，后来我们给他寄了东西之后，他就把我们拉黑了，这是一个服务补救失败的案例，因为我们失去了这个顾客。

8. 您在进行网购服务补救时，最苦恼的是什么？您在进行服务补救会遭遇哪些问题？您是如何解决的？

答：最苦恼的是费用。有时候是我们自己的原因，当然是我们自己出。有时候不是我们的原因，考虑到底是买家还是快递公司进行补偿。

当我们已经售完产品，顾客没有拿到商品，这个时候我们可能也会比较着急。

9. 您认为处理网店的服务补救与实体商店的服务补救有哪些明显的区别？

答：在网上购买东西，进行服务补救比在实体店进行服务补救减少正面冲突，避免不必要的麻烦。实体店购买比网店购买方便快捷。

年龄：25 岁　性别：女　从事网络零售业的经验：2 年

月销售额：1.5 万元　职位：店主

访谈编号：M007　　访谈日期：2019.4.13

1. 请问您在网上主要销售的商品是什么？

答：童装。

2. 您在网络零售过程中发生过哪种类型的服务失败？造成服务失败的原因是什么？该问题是偶然发生还是经常发生？

答：给顾客发错货、尺码不对等问题。造成服务失败的原因就是自己不小心导致的。这些问题是偶然发生的。

3. 您有哪些常用的、有效的服务补救措施？如何运用这些措施？是否会针对不同的顾客选择不同的措施？

答：比如给客户发错货等问题，等待客户的联系，先给顾客道歉，咨询客户的意见是否退换货，如果客户愿意接受发错的商品，再给客户一点补偿。

针对不同的客户选择不同的服务补救措施，主要看客户的意愿。

3 – 1. 发生服务失败后，您如何安抚顾客的不满情绪？

答：当顾客产生不满情绪时，首先要给顾客道歉，再向顾客列举一些解决方案让顾客自己选择，顾客如果觉得合适就按照客户的意愿来解决。

3 – 2. 您是否会主动向顾客道歉？是否主动承认错误？是否会积极地进行服务补救？

答：会主动向顾客道歉、主动承认错误、积极地进行服务补救。

3 – 3. 您进行服务补救时，是否会提供物质补偿？具体金额如何确定？一般选择什么类型的物质去补偿？为什么愿意提供该标准的物质补偿？在什么情况下进行物质补偿效果较好？提供服务补救是否会增加您的经营成本？

答：提供的物质补偿要在自己能接受的范围内。自己犯错在先，比如发错货、发错尺码，根据客户的意愿，双方达成一致。

服务补救会增加一定的经营成本，但是你给客户发错货是你自己错在先，所以你要承担错误的成本。

4. 发生服务失败后，顾客一般通过什么方式联系您？对于顾客的投诉抱怨，您一般多久进行回应？为什么？

答：旺旺。看到就马上回复。

5. 您认为服务补救成功的标准是什么？是顾客满意？好评？重复购买？或是其他？

答：客户满意。

5 – 1. 您所提供的服务补救效果如何？您认为消费者是否对您的服务

补救满意？消费者是否还继续在您的网店购物？

答：看不同的客户，如果有些客户好说话，给他几个方案进行选择，如果客户觉得满意，一般几分钟之内就能得到解决。

我们要努力做到让每个客户满意，虽然实际上不一定能保证所有客户满意，但我们会尽力以补救到客户满意为止为标准。因人而异，并不是所有的客户在经历服务补救后还在网店继续购买。

5-2. 经历过服务补救之后，消费者是否会比之前更加满意？原因是什么？

答：如果我们的补救能让消费者满意，是会比以前更加满意。

5-3. 服务补救是否会影响消费者给店铺好评或差评？影响程度如何？

答：会影响。如果我们对客户的服务补救没能达到客户的期望，有可能导致客户给我们差评；如果我们的服务补救让客户比较满意，有的客户还是会给我们好评或者是后期回购。

5-4. 您是否积极以服务补救为契机，改善服务质量？为什么？

答：那肯定的。

6. 您认为影响服务补救成功的关键因素是什么？

答：让客户满意。

7. 请您各举一个发生在您的网店中的服务补救成功和服务补救失败的案例。

答：成功的案例：有时候我们给客户发错尺码，一般发生这种情况，来回运费卖家承担，还给他换货，再发货时给顾客赠送一些小礼物，安慰一下顾客。

失败的案例：有时候遇到一些不太好说话的客户，就算给他退换货，给他一些补偿，客户觉得卖家犯错在先，仍然不满意，这样就算是服务补救失败。

8. 您在进行网购服务补救时，最苦恼的是什么？您在进行服务补救会遭遇哪些问题？您是如何解决的？

答：最苦恼的是遇到这些不太好说话的客户。

在跟客户讨论服务补救方案时，提出的有些要求，我们不太能接受，这样可能不太好解决。

9. 您认为处理网店的服务补救与实体商店的服务补救有哪些明显的区别？

答：网店服务补救一般都是旺旺联系，或者说你主动给客户打电话，都是虚拟的，但是在实体店都能面对面交流你能感受到顾客的情绪、语气。

年龄：24 岁　性别：女　从事网络零售业的经验：2 年

月销售额：15 万元　职位：客服

访谈编号：M008　　访谈日期：2019.4.11

1. 请问您在网上主要销售的商品是什么？

答：代购化妆品、国外的鞋子、包包。

2. 您在网络零售过程中发生过哪种类型的服务失败？造成服务失败的原因是什么？该问题是偶然发生还是经常发生？

答：发错货，尺码不对。

原因：有的时候因为太忙，可能仓库写得不对，或者是快递拿错了。服务失败很久才有那么一次。

3. 您有哪些常用的、有效的服务补救措施？如何运用这些措施？是否会针对不同的顾客选择不同的措施？

答：顾客想退货就退货，要不然人家寄回，我再重新发一个包邮。一般会根据顾客的意愿，有的人不太想买，凭着感觉买，想退就退，想换就换，道个歉。

3－1. 发生服务失败后，您如何安抚顾客的不满情绪？

答：没有遇到过，顾客比较追求东西，给退换，一般没有什么情绪。

3－2. 您是否会主动向顾客道歉？是否主动承认错误？是否会积极地进行服务补救？

答：这是肯定的，因为毕竟是我们的问题，顾客想买一些好的东西，你没有给他弄好，肯定要给他道歉。

3－3. 您进行服务补救时，是否会提供物质补偿？具体金额如何确定？一般选择什么类型的物质去补偿？为什么愿意提供该标准的物质补偿？在什么情况下进行物质补偿效果较好？提供服务补救是否会增加您的经营成本？

答：有的时候顾客购买大件的东西会送一些小东西，表达一下歉意。

进行物质补偿一般不会增加经营成本，可能会有那么一次、两次，很少。

4. 发生服务失败后，顾客一般通过什么方式联系您？对于顾客的投诉抱怨，您一般多久进行回应？为什么？

答：电话、微信。看见顾客的信息就进行回复。

5. 您认为服务补救成功的标准是什么？是顾客满意？好评？重复购买？或是其他？

答：主要是顾客满意。

5-1. 您所提供的服务补救效果如何？您认为消费者是否对您的服务补救满意？消费者是否还继续在您的网店购物？

答：一般都是比较理解，因为长时间才发生一次，你跟人家好好说，该给顾客怎么解决就怎么解决，顾客觉得东西好才是关键的。消费者还是会继续购买。

5-2. 经历过服务补救之后，消费者是否会比之前更加满意？原因是什么？

答：与之前的态度没有太多的差别，如果送一些东西，顾客觉得你可能会很有心，可能会好一点。

5-3. 服务补救是否会影响消费者给店铺好评或差评？影响程度如何？

答：肯定会有影响。好一点的会好评，差评也有的。顾客没有耐心听你讲，他们只看他们拿到的商品。影响程度不太大。

5-4. 您是否积极以服务补救为契机，改善服务质量？为什么？

答：这个肯定会的，毕竟是自己的失误，自己要多注意自己销售出去的产品，以后顾客才会经常来。

6. 您认为影响服务补救成功的关键因素是什么？

答：商家的态度。因为这个事情已经发生，你就应该积极去解决，如果自己都觉得好费劲，那肯定是不行的。

7. 请您各举一个发生在您的网店中的服务补救成功和服务补救失败的案例。

答：成功案例：有一次顾客在我们家买了商品，给人发错了，买家打电话联系称东西发错，就立即给买家道歉，先把这个事情解决，买家没有说什么。我们自己觉得挺不好意思的，就给人放了一些东西；比如说一些小糖果、面膜，让买家觉得挺好的。

失败案例：最终的结果就是人家退货。

8. 您在进行网购服务补救时，最苦恼的是什么？您在进行服务补救会遭遇哪些问题？您是如何解决的？

答：解决不了顾客的问题，觉得挺对不起人家时比较不舒服。

发货的速度，有的时候退换货要给人重新发货，很多人在时间上是不能接受的，还有就是很多顾客的态度让自己觉得很崩溃。

既然发生这样的事情，那么就要更快更好地解决。发个顺丰，把货物快速送达。遇到态度不好的顾客，你首先要给人道歉。网络联系，彼此不太了解，自己尽量往好的方面发展。

9. 您认为处理网店的服务补救与实体商店的服务补救有哪些明显的区别？

答：网上购物还是有保障的，一般都有网络监管，比较安全。唯一的缺点是时间慢，挺不方便。如果在实体店，只要在正规商店都会开发票，到时候有问题当场换，很快解决问题。

年龄：23 岁　性别：女　从事网络零售业的经验：1 年

月销售额：1 万元　职位：店主

访谈编号：M009　　访谈日期：2019. 4. 19

1. 请问您在网上主要销售的商品是什么？

答：零食饮料，还有一些生活用品等。

2. 您在网络零售过程中发生过哪种类型的服务失败？造成服务失败的原因是什么？该问题是偶然发生还是经常发生？

答：网络零售区别于线下实体销售，服务失败会有商品配错，数量或者种类错误；其次就是没有进行有效的售后跟踪。

因为最开始接触这一行业，对整个电商销售流程不是很了解，会有些错误。

问题会有，但我还是会努力把出现问题的概率降低。

3. 您有哪些常用的、有效的服务补救措施？如何运用这些措施？是否会针对不同的顾客选择不同的措施？

答：道歉、赔偿。

3 - 1. 发生服务失败后，您如何安抚顾客的不满情绪？

答：首先是主动打电话，表示歉意，这时候的语气一定是温和的。其次是给予顾客一定物质上的补偿。

3 - 2. 您是否会主动向顾客道歉？是否主动承认错误？是否会积极地进行服务补救？

答：是的，都会的，我个人的宗旨就是服务态度要好。

3 - 3. 您进行服务补救时，是否会提供物质补偿？具体金额如何确定？一般选择什么类型的物质去补偿？为什么愿意提供该标准的物质补偿？在什么情况下进行物质补偿效果较好？提供服务补救是否会增加您的经营成本？

答：会，一般会看情况而定，我们服务的群体是大学生，不会有很高金额的商品。补偿的话一些零食或者日常用品就好。年轻人往往不会太在意最终结果，反而他需要你的这种服务态度和问题解决过程。

提供物质补偿一方面安抚顾客，另一方面这种物质补偿对于整体销售来说是可以忽略不计的。

当我们给顾客送错东西，因而顾客不满意甚至投诉的时候，我们会主动协商赔偿顾客一定商品。

只要这种服务能让顾客满意，我们的销售额一定会增加的。

4. 发生服务失败后，顾客一般通过什么方式联系您？对于顾客的投诉抱怨，您一般多久进行回应？为什么？

答：顾客初次使用我们的销售平台的时候，不太清楚怎么进行反馈，会有很多人直接点击投诉，这时候我们会收到投诉。后期，顾客了解了以后，会有我的联系方式，会直接与我个人联系，这样省去了投诉这一环节。

5. 您认为服务补救成功的标准是什么？是顾客满意？好评？重复购买？或是其他。

答：顾客满意吧。

5-1. 您所提供的服务补救效果如何？您认为消费者是否对您的服务补救满意？消费者是否还继续在您的网店购物？

答：补救效果还是可以的。消费者还会继续购买我们的商品，说明是满意的。

5-2. 经历过服务补救之后，消费者是否会比之前更加满意？原因是什么？

答：是的，因为正是有了这次销售中的服务补救，顾客才会信任我们，信任我们的商品，才会放心购买。我觉得主要的原因在于自己个人有没有很好的服务意识。

5-3. 服务补救是否会影响消费者给店铺好评或差评？影响程度如何？

答：会影响，服务补救成功了，即使是差评也会追加好评的。

5-4. 您是否积极以服务补救为契机，改善服务质量？为什么？

答：是的，我认为包括我个人在内的每个人，都是先犯错再成长，当然我们谁都想一帆风顺，但是往往会不尽如人意。出现错误了，下次我们就会努力改正，争取不犯同样的错误。我觉得这也是改善服务质量的表现。

6. 您认为影响服务补救成功的关键因素是什么？

答：关键在于电商这一方有没有真正想补救或者挽回的决心和态度。也就是电商的服务态度。

7. 请您各举一个发生在您的网店中的服务补救成功和服务补救失败的案例。

答：成功的案例：我记得有一次一位顾客在我们平台上购买了商品，但是我们线上平台是晚上十点以后就关闭了的，那位顾客刚好在十点整下单，这样即使系统接下来这个单子，但是我们本不必配送商品到顾客手中，顾客打电话给我，说他因为晚上有点饿，想吃点东西，我当场答应了这个顾客，并在店面关门以后把东西送到了顾客手中，顾客也表示很满意。

当然也有失败的案例。那是在一开始接触这一行业的时候，为了了解整个流程，我自己亲自把商品送到顾客手中。但是因为订单多，我在送货的时候跑错了楼，导致送单时间超时。顾客因为不会操作我们的 App，直接点击了投诉。我送到顾客手中的时候，顾客不要了，要我退钱。我解释了很长时间，他的态度还是很生气，最后我自己掏腰包把这份东西买下来，再付给他钱。很多人要问，那你可以把东西放回去，卖给其他人啊？因为我们这个是线上交易，平台已经收过顾客的费用，在一定时间以后，取消不了订单，更不会退钱什么的了。

8. 您在进行网购服务补救时，最苦恼的是什么？您在进行服务补救会遭遇哪些问题？您是如何解决的？

答：最苦恼的可能是一些不懂操作我们软件平台的人以及脾气有些急躁的顾客。

一般这样的问题，我们会向顾客解释，其次本着大事化小、小事化了的原则，有些问题解决了就不是事，没解决永远是问题。该退钱该补偿还是会照做的。

9. 您认为处理网店的服务补救与实体商店的服务补救有哪些明显的区别？

答：最大的区别就是，我们可能用一百分的服务态度，可是只能通过语言文字或者图片表达，而且即使这样，也不一定能补救成功。实体商店可能用了五十分的服务态度就会达到满意的效果。

年龄：24 岁　性别：女　从事网络零售业的经验：1.5 年

月销售额：1.5 万~2 万元　职位：八天超市实习店长

访谈编号：M010　　访谈日期：2019. 4. 13

1. 请问您在网上主要销售的商品是什么？

答：智能体脂秤、智能路由器。

2. 您在网络零售过程中发生过哪种类型的服务失败？造成服务失败的原因是什么？该问题是偶然发生还是经常发生？

答：（1）宣传推广产品的功能与用户实际获得产品功能不统一。

原因：前期为了销售，故意夸大其词，吸引消费者购买。

频率：偶然发生。

（2）用户对购买的产品不会使用。

原因：①与用户之间的沟通工作做得不到位；②用户不会自觉研究产品说明书

频率：经常发生。

（3）用户收到产品后，功能受到损坏。

原因：①与签约委托的物流服务商沟通工作做得不到位；②物流工人不负责任，不爱护客户产品。

频率：偶尔发生。

3. 您有哪些常用的、有效的服务补救措施？如何运用这些措施？是否会针对不同的顾客选择不同的措施？

答：道歉、赔偿。

3－1. 发生服务失败后，您如何安抚顾客的不满情绪？

答：（1）判断责任方在我们还是在客户。

（2）如果责任在我们，主动承认自己的失误，根据实际情况，做出相应赔偿。

（3）如果责任在客户，耐心并婉转地梳理客户的思维，在服务过程中，严禁与客户发生争执。

（4）即便是客户的责任，在能够为客户提供方便的前提下，尽自己最大可能帮助客户。

3－2. 您是否会主动向顾客道歉？是否主动承认错误？是否会积极地进行服务补救？

答：（1）倘若是我们的错误，我会主动向客户道歉，主动承认错误，积极进行服务补救。

（2）若不是我们的责任，那自然不存在向客户道歉，承认错误，进行服务补救这种说法。

（3）但有时从大局考虑，也会做出相应让步，属于被动行为。

3－3. 您进行服务补救时，是否会提供物质补偿？具体金额如何确定？一般选择什么类型的物质去补偿？为什么愿意提供该标准的物质补偿？在什么情况下进行物质补偿效果较好？提供服务补救是否会增加您的经营成本？

答：（1）在进行服务补救时，会提供物质补偿。具体金额根据客户消费金额和事态情况综合确定。一般会选择"投其所好"的物品去补偿，例如：与本产品相关的产品或者互补的产品，一些能够愉悦心情的小礼品也包括在内。因为该类产品一般能够帮助客户解决实际问题或者能起到安抚顾客情绪的效果。在客户不满情绪难以安抚或者客户锱铢必较的情况下，售后服务中赠送相应礼品也是经常出现的，虽然这会增加经营成本。

4. 发生服务失败后，顾客一般通过什么方式联系您？对于顾客的投诉抱怨，您一般多久进行回应？为什么？

答：（1）第三方联系平台，比如：淘宝、微商、京东、转转、闲鱼等购物服务平台和 QQ、微信、微博、通讯簿等第三方社交平台。

（2）一般及时进行回复，因为及时回复是对客户文明礼貌的工作态度的体现，对树立品牌形象有益无害。

5. 您认为服务补救成功的标准是什么？是顾客满意？好评？重复购买？或是其他？

答：重复购买。

5－1. 您所提供的服务补救效果如何？您认为消费者是否对您的服务补救满意？消费者是否还继续在您的网店购物？

答：（1）效果良好。

（2）满意。

（3）会继续购买。

5－2. 经历过服务补救之后，消费者是否会比之前更加满意？原因是什么？

答：（1）满意度参差不齐，具体视买卖情况和客户个人而定。

（2）有些客户属于"一朝被蛇咬，十年怕井绳"的性情，第一印象在这类人眼里很重要。还有些客户，愿意与我们合作，尤其是长期使用我们产品的老主顾。

5－3. 服务补救是否会影响消费者给店铺好评或差评？影响程度如何？

答：（1）会。

（2）相当严重。

5-4. 您是否积极以服务补救为契机，改善服务质量？为什么？

答：（1）会。

（2）服务补救属于我们售后服务的特殊模块，属于我们要作为教训进行学习和反省的模板。其中的每个案例，我们都会认真分析，以"不在同一个地方摔倒两次"为宗旨，提高产品加工精度，改善服务质量。

6. 您认为影响服务补救成功的关键因素是什么？

答：处理事情的心态和客户能够接受的服务态度。

7. 请您各举一个发生在您的网店中的服务补救成功和服务补救失败的案例。

答：（1）服务补救成功的案例：2018年4月，我们在"华夏万家金服"平台推广自己的产品：智能体脂秤。一位姓李的用户，大量购买了我们的产品，收到我们产品后，他反映我们的产品中的附件电极不能和体脂秤一起使用，导致体脂数据显示不精确。我们随即帮客户更换附件电极并另外赠送一台体脂秤。李先生表示：经过我们的补救，体脂数据显示精确，由于我们又赠送一台产品，降低了他的平均成本，随后与我们签订了长期合作合同，每个季度从我们公司定制200台智能体脂秤。

（2）服务补救失败的案例：2018年7月，我们在"联璧金融"平台推广我们的智能路由器，一位姓吴的用户，大量购买了我们的产品，收到我们的产品，表示：其中有三台产品在运输过程中受到损坏，导致不能正常使用，吴先生向我们反映后，我们随即补送三台给他并发了一个道歉小红包，结果他非但不领情，还给我们差评。

8. 您在进行网购服务补救时，最苦恼的是什么？您在进行服务补救会遭遇哪些问题？您是如何解决的？

答：最苦恼的是：用户情绪不稳，态度恶劣，不听解释。

问题：针对一个小错误，抓住不放，恶言相向。

解决：暂时忍住，不和他发生直接冲突，实在受不了的时候，直接挂断电话，加入黑名单。

9. 您认为处理网店的服务补救与实体商店的服务补救有哪些明显的区别？

答：区别：网店服务补救一般涉及的路途都相对较长，涉及物流、快递、交流困难的问题比较多。实体商店的服务补救一般都是短途，涉及的物流、快递、交流困难问题比较少。

年龄：28 岁　性别：女　从事网络零售业的经验：3 年　月销售额：约 1 万元　职位：销售

访谈编号：M011　访谈日期：2019.4.14

1. 请问您在网上主要销售的商品是什么？

答：云南白药品牌一系列产品。我在网上主要销售原生药材及养生系列和大健康系列的商品。比如云南白药养生甘草片、云南白药养生枸杞子、云南白药系列牙膏等。

2. 您在网络零售过程中发生过哪种类型的服务失败？造成服务失败的原因是什么？该问题是偶然发生还是经常发生？

答：遇到过物流运输途中导致商品破损问题：全损、部分损坏；商品包装出现漏洞、运输途中出现问题或是上下车装货破损。该问题经常发生。

3. 您有哪些常用的、有效的服务补救措施？如何运用这些措施？是否会针对不同的顾客选择不同的措施？

答：我会向顾客耐心解释我们这次服务失败发生的原因和造成了什么影响，然后向顾客介绍我们应对每一种服务失败的对应解决办法或是相应赔偿。

3-1. 发生服务失败后，您如何安抚顾客的不满情绪？

答：我会用礼貌的口吻安抚顾客的抱怨。抱怨是一种痛苦的表达方式，抱怨是顾客发出的一种信号：我希望下次再来，但请你改进，下次不再发生问题，给我一个再次回来的理由。抱怨直接反映了我们卖家存在的问题，提供了改进提高的建议。所以我会积极听取顾客提出的建设性意见并加以整合，改正我们出现的失误。

3-2. 您是否会主动向顾客道歉？是否主动承认错误？是否会积极地进行服务补救？

答：我会主动向顾客道歉，首先尽最大努力消去顾客的愤怒与不满，这样也好开展接下来的话题，拉近与顾客之间的距离。我会根据服务失败的原因决定是否立即主动承认错误，事先会认真思考好这个失败是怎么造成的，是由什么原因造成的，分析这个失败的主要责任方是哪个。当然，我们还是应该承认做得不尽如人意。如果是顾客的原因而导致的服务失败，我们卖家也不能得理不饶人，还是应该耐心礼貌地向顾客说明原因，真诚地询问顾客的想法，提出我们卖家的解决方法，征询顾客的意见。

3-3. 您进行服务补救时，是否会提供物质补偿？具体金额如何确定？一般选择什么类型的物质去补偿？为什么愿意提供该标准的物质补偿？在什么情况下进行物质补偿效果较好？提供服务补救是否会增加您的经营成本？

答：有时会提供物质补偿，具体看情况应对。

具体金额占商品金额的百分之三十。

一般会选择同类型商品的小样进行赔偿，这样赔偿的物品顾客也能用得上，较为实际。

因为我们商品的售价一般在 10~50 元为多，我们赔偿的金额不算太多，也可以减轻我们卖家的金额压力，且顾客买这样的商品本身没有花去过多的钱，赔偿百分之三十，顾客也能接受。

一是在顾客确定要求得到物质补偿的答复后，需进行物质赔偿；二是询问顾客可否在下次在我家买商品的时候，搭配赠送相应的商品作为补偿。若顾客同意的话，就可以在顾客下次购买时进行赔偿。

提供服务补救在很大程度上来说并不会增加我的经营成本。因为我们卖家本身就会划出一部分的可流动资金和商品作为我们的备份，就是为这样的不可预见的情况做的准备，以便我们的运营活动顺利的进行，也便于我们在和顾客处理服务失败时可以快速决策，不用向上打报告某个赔偿是否可进行，也节省了大量时间。

4. 发生服务失败后，顾客一般通过什么方式联系您？对于顾客的投诉抱怨，您一般多久进行回应？为什么？

答：（1）一般通过我们商品交易界面的联系卖家那一处的服务通道联系到我。

（2）视情况而定，若是周一至周五的工作日的话，当天的投诉抱怨，我就会总的安排到下午五点之后。若是工作日下午五点之后的投诉抱怨的话，会在晚上十二点之前回复。选取下午五点之后，是考虑到工作日，大多数人都在工作，就选取一个基本都下班的时间。下午五点之后的投诉抱怨，就是立即回复，须在当天晚上十二点之前，绝不拖延到第二天。这样安排的原因及解释我都会标注在我们商品包装的表面，在我们商品购买的界面上也会标注。若是在周末的投诉抱怨，我如果看到的话，就会立即回复顾客，及时解决顾客的问题，提高我的服务效率。

5. 您认为服务补救成功的标准是什么？是顾客满意？好评？重复购买？或是其他？

5 - 1. 您所提供的服务补救效果如何？您认为消费者是否对您的服务补救满意？消费者是否还继续在您的网店购物？

答：我所提供的相应的服务补救效果挺好的，毕竟在这方面，我和团队也经常开会讨论服务补救方案，以达到顾客的理想程度。

在每次补救了顾客提出的问题后，我都会发放一份简短的满意程度调查表，其结果可反映我的服务效果，也就是顾客的满意程度。

在进行服务补救服务之后，顾客满意程度调查表也阶段性地表明我的工作效果挺好的，也说明我在处理这类问题的过程中，很注重我的服务态度。顾客也还继续在我的网店里购买商品，这也是对我的服务的肯定。

5 - 2. 经历过服务补救之后，消费者是否会比之前更加满意？原因是什么？

答：经历过服务补救之后，消费者确实会比之前更加满意，不仅认可我的服务态度，还对我的整个网店的印象都变得越来越好。原因是人与人的相处总是有是否真诚一说。如果你真诚待人，那么别人也基本不会以一个差脾气待你。我们做服务工作的，最讲究真诚的心。我会真诚地帮顾客解决问题，也会适当地讲解我们的商品的成效等，会让顾客绝大程度上觉得自己得到无上的尊重，也被真诚对待，那么顾客是会以真诚待我们服务工作者的。在顾客的购物印象中，我们网店会排在较前的位置。那与其他同类型的网店相比，我们的网店也会比较有优势，也会有更多的机会卖出商品。

5 - 3. 服务补救是否会影响消费者给店铺好评或差评？影响程度如何？

答：服务补救是会影响到消费者给店铺好评或差评，因为在与顾客的交谈中，顾客比较注重店家的态度好坏，以此来评判网店的好坏，所以我们要做到面面俱到，增加店铺的好评量。

其影响程度较大，若我们的服务补救处理地较好的话，那么顾客会接受我们的再次服务，很可能会给好评。但若是处理得不好的话，可能顾客会以比较强硬的态度给我们网店差评，这样对我们网店的影响很严重，直接影响到我们的销售成绩。所以，服务补救是会影响到消费者给店铺好评或差评，我们也应多注重这一方面的工作。

5 - 4. 您是否积极以服务补救为契机，改善服务质量？为什么？

答：我会积极以服务补救为契机，改善服务质量。凡事需要用到服务补救的话，就说明我们买卖双方一定出现了小的问题。这时候，最快的方法就是进行服务补救，因为我们不是实体店，不能直接快速地和顾客面对面交流，我们大多数还是通过信息来联系顾客，字面语言不易解释清楚，我们直接做出服务补救，及时地解决问题，不给顾客留下一个坏印象。积极改善我们的服务质量，让顾客看到我们的努力，也会尽量解决问题。

6. 您认为影响服务补救成功的关键因素是什么？

答：我认为是卖家的服务态度与服务能力。首先，态度非常重要，我们说话和解决问题的态度也直接决定着我们问题解决的最终结果。在服务补救中，我们秉承一个谦和恭敬的态度，对顾客给予极大的尊重，这也直接影响到顾客对我们网店的态度与印象。其次，是我们处理事务的能力，顾客也看我们服务补救能力与方法，我们所做的一切是为了使顾客消费地开心和满意，这也是我们销售的理念，使顾客放心，也会使我们安心。这两点因素比较重要，直接并深刻地影响我们销售的成功与否。

7. 请您各举一个发生在您的网店中的服务补救成功和服务补救失败的案例。

答：服务补救成功案例：一位顾客在本店购买了云南白药益齿白牙膏，但是我们发货时发错了货，发成了云南白药朗健牙膏。等到顾客收到货拆开时，发现我们发错了货之后，立即与我们联系了。这次确实是我们网店的失误，所以我们立即回复了顾客，这是我们的原因造成的，并且道歉。之后我们提出更换牙膏，并且来回的运费我们全额承担。之后顾客也答应了我们的想法，并还给了我们网店好评。

服务补救失败案例：一位顾客在本店购买了云南白药抗过敏牙膏和其他商品，我们成交的页面显示的是顾客选择购买的是两支牙膏，我们发货一切顺利，顾客收到货却诘问我们网店居然发给他两支牙膏。顾客非说他选的是一支牙膏，我们也截图交易界面给他看了，但是他就是不承认，还立即给了我们网店差评，这对我们网店有不利的影响。我们只能继续和顾客协商，提出他将其中一支牙膏寄回，我们退款并承担运费，顾客也不愿意，不退款也不撤销差评。

8. 您在进行网购服务补救时，最苦恼的是什么？您在进行服务补救会遭遇哪些问题？您是如何解决的？

答：最苦恼的是顾客根本不配合。

会遇到顾客提出全额退款且不退商品的无理要求，却还称是在维护自己的消费者权益，说我们的商品他用着没有效果。面对这样问题，我们会耐下心来，仔细想应对方法，切不能和顾客对着干，这样只会恶化我们双方的协商过程。我们一般是会说补偿百分之三十的款并赠送合适金额的优惠券，可以下次使用。

9. 您认为处理网店的服务补救与实体商店的服务补救有哪些明显的区别？

答：处理网店的服务补救与实体商店的服务补救的区别是：网店的处理速度会慢一点，实体店可以立即就解决了；实体店的服务态度可以显得更好，毕竟是面对面交流，有很多注意事项是能够考虑在内的，但是网店就不容易做到。就拿售后服务来说，网店一般可以七天无理由退换货。由于顾客可以对商家进行评价，而评价对商家的信用影响极大，所以，在网购过程中，退换货一般相对简单。而在实体店，如果顾客因为不喜欢而要求退货，往往导购会加以刁难，主要原因，还是在于"已经到手的销售，又要退掉"的心理。要是因为质量问题，实体店的导购甚至会予以推诿。

年龄：30 岁　性别：女　从事网络零售业的经验：4 年

月销售额：1 万元左右　职位：销售

访谈编号：M012　　访谈日期：2019. 4. 12

1. 请问您在网上主要销售的商品是什么？

答：童装。

2. 您在网络零售过程中发生过哪些类型的服务失败？造成服务失败的原因是什么？

答：发错货、发错尺码，量多的时候会把顾客的货物弄混，这种情况经常会发生。因为网络零售会推爆款，而且你也不可能雇用很多员工，就会忙的时候临时雇用员工，而且都是很多货一起发，所以在双十一、双十二还有六一儿童节大促销的时候，会经常发生这种问题。

3. 您有哪些常用的、有效的服务补救措施？如何运用这些措施？是否会针对不同的顾客选择不同的措施？

答：送小礼品，如卖童装的话就送小棉袜、小围巾给小朋友，或者退一点钱，通常是 5 ~ 10 元。通常这种方式比较有效，因为童装本身利润不高，而且大促销的话价格更是便宜，所以退钱的话通常都很有效。

但是也有遇到恶意给差评的买家，淘宝通常偏向买家，所以给差评对销售产品本身还是有很大的影响。遇到这种买家，我们会私下给他打电话，告诉他衣服不要了，也给他退款，希望他撤销差评。其实消费者投诉对店铺没有太大影响，但是会影响那件产品的销量，这种恶意差评一年也就一两笔。

通常补救都是退换货，我们的措施都是一样的。

4. 发生服务失败后，顾客一般通过什么方式联系您？对于顾客的投诉抱怨，您一般多久进行回应？为什么？

答：一般通过淘宝客服联系，也会打淘宝官方电话。

客服都会及时回复，夜里如果有退款情况，第二天上班时间也会立刻受理，正常白天 9 点之后都在线。

5. 您认为服务补救成功的标准是什么？是顾客满意？好评？重复购买？或是其他？

答：客户满意，因为开店铺不是只做一笔生意，当然希望客户满意，觉得这家店衣服还不错，服务也可以，以后还在这家店买。但是遇到难缠的顾客，就会解决到这件事结束为止。

6. 您认为影响服务补救成功的关键因素是什么？

答：首先，服务态度是一方面；其次是自己对客户的补偿，补偿占很大的一方面。但是态度比补偿更为重要，有时候你态度不好，就算补两件也没有用，但是如果补偿大到一定程度，当然也很有用。有一个同行就是，他服务态度很差，但是一件衣服赔了四件衣服给顾客，那顾客也很满意。

7. 请您各举一个发生在您的网店中的服务补救成功和服务补救失败的案例。

答：失败的案例：有一个客户，衣服有点小瑕疵，而且过了退换时间，但是我们还是愿意给他退，他不愿意，我说给他补偿，他也不愿意，还天天骚扰，给别人的淘宝问答下面进行回复。

成功的案例：前年，双十一的时候，顾客买了三件衣服，但是没货了，我们就主动联系他，跟他道歉，说没货了，然后送了几双袜子，后来加了微信，小孩儿衣服以后都是在我家买的。

8. 在网购服务补救时，最苦恼的是什么？遭遇过哪些问题？如何解决的？

答：最烦恼的是追差评。

9. 您认为处理网店的服务补救与实体商店的服务补救有哪些明显的区别？

答：网店补救比实体店补救更难一点，因为网店在售后 15 天都需要对产品负责，但实体店有可能产品出门就概不负责，而且网上看不见实物，可能收到的货和想象的不一样，退货概率较大。

年龄：25 岁　性别：男　从事网络零售业的经验：4 年

月销售额：17 万元　职位：店主

访谈编号：M013　访谈日期：2019. 4. 12

1. 请问您在网上主要销售的商品是什么？

答：中老年唐装。

2. 您在网络零售过程中发生过哪些类型的服务失败？造成服务失败的原因是什么？

答：包括衣服丢了、大小码不合适、颜色与图片不符等的都遇到过。造成服务失败的原因是各个方面的。拿丢件来说的话，有可能是快递在中转站丢的，也有可能是新的快递员不知道位置送错的等。再比如大小码不合适，我们都会承担来回运费给买家换衣服，造成这种服务失败是由于线上销售，买家会根据自己平时的穿衣大小来购买衣服，但是收到的衣服多少会有些误差，因为衣服详情页里的尺码表都是根据实物手工量的。我们也会给客户一些建议，通过客户对包括身高体重等方面的数据，然后根据多年销售的经验来给出建议。

3. 有过让您印象特别深刻的服务失败然后进行服务补救的么？

答：基本上没有，都是些小问题。但是由于网上的客户众多，也有过不讲道理的，但是我们会尽量满足客户的要求。

4. 经常用到的或者是有效的服务补救方案是什么？

答：比如之前说到的尺码大小不合适需要更换的问题，因为我们这是天猫旗舰店，所以会有运费险。没有运费险之前，换货是通过各自承担己方的运费来解决的，因为当时的运费都是比较便宜的。对于丢件，我们会第一时间主动联系客户，根据客户的意愿，如果选择继续要就会再补发，如果不愿意等的话就会进行退款等的服务补救。如果丢件的原因是快递公司的责任，则快递公司负责赔偿，如果是由于我们的自身责任则由我们自己承担。

5. 会根据不一样的人来选择处理方式吗？针对老客户怎么解决？

答：看什么样的人来选择解决的方法，总会有适合的方法。针对老客户，长期在我们这里买衣服，因为对方也是很好说话的，而且有过信任的积累，基本上很少有问题。

6. 发生服务失败后，顾客一般通过什么方式联系您？对于顾客的投诉抱怨，您一般多久进行回应？为什么？

答：一般通过淘宝客服联系，基本上很少通过打电话联系的。打电话的基本上都是那种孩子给父母亲买的，然后寄回到老家。他们会打电话联系我们。

对于顾客的投诉抱怨，我们一般会在当天解决，能当时解决的都会及时解决，所有的问题都会第一时间给予回复。我们不会设置机器的自动回复，因为太假了。

7. 您认为服务补救成功的标准是什么？是顾客满意？好评？重复购买？或是其他？

答：客户满意，没有标准，只要客户满意就行，按照客户的意愿来。

8. 影响服务补救成功的关键因素是什么？

答：最重要的是态度问题。小礼物也会有，但只是一个形式，主要是看服务态度。因为我们是天猫，会承诺在 48 小时内发货，如果没有在给定时间内发货，我们会退回卖家违约金，违约金是商品价值的30%，如果客户选择退款，我们会将定金和违约金一并退回给客户。

9. 请您各举一个发生在您的网店中的服务补救成功和服务补救失败的案例。

答：今年过完年刚过来的时候，因为当时年初，市场都没有开门，我们的商品可能无法在给定的时间内发货，这时我们会选择主动地联系买家，在淘宝上给对方留言，根据买家自己的意愿来解决问题。

差评的问题也是多方面的，例如之前有一个买家在收到衣服后，由于自身家庭的原因然后心情不好，当天晚上就给了一个差评，于是我们就联系了买家，结果买家告知我们因为今天心情不高兴，就是刻意给你一个差评。考虑到当时买家的心情，我们选择在第二天的下午再次给对方打电话，对方也感到很不好意思，也把差评给删除了。

10. 在网购服务补救时，最苦恼的是什么？遭遇过哪些问题？如何解决的？

答：最烦恼的遇到一些顾客不会普通话，说的方言，造成沟通不方便。我们会选择猜的方式来解决，然后让对方在淘宝上来跟我们联系。

11. 您会主动地问客户收到货了吗？

答：不会，一般都是客户有了问题然后向我们反馈。主动询问的话工作量太大了。

12. 您认为处理网店的服务补救与实体商店的服务补救有哪些明显的区别?

答：实体商店的服务补救更容易沟通一点，因为有问题当场就解决了。

年龄：27 岁　性别：男　从事网络零售业的经验：7 年

月销售额：30 万元　职位：店主

访谈编号：M014　　访谈日期：2019. 4. 23

1. 请问您在网上主要销售的商品是什么?

答：水果，主要是苹果和猕猴桃。

2. 您在网络零售过程中发生过哪种类型的服务失败? 造成服务失败的原因是什么? 该问题是偶然发生还是经常发生?

答：服务失败有很多，比如我曾发错过货；还有延迟发货，因为有时候确实没有存货，还有就是有时候在运输过程中，因为水果是鲜货，时间久了就会坏掉，而且水果表面也确实很难看。当然，这种事情还是小概率的，因为有时候确实是由于订单太多，忙不过来，而且我们在挑选时都会选择比较生的，这样就不太容易坏，等到了，水果恰好成熟。并且我们也尽量用上防震膜，就是怕暴力快递。

3. 您有哪些常用的、有效的服务补救措施? 如何运用这些措施? 是否会针对不同的顾客选择不同的措施?

答：最常用的就是退款嘛，因为比较方便而且比较及时，通常都是按平均单果价格，坏了几个就乘以几。顾客通常都很满意，因为毕竟网上卖水果比在超市和商场要便宜很多。有时候如果客户实在不满意或者坏果确实很多，我也会选择退款，就是全额退款。通常这种补救措施是比较有用的。

3 – 1. 发生服务失败后，您如何安抚顾客的不满情绪?

答：首先我们会主动承认错误，并真诚地向顾客表达我们的歉意，然后第一时间进行补救，让他们知道如果是我们的错误，我们愿意尽力去补偿。

3 – 2. 您是否会主动向顾客道歉? 是否主动承认错误? 是否会积极地进行服务补救?

答：当然会主动道歉；也会承认错误，当然会啊。

3 – 3. 您进行服务补救时，是否会提供物质补偿? 具体金额如何确定? 一般选择什么类型的物质去补偿? 为什么愿意提供该标准的物质补偿? 在什么情况下进行物质补偿效果较好? 提供服务补救是否会增加您的经营成本？

答：会提供物质补偿，因为这个比较简单快速，也很直接，具体金额就是算一下一箱多少个，然后求出单果价格，坏几个就乘以几，通常就加微信发红包。这样其实他还能看见我的朋友圈，有时候有折扣或者大促他们也能看见，还能当作是打广告了。只要顾客联系我了，说需要补偿，并拍了照片，我们证实了，就会立刻加微信，然后进行补偿。服务补救当然会增加经营成本，但是会少很多差评，这个还是很重要的。

4. 发生服务失败后，顾客一般通过什么方式联系您？对于顾客的投诉抱怨，您一般多久进行回应？为什么？

答：通常是通过淘宝客服联系我们，也有过打电话，但是非常少，还有就是直接给差评我们主动联系他们的。我们通常都是及时回复，因为我们这边有轮流值班的工作人员，所以回复还是很及时的。因为我怕太久不回复，顾客会觉得我们效率低，然后很生气，那解决起来就比较麻烦了。

5. 您认为服务补救成功的标准是什么？是顾客满意？好评？重复购买？或是其他？

答：成功的标准当然是顾客满意，只要顾客满意，我们就成功了。

5－1. 您所提供的服务补救效果如何？您认为消费者是否对您的服务补救满意？消费者是否还继续在您的网店购物？

答：效果还是蛮好的，因为他们通常都会理解，也不会给差评，有的还主动追加好评；我觉得如果追加好评应该就算是很满意的吧。当然，有一些人觉得我家水果好吃，就会再来。

5－2. 经历过服务补救之后，消费者是否会比之前更加满意？原因是什么？

答：有一些人是这样的，我不知道他是不是更满意，但是他以后经常在我家买水果。

5－3. 服务补救是否会影响消费者给店铺好评或差评？影响程度如何？

答：肯定会有影响，这个影响程度还是挺大的，我们卖水果的，跟卖衣服鞋子的不一样，这种情况比较常见，而且别人在挑选时，也会经常看好评和差评。

5－4. 您是否积极以服务补救为契机，改善服务质量？为什么？

答：会，因为每一次问题的发生都说明有一些地方我们需要改进，而且我们是做长期生意的，也不是做一次两次，所以我们都会积极补救，让顾客满意。

6. 您认为影响服务补救成功的关键因素是什么?

答:关键因素,最重要的是让顾客满意,就是我们要尽力解决顾客的问题,当然,态度也要好,要诚恳。

7. 请您各举一个发生在您的网店中的服务补救成功和服务补救失败的案例。

答:成功的案例有很多,只要是后来继续在我家买的,那应该就是成功了。失败的案例也有,也有些人就是不理解,觉得不满意,就是要给你差评。遇到这种的,我们也没有办法。比如之前有个顾客,收到货之后觉得果子太小了,但这个东西也没办法,果子大小我也控制不了,而且都是正常果子,可能他的标准比较高,但我们这边已经达到我们承诺的标准了,在我们的宣传广告上也有单果净重,但他就是不听你解释,也不愿意接受补偿。

8. 您在进行网购服务补救时,最苦恼的是什么? 您在进行服务补救会遭遇哪些问题? 您是如何解决的?

答:最苦恼的就是遇上那种不讲道理的,他根本不听你解释,就觉得自己被骗了,就非要给差评。我们当然会主动联系道歉,也提出退款或者是给点钱。但是他如果就是不愿意,我们也没辙,但好在这都是极个别,我卖了 5 年也才遇到两三个。

9. 您认为处理网店的服务补救与实体商店的服务补救有哪些明显的区别?

答:网店的话只能通过视频和图片来形容产品,有些跟客户想象的不太一样,我们只能尽量去表达产品的真实性,比如重量、甜度、包装等,尽可能描述得具体点。但是实体店通常都是自己去选,应该退货的不多。我也没做过,也不是很清楚。

年龄:27　性别:男　从事网络零售业的经验:5 年

月销售额:30 万　职位:店主

访谈编号:M015　　访谈日期:2019. 4. 20

1. 您好,能问您几个关于网络零售然后补救的案例吗? 补救的情况调查吗? 请问您在网上主要销售的商品是什么?

答:主要销售的是 JK 制服。

2. 您在网络零售过程中发生过哪些服务失败? 如果有的话造成服务失败的原因是什么? 然后这个问题是经常发生,还是偶尔发生?

答:这个问题肯定是存在的。我们这边最常见的问题是商品的发放会有延迟。因为我们是先预售定金，然后补尾款以后才能发货。有时候和厂商没有进行沟通好的话，就不能按时制作完成。这个问题会偶尔发生。

3. 您有哪些常用的有效的服务补救措施？然后又如何运用这些措施？是否会针对不同的顾客使用不同的措施？

答：我们在销售网页、微博和 QQ 群会分别进行通知。如果延期的时间比较长，会赠送一些小礼物，比如蝴蝶结和领带。

4. 发生服务失败后，是如何安抚顾客不满的情绪？进行服务补救时是否会提供物质补偿，那具体的金额是如何确定的呢？一般会选择什么类型的物质去补偿，或者为什么提供该标准的物质补偿？而且您认为在什么情况下进行物质补偿比较好？这个物质补偿是否会增加您的运营成本？

答：这个补助很少增加我们的运营成本。因为它的价格并不是很高，一般在 10~20 元，而且它可以和制服配套穿搭，所以我们觉得赠送小礼物是比较合适的选择。

5. 发生服务失败后，对于顾客的抱怨投诉一般多久进行回应？

答：我们一般马上进行回应。

6. 您认为服务补救成功的标准是什么？

答：顾客对这次服务补救感觉很满意。

7. 您所提供的服务补救效果如何？消费者对于您的服务是否满意呢？

答：服务效果还是很不错的，如果顾客不赶时间，那么大家基本上都可以理解，如果赶时间可以选择退款，然后选择其他的店铺。

8. 服务补救之后，消费者还会在您的网店继续进行购物吗？

答：会。

9. 经过服务补救之后，消费者是否会比之前更加满意？是普遍会发生这样的吗？

答：这类问题并不经常发生。在我们补救以后，他们对我们是一种满意的态度，和之前是比较接近的状态。

10. 服务补救是否会影响消费者给店铺的好评或者差评，然后又会造成什么样的影响呢？

答：对于少部分顾客会给中、差评的情况，我们尽量和顾客沟通，尽力解决他们的问题。如果无法沟通的话，我们在评论区进行解释，再次试图沟通。如果顾客还是不能理解的话，就没有其他的方法了。

11. 您认为影响服务补救成功的关键因素是什么呢？

答：关键因素是我们能否满足顾客的需求。如果我们能够满足他的需求的话，他对此次的补救就会比较满意。

12. 您能举一个在您网店中的服务补救成功或者服务补救失败的案例吗？

答：补救失败的案例是顾客买衣服当时是为了要参加活动，但是因为延期发货，所以衣服没有按时到，最后顾客愿意把衣服留下来，但是因为延期发货，所以还是给了中评。

13. 您在进行网购服务补救时最苦恼的是什么？会遭遇哪些问题？怎么解决它们呢？

答：最苦恼的是少数顾客会没有理由地打差评，在我们和他进行沟通以后，他仍然无法给出具体的原因。这种情况我们只能说明情况。就是在评论区内说明情况，尽量不要影响到其他顾客的购买。

14. 您认为处理网店的服务补救与实体商店的服务补救有哪些明显的区别？

答：在实体店可以直接接触到商品，能够非常直观地看出一个东西质量的好坏，但是网店只能够通过评价来进行区分。即使产品质量比较好，有些顾客看到中差评，他们的购买欲也会受到影响，这个我们就没有办法挽回。

年龄：21 岁　性别：女　从事网络零售业的经验：2 年

月销售额：1 万 ~ 2 万元　在网店的职位：客服

访谈编号：M016　　访谈日期：2019.4.20

1. 您好，能问您一下在网络零售中遇到的服务补救情况的问题吗？请问您在网上主要销售的产品是什么？

答：我们店里主要卖花。

2. 您在销售过程中有发生过哪些服务失败？造成的服务失败的原因是什么？这些问题是经常发生还是偶然发生？

答：在销售过程中会发生各种各样的问题。就好比说我们有些时候商品的配送会延迟，包装会有破损。因为快递的原因，所以我们会和买家做好解释沟通，然后联系快递公司处理。这些其实都是偶然发生，大部分都是正常运行的。

3. 发生服务失败之后，您有哪些常用的有效的补救措施？又是如何使用这些措施的？您针对不同的人会选择不同的补救措施吗？

答：补救措施的话，一般都是先耐心听买家反映商品有哪些问题，然后和买家解释。如果商品有破损的话，基本上会根据破损情况，进行相应的赔偿退款或退货、补发等。

4. 具体金额是如何确定的？在什么情况下进行物质补偿的效果较好？提供服务补救是否会增加您的运营成本？

答：确实会增加一些运营成本，但是这些情况相对来说发生的概率都比较低，所以我们基本上会根据它的破损情况来进行赔偿。如果破损严重的话，我们也会直接重发新的商品过去。

5. 发生服务失败后，对于顾客的投诉抱怨，您一般多久进行回应？

答：我们一般是马上回应。

6. 您认为服务补救成功的标准是什么呢？

答：补救成功的标准就是客户满意，就是客户如果对你的补救表示满意的话，就说明它还是成功的。

7. 您所提供的服务补救的效果如何？消费者对您的服务补救还满意吗？

答：基本上是满意的。

8. 他们还会在您的网店继续进行购物吗？

答：如果有需要的话，有的消费者认为自己熟悉的店铺更适合他们。

9. 经过服务补救之后，消费者是否会比之前更加满意？

答：如果补救让消费者满意的话，确实会比之前更加满意。

10. 服务补救是否会影响消费者给店铺好评或者差评，会造成什么样的影响？

答：这个肯定是会有影响的，但是也分情况，如果消费者感到他对补救非常满意，他一般不会给店铺非常差的评价，因为他感到自己被重视，损失也被弥补了。

11. 您认为影响服务补救的成功的关键因素是什么呢？

答：我们对消费者的态度。

12. 您能举一个在您网店中发生的服务补救成功或者服务补救失败的案例吗？

答：服务补救成功的案例就是消费者收到破损的货物之后，我们会联系快递要求把包裹再寄回来，我们再给消费者重新发一个新包裹。即使只有一些轻微的破损，我们也会与买家商量退回，当然也有部分买家觉得这是浪费时间，也不愿意麻烦。

13. 您在进行网购服务补救时，最苦恼的是什么？会遭遇哪些问题？又是如何解决的呢？

答：关于苦恼的话，我们主要是觉得有一些消费者对我们卖家没有耐心，就是没有办法跟他进行沟通。即使我们尽量耐心地沟通，也实在没有办法沟通。这个时候我们基本上就选择放弃，然后尊重他。

14. 您认为服务处理网店的服务补救与实体店商店的服务补救有哪些明显的区别吗？

答：我觉得没有特别大的区别。

年龄：20 岁　性别：女　从事网络零售业的经验：1 年

月销售额：3.2 万 ~ 7 万元　在网店的职位：客服

访谈编号：M017　访谈日期：2019.4.20

1. 您好，能问您几个关于网络零售中遇到的服务补救情况的问题吗？（好呀）请问您在网上主要销售的产品是什么？

答：自拍杆之类的。

2. 您在网络零售过程中发生过哪些服务失败吗？

答：当然有。货物包装破损，还有其他的。

3. 那造成服务失败的原因是什么？这些问题是偶然发生还是经常发生？

答：大多是由于快递的问题，我们包装疏忽也偶尔可能发生，但主要还是运输途中有意外发生。

4. 您有哪些常用的有效的补救措施？您又是如何运行这些措施的？是不是会对不同的顾客选择不同的测试？

答：主要措施就是给顾客补发，或者给他现金赔偿。

5. 发生服务失败后，您会如何安抚顾客的不满？

答：用特别好的态度去安抚他。

6. 您进行服务补救时是否会提供物质补偿，具体金额如何确定？一般选择什么类型的物质补偿？为什么愿意提供该标准的物质补偿？在什么情况下进行物质补偿效果会更好？提供服务补救，是否会增加您的运营成本？

答：如果产品质量出现问题，一定会给他一定的物质补偿。根据所购买的产品价格进行相应的赔偿。这样的话，顾客一般就会给好评，不会给差评了。

7. 那对于服务失败后对于顾客的投诉抱怨，您一般多久进行回应？

答：看到了就回。（为什么？是担心差评吗？）当然有这个原因，毕竟都不想要差评。

8. 您认为服务补救成功的标准是什么？

答：让顾客满意。（让顾客满意。为什么？是因为他们满意之后）会给我好评。

9. 您所提供的服务补救效果如何？您认为消费者对您的服务补救是否满意？消费者是否还愿意在你的网店进行购物？

答：一般都会比较满意，也会再次购买或者推荐给朋友什么的。

10. 经过服务补救之后，消费者是否会比之前更满意？

答：我觉得相对来说会有的。

11. 服务补救是否会影响消费者给店铺好评或差评？会造成怎样的影响？

答：这个当然会有影响，具体影响就是如果你的货到他那里坏了的话，他肯定不会给你好评，如果你及时进行补救的话，就会有好评的。

12. 您认为影响服务补救成功的关键因素是什么？

答：关键因素当然是态度好、服务要到位。

13. 您能举一个在您网店中发生的补救成功的案例和补救失败的案例吗？

答：成功的案例有很多，有一次我们顾客收到的自拍杆是断的，我们就给他重新补发了一款新的，顾客就给了好评。失败的案例暂时还没有。

14. 您在进行网购服务补救时最苦恼的是什么？

答：就是一点的小瑕疵，顾客都会来找你理论，会有一点烦。

15. 那您是如何解决的？

答：看情况吧，有的情况真的是我们自己的问题，就会给他进行补救。不是我们的问题，就可能不理他了。

16. 您认为处理网店服务补救与实体商店的服务补救有哪些明显的区别？

答：我觉得没有什么太大的区别。

年龄：22 岁　性别：女　从事网络零售业的经验：1 年

月销售额：2.4 万~5.4 万元　在网店的职位：客服

访谈编号：M018　　访谈日期：2019.4.18

1. 请问您在网上主要销售的商品是什么？

答：化妆品之类的东西。

2. 您在网络零售过程中发生过哪些服务失败（例如商品配送延迟、货物包装破损、实际物品与订货有差异等）？造成服务失败的原因是什么？该问题是偶然发生还是经常发生？

答：因为化妆品是从海外带过来，所以经常会出现物流方面的问题。不会经常发生，因为快递不会出现什么问题。

3. 您有哪些常用的、有效的服务补救措施？如何运用这些措施？是否会针对不同的顾客选择不同的措施？

答：主动联系买家，先和他说一下，说可能这个货会延迟一些，跟顾客好好解释一下原因。会针对不同的顾客选择不同的措施。

3-1. 发生服务失败后，您如何安抚顾客的不满情绪？

答：首先会跟顾客解释一下，从海外进来的货有的肯定会有运送方面的失误，如果顾客还是不满意的话，我们会进行退款处理，一般顾客也不会那么斤斤计较。

3-2. 您进行服务补救时，是否会提供物质补偿？具体金额如何确定？一般选择什么类型的物质去补偿？为什么愿意提供该标准的物质补偿？在什么情况下进行物质补偿效果较好？提供服务补救是否会增加您的经营成本？

答：一般还是看顾客，如果顾客觉得不满意，比如有的顾客觉得等的时间太长，有的硬要退款的话，我们就退款。有的顾客觉得也没什么关系，我们就会给他一些补偿，或者送顾客一套化妆品的小样。也有金钱补偿。

因为本身就是我们物流方面出现的问题，所以我觉得给顾客一些补偿也是有必要的，这是我们应该做到的事情。

这当然会增加经营成本，但是毕竟顾客是上帝，还是要以顾客的需求为标准。

4. 发生服务失败后，对于顾客的投诉抱怨，您一般多久进行回应？为什么？

答：一般都是立刻回应，但是有的时候要和物流那方面进行确定，所以可能等的时间要长一点，但是正常会立刻回应他，因为顾客的问题也是我们的问题。

5. 您认为服务补救成功的标准是什么（是顾客满意/好评/重复购买/或是其他）？为什么？

答：顾客满意，顾客满意才是我们卖东西的关键，只要他满意，我们什么都好讲。

5-1. 您所提供的服务补救效果如何？您认为消费者是否对您的服务补救满意？消费者是否还继续在您的网店购物？

答：正常还好，一般我们的补救措施顾客还是比较满意的，很多消费者还继续在网店购物。

5-2. 经历过服务补救之后，消费者是否会比之前更加满意？原因是什么？

答：是，消费者更加满意了。正常都是这样的。

5－3. 服务补救是否会影响消费者给店铺好评或差评？会造成怎样的影响？

答：一般如果补救及时的话，顾客都会给我们好评，虽然有一些失败，但人家还是会比较满意的。

6. 您认为影响服务补救成功的关键因素是什么？

答：店家的态度，因为首先如果你态度不好的话，人家肯定会对你不满意。

第一你需要端正态度，然后主动承认自己的问题。

7. 请您各举一个发生在您的网店中的服务补救成功和服务补救失败的案例。

答：（成功的案例）有个顾客在我这里买化妆品，那个化妆品从海外运过来要很长时间，然后顾客就问我，为什么一直都没到货，延误了很长时间，然后我就解释过海关会比较慢，然后顾客问我怎样给他解决这个问题，我说给他补贴一些小样，当作补偿，顾客就觉得还可以，因为他也不是很急，之后货到了他也给了我好评。

（失败的案例）有的顾客有点故意刁难，也是因为物流方面的问题，他觉得太慢了，然后他就不想要了，找我退款，我就给他解释，但他就是说不想要。一般遇到这样的顾客我也没有任何办法。

8. 您在进行网购服务补救时，最苦恼的是什么？您在进行服务补救会遭遇哪些问题？您是如何解决的？

答：主要怕自己的顾客不满意，不久之后他还会给我一些差评，但是正常遇到的也比较少。遇到故意刁难的顾客，正常来说我会给他细心解决问题，毕竟是自己方面出现的问题，但是还得看顾客，因为顾客就是不想要了，那就没有办法，我能做的只有退款了。对我们不满意的顾客，我们一般会进行金钱方面的补偿，或者物品方面的补偿。

9. 您认为处理网店的服务补救与实体商店的服务补救有哪些明显的区别？

答：网店的服务补救会更及时一点，网店也可以进行很多方面的补救，网店不仅能退钱，还能换货，而且店家还能及时回复你，大部分店家在这方面做得还是不错的。而实体店的话，正常只能换货。

年龄：23 岁　性别：男　从事网络零售业的经验：3 年

月销售额：2 万元　在网店的职位：店主

访谈编号：M019　　访谈日期：2019. 4. 17

1. 请问您在网上主要销售的商品是什么？

答：生鲜水果。

2. 您在网络零售过程中发生过哪些服务失败（例如商品配送延迟、货物包装破损、实际物品与订货有差异等）？造成服务失败的原因是什么？该问题是偶然发生还是经常发生？

答：电商最主要是在配送这一环节，我国最大的电商淘宝网的配送是外包的，京东网是自建的配送平台，我们也想建立自己的配送平台。在配送的过程中，我们的配送人员也会发生一些失误。比如路上电瓶车没电了，发生了一些延迟。水果比较精贵，在路上遇到一些磕碰也会造成一些腐烂。主要是人为因素，如果多注意一点可能会好一点，还有配送人员的态度，因为我们的工作人员没办法直接接触到客户，所以配送人员的态度可能会对消费者造成很大的影响。

在创业初期这些问题偶尔还会发生，但是后期就很少了，因为我们会对这些问题做出对策。

3. 您有哪些常用的、有效的服务补救措施？如何运用这些措施？是否会针对不同的顾客选择不同的措施？

答：在当代互联网的电商中，比如美团、拼多多、淘宝等初期都是利用价格战，还有补贴红包，所以这些补救对顾客来说都是习以为常和认为理所应当的，所以我们在遇到这些服务失败时，我们给的优惠力度也比较大。会采用免单，或者赔偿2倍来留住自己的客户，因为创业初期实在是没办法，为了留住顾客。

会针对不同的顾客采取不同的措施。根据人的性格，比如有的顾客态度好一点，补偿就会少一点，有的顾客态度凶一点，补偿就会大一点。

3－1. 发生服务失败后，您如何安抚顾客的不满情绪？

答：线上与客户直接交流，线下我在直接配送的时候也遇到了这种情况。在配送一单水果的时候，人家会把上一单水果的质量拿来质问你。遇到这种情况会很尴尬。我们只能不断地道歉，之后再提出其他的补偿，比如给他奖励一个红包补贴。

3－2. 您进行服务补救时，是否会提供物质补偿？具体金额如何确定？一般选择什么类型的物质去补偿？为什么愿意提供该标准的物质补偿？在什么情况下进行物质补偿效果较好？提供服务补救是否会增加您的经营成本？

答：会，拿红包补贴是当代互联网一个惯用的手法，如果直接用现金，消费者可能没有什么感觉，你用红包的话，这个红包是和我们的产品挂钩的，你只能用这个红包去买我们的产品，而不能提现。所以还是能带动我们产品的销量。在创业初期我们的物质补偿比较多，到后期会拿出实际的行动，让顾客感觉到我们的亲和力。服务补救会增加经营成本。

4. 发生服务失败后，对于顾客的投诉抱怨，您一般多久进行回应？为什么？

答：只要他在线上与我们的客服沟通了，客服看到了就会立刻回应。

5. 您认为服务补救成功的标准是什么（是顾客满意/好评/重复购买/或是其他）？为什么？

答：客户的再次购买。我们一定要留住新客户，转化成老客户。比如一盒水果价值 20 元烂了，你给这个客户 100 元的补偿，他下次不一定会再来，所以这个补偿没有太大意义。

5-1. 您所提供的服务补救效果如何？您认为消费者是否对您的服务补救满意？消费者是否还继续在您的网店购物？

答：因人而异。当时我们在做线上销售的时候有一个顾客群，最怕一些客户在群里对你提出一些质疑、谩骂。会让其他的客户看到，对我们产生不好的印象。

5-2. 经历过服务补救之后，消费者是否会比之前更加满意？原因是什么？

答：当然。会有一些顾客来我们店里讲，买了水果回家打开后发现不甜，他们会问我们这个水果新鲜度怎么样，甜度怎么样，我们只会和他说不甜包退包换。其实老顾客也都知道，不管买什么东西也不问也不查，只要买回去发现不对，他都知道在我们店里可以退换，这使我们的品牌形象在消费者心里提升。

5-3. 服务补救是否会影响消费者给店铺好评或差评？会造成怎样的影响？

答：当然。会，比如我们给购买 20 元水果的顾客补偿 100 元，顾客随手给了好评，但这并不是我们想要的实际效果，如果他内心还是抵触你的话，到最后还是会和别人谈论你这个店如何不好。

6. 您认为影响服务补救成功的关键因素是什么？

答：①与客户直接对接的客服的态度，一定要倾听客户，不能做出歪曲的解释。

②服务补救力度，关键还是你的补偿力度够不够。

7. 请您各举一个发生在您的网店中的服务补救成功和服务补救失败的案例。

答：当时在海关那里滞留了一批猕猴桃，之后我们老总知道了这个消息后，就去海关那里低价购买了这批猕猴桃，我们就准备以这批猕猴桃做活动，做了一个打折力度特别大的活动来吸引下单量。之后猕猴桃被抢购一空，但是立马就有顾客发来投诉，说打开猕猴桃都是坏的，老板也很苦恼，进行了补救。每个猕猴桃的成本不足一块钱，补救的时候拿进价6块的新西兰金果去补救，亏损特别大。但是因为猕猴桃的销售量特别大，覆盖范围比较广，所以必须用这么大的力度补救。最后没有多少顾客不满意了，因为我们的补救力度比较大。

8. 您在进行网购服务补救时，最苦恼的是什么？您在进行服务补救会遭遇哪些问题？您是如何解决的？

答：最苦恼的事情是不能用钱解决的事情，我们做的是社群营销，以每个社区为单位，每个社区都有群，如果他对我们不满意的话，都会在群里提出疑问，然后会对其他的顾客产生影响。

有一个顾客买了凤梨，切开之后，发现变质了。当时就给他免单了，但是该顾客也说以后不会再在我们家买凤梨了，这个后果是特别不好的。

9. 您认为处理网店的服务补救与实体商店的服务补救有哪些明显的区别？

答：（1）网店里最重要的是评价，后面购物的顾客都能看得到，影响力度特别大；实体店的补救力度相对小一点，如果顾客不满意，对后面顾客的影响小一点。

（2）现在的电商都以顾客为上帝，顾客会把你和拼多多、淘宝等的客服进行比较，他们的客服都是做得非常好的，如果进行横向比较的话，不能说平级，也不能差太多。

年龄：22岁　性别：男　从事网络零售业的经验：2年

月销售额：5万元　在网店的职位：客服人员

访谈编号：M020　访谈日期：2019.4.17

1. 请问您在网上主要销售的商品是什么？

答：童装。

2. 您在网络零售过程中发生过哪些服务失败（例如商品配送延迟、货物包装破损、实际物品与订货有差异等）？造成服务失败的原因是什么？该问题是偶然发生还是经常发生？

答：快递的包装破损还有衣服的质量本身的问题。这些问题都是偶然发生。

3. 您有哪些常用的、有效的服务补救措施？如何运用这些措施？是否会针对不同的顾客选择不同的措施？

答：衣服破损了会给人家调换，如果是小问题不是衣服质量的问题会给客户一些小额的补偿。

3-1. 发生服务失败后，您如何安抚顾客的不满情绪？

答：先是认真看顾客反映的问题，如果真的是我们的错误，就和顾客道歉，满足顾客的需求。

3-2. 您进行服务补救时，是否会提供物质补偿？具体金额如何确定？一般选择什么类型的物质去补偿？为什么愿意提供该标准的物质补偿？在什么情况下进行物质补偿效果较好？提供服务补救是否会增加您的经营成本？

答：会，根据问题的大小进行金钱补偿。金钱补偿比较方便，而且会满足大多数人的需求。

通常是顾客主动提出需要物质补偿，我们再进行物质补偿，效果会比较好。一般只是小额支出，不会增加经营成本。

4. 发生服务失败后，对于顾客的投诉抱怨，您一般多久进行回应？为什么？

答：如果发现了就会立刻回应，比如在电脑旁边坐着，看见了就会回应。

5. 您认为服务补救成功的标准是什么（是顾客满意/好评/重复购买/或是其他）？为什么？

答：让原本不满意的顾客感觉满意。

5-1. 您所提供的服务补救效果如何？您认为消费者是否对您的服务补救满意？消费者是否还继续在您的网店购物？

答：大部分都挺好的，也不排除少部分再怎么补救对方也是不满意的，还是要给你退货还是要给你差评。

5-2. 经历过服务补救之后，消费者是否会比之前更加满意？原因是什么？

答：不清楚。

5 - 3. 服务补救是否会影响消费者给店铺好评或差评？会造成怎样的影响？

答：会，有些顾客满意了就会给好评，但是有些顾客就是不满意，会给差评。

6. 您认为影响服务补救成功的关键因素是什么？

答：商家的服务态度，还有金钱补偿。

7. 请您各举一个发生在您的网店中的服务补救成功和服务补救失败的案例。

答：（服务补救成功）比如之前卖套装客人不满意，说大小码不正，让他寄回来，重新给他发了货，而且是包邮的。

（服务补救失败）比如有一次有件衣服有个地方跑线了，顾客投诉说质量有问题，我觉得这只是一些小问题，给他一点小额度的补偿，然后他不满意。我就说让他把货寄回来，我再给他发一件，但他说耽误他时间了。

8. 您在进行网购服务补救时，最苦恼的是什么？您在进行服务补救会遭遇哪些问题？您是如何解决的？

答：担心顾客不满意或遇到顾客要更多补偿的金钱。如果顾客要求合理就会满足他，如果他的要求不合理，我们商家就会随他去，也没办法。

9. 您认为处理网店的服务补救与实体商店的服务补救有哪些明显的区别？

答：实体店一般只会给顾客换货，不会给顾客退款。但是网店的服务补救就会给顾客退款。

年龄：23 岁　性别：男　从事网络零售业的经验：2 年

月销售额：1 万元　在网店的职位：店主

访谈编号：M021　　访谈日期：2019. 4. 29

1. 请问您在网上主要销售的商品是什么？

答：在网上主要销售的是女士皮包。

2. 您在网络零售过程中发生过哪些服务失败（例如商品配送延迟、货物包装破损、实际物品与订货有差异等）？造成服务失败的原因是什么？该问题是偶然发生还是经常发生？

答：在销售过程中发生了一些服务失败。问题大多数都出在物流上，其实仓库很早就已经发货了，大家买东西一般都是 3 ~ 4 天才到，偏远地区也差不多。但是如果物流有延迟，延迟个 2 天的话，有些顾客就受不了了，会比较生气，想要退货。这不经常发生，主要在我们做活动的时候会出现。做活动打折，订单量会比较大，尽管仓库物流不会漏发，但是不同快递分拣会有漏发。

3. 您有哪些常用的、有效的服务补救措施？如何运用这些措施？是否会针对不同的顾客选择不同的措施？

答：这个问题主要是物流，所以只能是等待了，如果对方不是很介意的话，那还好。比如，前几天就有一个顾客买了一个包，当时她就问我这个快递怎么还没到，她五一放假出去要用这个包，但是物流突然表示到不了了，我们只能让她等待了。

3－1. 发生服务失败后，您如何安抚顾客的不满情绪？

答：这个是的，一般都会安抚顾客的不满情绪。

3－2. 您进行服务补救时，是否会提供物质补偿？具体金额如何确定？一般选择什么类型的物质去补偿？为什么愿意提供该标准的物质补偿？在什么情况下进行物质补偿效果较好？提供服务补救是否会增加您的经营成本？

答：物质性的补偿一般很少，像这些物流问题一般都是发生在商品活动期间，商品价格就已经很便宜了，如果我们再进行一些物质补偿的话可能就会增加我们的经营成本了。

4. 发生服务失败后，对于顾客的投诉抱怨，您一般多久进行回应？为什么？

答：一般都是客户收到货物后发现有问题来找我，我都会马上进行回应，但是顾客投诉物流的话，我们就没办法了。有一次，当时仓库出库量太大，我们给一个买家发错了一个包的颜色，最后通过协商对他进行了换货处理，邮费由我们承担。

5. 您认为服务补救成功的标准是什么（是顾客满意/好评/重复购买/或是其他）？为什么？

答：只要顾客满意了，一切都好说。

5－1. 您所提供的服务补救效果如何？您认为消费者是否对您的服务补救满意？消费者是否还继续在您的网店购物？

答：其实我觉得，只要服务态度比较好就行了，要从顾客开始询问商品的时候就要保持一个良好的服务态度，这样就算后期发生了一些意外情况，别人也是可以理解的。要是一开始态度不怎样，到后期商品出问题，买家是很容易退货、投诉。

他们会选择继续购物，因为我们态度很好，而且产品质量不错，活动也比较多。

5-2. 经历过服务补救之后，消费者是否会比之前更加满意？原因是什么？

答：反正不会比之前差，但不能保证会比之前更加满意，毕竟还有一个物流时间成本在里面。

5-3. 服务补救是否会影响消费者给店铺好评或差评？会造成怎样的影响？

答：会影响。

6. 您认为影响服务补救成功的关键因素是什么？

答：服务态度很重要，要紧跟物流，要时刻与物流能联系上。如果是我们的责任，那我们该怎么补偿就怎么补偿。但是物流是第三方，所以我们能做到的就是尽力与物流方进行沟通。

7. 请您各举一个发生在您的网店中的服务补救成功和服务补救失败的案例。

答：补救失败还没有。成功的话，基本上都是靠态度来化解的，还没有发生过退货现象。可能是我做的时间不长，才一个季度。

8. 您在进行网购服务补救时，最苦恼的是什么？您在进行服务补救会遭遇哪些问题？您是如何解决的？

答：苦恼就是别人问我物流怎么查不到，结果我自己也查不到，仓库也查不到，就比较麻烦。因为物流中间要经手好多中转站，查不到，顾客又特别急，实在是没办法。所以只能用好的态度去安抚顾客，并向顾客提供我们的出货单，向他们证实我们确实发货了。

9. 您认为处理网店的服务补救与实体商店的服务补救有哪些明显的区别？

答：网络购物的话像发错货、退换货这个主要体现在物流上，实体店的话，可以马上回来退换，没有时间成本。

年龄：26 岁　性别：女　从事网络零售业的经验：3~4 年

月销售额：10 万元　在网店的职位：店主

访谈编号：M022　　访谈日期：2019.4.20

1. 请问您在网上主要销售的商品是什么？

答：在网上主要销售保温杯和卫生用品。

2. 您在网络零售过程中发生过哪些服务失败（例如商品配送延迟、货物包装破损、实际物品与订货有差异等）？造成服务失败的原因是什么？该问题是偶然发生还是经常发生？

答：在销售过程中有发错货和发漏件了，发生这种问题的原因主要是仓库比较忙、比较乱，才导致出错。这种服务失败偶然会发生。

3. 您有哪些常用的、有效的服务补救措施？如何运用这些措施？是否会针对不同的顾客选择不同的措施？

答：如果是发错货，我们会及时和买家沟通，将发错的货再返回厂家，运费由我们卖家出，我们再给买家补发一个，或者如果买家要求退款，我们也会把款项进行退还。

3-1. 发生服务失败后，您如何安抚顾客的不满情绪？

答：是的，一般都会安抚顾客的不满情绪，因为一般都是老顾客。

3-2. 您进行服务补救时，是否会提供物质补偿？具体金额如何确定？一般选择什么类型的物质去补偿？为什么愿意提供该标准的物质补偿？在什么情况下进行物质补偿效果较好？提供服务补救是否会增加您的经营成本？

答：会提供一定的物质补偿，向顾客发个小红包，一般金额在 1.68元、5.20 元这种比较吉利的数字。一般都是选择发这种小红包去安慰顾客。之所以选择这种方式进行补偿主要是现在的人会觉得能够小赚一点，占一点小便宜，心情就会好点。这种服务补救不会增加经营成本，因为一般货物卖出去后，是有一定的利润空间，这在我们可以接受的范围之内。

4. 发生服务失败后，对于顾客的投诉抱怨，您一般多久进行回应？为什么？

答：一般都是客户收到货物后发现有问题来找我，我都会及时进行回应，也不会和顾客拖时间。

5. 您认为服务补救成功的标准是什么（是顾客满意/好评/重复购买/或是其他）？为什么？

答：还是希望能够重复购买，因为回头客的生意还是比较多的，他们的重复购买就是对我们卖家的一个认可度，做生意需要一个诚信原则，这样也可以赢得更多的回头客。

5-1. 您所提供的服务补救效果如何？您认为消费者是否对您的服务补救满意？消费者是否还继续在您的网店购物？

答：效果应该是不错的，都能够接受。遇到一些难缠的、不讲理的顾客我会选择给他们退货，也不会再和他们说太多。一般都比较满意，很少遇到难缠的客户，他们也会在我这继续购物。

5-2. 经历过服务补救之后，消费者是否会比之前更加满意？原因是什么？

答：那当然更加满意，因为有的本身也没什么大问题，而且我们还给顾客发了一些小红包。

5-3. 服务补救是否会影响消费者给店铺好评或差评？会造成怎样的影响？

答：应该没什么大问题，因为该解决的问题也解决了，而且也发了红包给予一定的安抚，应该没什么大影响了，顾客基本上都会给好评。

6. 您认为影响服务补救成功的关键因素是什么？

答：要及时处理问题，因为顾客当时的心理是十分焦虑的，而且他向你反映问题，你要是还不搭理他，那顾客就会逐渐产生愤怒的情绪。

7. 请您各举一个发生在您的网店中的服务补救成功和服务补救失败的案例。

答：有一个新疆的顾客，新疆的邮费是比较贵的。当时给他发货的时候，漏发了一个杯套，但是顾客自己也知道运费比较贵，就和我联系说暂时不用补发过来，等下次购买的时候再发。顾客这样做，挺暖心的。

8. 您在进行网购服务补救时，最苦恼的是什么？您在进行服务补救会遭遇哪些问题？您是如何解决的？

答：有苦恼的事情发生。之前有遇到一个客户，他要在杯子上刻字，刻完后，他收到货，觉得不满意，其实也没什么大问题。这个客户呢，就是有点喜欢占小便宜。第一次他来买的时候是要给他女儿刻字，当时确实是我们这边的失误，少刻了一个日期，后来我就给他补发了一个红包，然后他就尝到了一点小甜头。第二次他又来买杯子，买的是成人杯子，也是要刻字，然后他又说不满意，不好看，其实本身是没有问题的，刻字的方式也是按照他的要求进行的，后来就又给他补发了一个红包。还有就是第三次，他来买的时候就想让我给他少个几块钱，送个小礼品什么的，因为前几次的事，我也比较熟悉他的心理，就直接送了个小礼品给他，满足他占小便宜的心理，这样他心里也就好受了。

9. 您认为处理网店的服务补救与实体商店的服务补救有哪些明显的区别？

答：反应速度上吧，实体店可以直接去店里，网店还存在一个物流时间，实体店更快点。

年龄：30 岁　性别：女　从事网络零售业的经验：2 年

月销售额：5 万元　在网店的职位：店主

访谈编号：M023　　访谈日期：2019. 5. 5

1. 请问您在网上主要销售的商品是什么？

答：派对用品，价位在 5 元到 180 元不等。

2. 您在网络零售过程中发生过哪种类型的服务失败？造成服务失败的原因是什么？该问题是偶然发生还是经常发生？

答：漏发货。主要是仓库会漏发。经常会发生漏发货的情况。

3. 您有哪些常用的、有效的服务补救措施？如何运用这些措施？是否会针对不同的顾客选择不同的措施？请举例说明。

答：补发货或者退款。主要就是针对客户的不同需求来进行补救，比如需要补发货的客户就补发，需要退款的客户就进行退款。

3-1. 发生服务失败后，您如何安抚顾客的不满情绪？

答：给客户发一张优惠券。

3-2. 您是否会主动向顾客道歉？是否主动承认错误？是否会积极地进行服务补救？

答：经常主动向顾客道歉，主动承认错误，也会积极地进行服务补救。

3-3. 您进行服务补救时，是否会提供物质补偿？具体金额如何确定？一般选择什么类型的物质去补偿？在什么情况下进行物质补偿效果较好？

答：很少情况会提供物质补偿，只有在客户大量购买的情况下才会提供物质补偿，具体金额视购买量而定。一般的话就是优惠券或者直接调价。

4. 发生服务失败后，顾客一般通过什么方式联系您？对于顾客的投诉抱怨，您一般多久进行回应？为什么？

答：旺旺或者站内信，只要看到顾客的信息就会及时回复，不及时回复的话怕会引起顾客更大的不满。

5. 您认为服务补救成功的标准是什么？是顾客满意？好评？重复购买？或是其他？

答：顾客的重复购买。

5-1. 您所提供的服务补救效果如何？您认为消费者是否对您的服务补救满意？消费者是否还继续在您的网店购物？

答：服务补救的效果还不错。消费者都比较满意，有一部分消费者会继续购买，也有一部分不会继续购买。

5-2. 经历过服务补救之后，消费者是否会比之前更加满意？原因是什么？

答：有一部分消费者会比之前更加满意，原因在于店铺的产品和售后服务比较好。

5-3. 服务补救是否会对响消费者给店铺好评或差评？影响程度如何？

答：服务补救会影响消费者给店铺的好评或者差评，影响程度还行。一般的服务补救都比较成功，只有极少数的顾客会不满意，坚持差评。

6. 您认为影响服务补救成功的关键因素是什么？

答：尽量满足顾客的需求。满足顾客需求，顾客就开心，服务补救就比较容易成功。

7. 请您各举一个发生在您的网店中的服务补救成功和服务补救失败的案例。

答：成功案例就是漏发货之后对顾客进行补发货的补偿，顾客将差评改成了好评。

失败案例就是漏发了一部分货物，而顾客对于货物的需求又比较急迫，所以补发货的服务补救不能让顾客感到满意，顾客没有再次购买。

8. 您在进行网购服务补救时，最苦恼的是什么？您在进行服务补救会遭遇哪些问题？您是如何解决的？

答：主要就是漏发货。漏发货后进行补发货比较麻烦。还有就是退款问题。有些顾客的货物是部分漏发。顾客要求全额退款，我们都会全额退款，而发出去的货基本上都是不要了，送给顾客的。解决方法主要还是退款和补发货。

9. 您认为处理网店的服务补救与实体商店的服务补救有哪些明显的区别？

答：线下很方便，面对面交流就能说清楚，而网上的话不能及时回复，一联系就联系好几天，给买家的感觉不是很好。

年龄：20 岁　性别：女　从事网络零售业的经验：1 年　月销售额：2 万元　职位：运营

访谈编号：M024　　访谈日期：2019.5.6

1. 请问您在网上主要销售的商品是什么？

答：日用百货，比如当季热销产品。

2. 您在网络零售过程中发生过哪种类型的服务失败？造成服务失败的原因是什么？该问题是偶然发生还是经常发生？

答：库存量错误。因为网店系统不完善，所以这种问题会偶尔发生。

3. 您有哪些常用的、有效的服务补救措施？如何运用这些措施？是否会针对不同的顾客选择不同的措施？请举例说明。

答：进行现金补偿和货物补偿。

补救措施因人而异，多数采取现金补偿。

会针对不同的顾客选择不同的措施。

3-1. 发生服务失败后，您如何安抚顾客的不满情绪？

答：先道歉，后物质补偿。

3-2. 您是否会主动向顾客道歉？是否主动承认错误？是否会积极地进行服务补救？

答：是，是，是。

3-3. 您进行服务补救时，是否会提供物质补偿？具体金额如何确定？一般选择什么类型的物质去补偿？在什么情况下进行物质补偿效果较好？

答：百分之五十的概率会进行物质补偿。

根据销售物品单价和利润空间来确定赔偿金额。

一般使用现金。

经过沟通后，顾客愿意进行物质补偿的情况下进行物质补偿效果较好。

4. 发生服务失败后，顾客一般通过什么方式联系您？对于顾客的投诉抱怨，您一般多久进行回应？为什么？

答：千牛服务台或者电话；越快越好，看到就回；为了提高服务质量。

5. 您认为服务补救成功的标准是什么？是顾客满意？好评？重复购买？或是其他？

答：好评和满意。

5-1. 您所提供的服务补救效果如何？您认为消费者是否对您的服务补救满意？消费者是否还继续在您的网店购物？

答：大部分都可以，是，是。

5-2. 过服务补救之后，消费者是否会比之前更加满意？原因是什么？

答：否，补救成功会满意，补救不成功不一定满意。

5 - 3. 服务补救是否会对响消费者给店铺好评或差评？影响程度如何？

答：是，很大。

6. 您认为影响服务补救成功的关键因素是什么？

答：针对合适的人采用合适的补救策略，因人而异。

7. 请您各举一个发生在您的网店中的服务补救成功和服务补救失败的案例。

答：成功案例：青岛客户买了蟹八件，结果规格发错了，又重新给他补发，服务补救成功。

失败案例：找茬儿客户，咬定商品是假货，申诉成功，客户败诉。

8. 您在进行网购服务补救时，最苦恼的是什么？您在进行服务补救会遭遇哪些问题？您是如何解决的？

答：遇到淘宝内部人员，故意找茬儿，举报我们卖假货。

我们提供证据进行申诉，运用法律武器维权。

9. 您认为处理网店的服务补救与实体商店的服务补救有哪些明显的区别？

答：网店会有第三方介入。

年龄：21 岁　性别：男　从事网络零售业的经验：1 年

月销售额：2.5 万元　职位：店长

访谈编号：M025　　访谈日期：2019.5.6

1. 请问您在网上主要销售的商品是什么？

答：在网上主要销售的是化妆品。

2. 您在网络零售过程中发生过哪些服务失败（例如商品配送延迟、货物包装破损、实际物品与订货有差异等）？造成服务失败的原因是什么？该问题是偶然发生还是经常发生？

答：出现过服务失败。有一次给一个客户漏发了一个面膜。因为我们主要做的是代购，总代理商会同意配送。当时配送的货物比较多就漏发了，主要就是订单量比较大，从而导致了这些小疏忽。这种问题是偶然的，很少见。

3. 您有哪些常用的、有效的服务补救措施？如何运用这些措施？是否会针对不同的顾客选择不同的措施？

答：对于漏发的话，我们会让仓库那边再重新发一遍，然后和客户沟通。

3－1. 发生服务失败后，您如何安抚顾客的不满情绪？

答：这个是的，一般都会安抚顾客的不满情绪。毕竟客户是上帝，东西晚到了，他们肯定是不开心的。

3－2. 您进行服务补救时，是否会提供物质补偿？具体金额如何确定？一般选择什么类型的物质去补偿？为什么愿意提供该标准的物质补偿？在什么情况下进行物质补偿效果较好？提供服务补救是否会增加您的经营成本？

答：物质性的补偿一般会发些小礼品，比如化妆品的小样，但是没有发过像小红包这样的补偿。之所以选择这种补偿方式主要是因为购买这些化妆品的客户不是很缺钱，如果发些小红包，他们一般都不在意，但是发些小礼品，例如化妆品小样，如果他们喜欢的话，下次还会再次购买。

服务补救一般不会对经营成本有太大的影响。

4. 发生服务失败后，对于顾客的投诉抱怨，您一般多久进行回应？为什么？

答：一般都是客户收到货物后发现有问题来找我，我都会当天进行回应。我们的信息都比较透明。我们会马上和总代理商进行沟通，了解情况，然后马上和客户沟通。

5. 您认为服务补救成功的标准是什么（是顾客满意/好评/重复购买/或是其他）？为什么？

答：继续购买，客户重复购买就说明服务补救比较成功，像好评这种很多都是刷出来的，不能真实反映，但是重复购买就能够真实反映这家店的运营效果。

5－1. 您所提供的服务补救效果如何？您认为消费者是否对您的服务补救满意？消费者是否还继续在您的网店购物？

答：服务补救效果比较好，他们会继续选择在我们店购物。

5－2. 经历过服务补救之后，消费者是否会比之前更加满意？原因是什么？

答：首先我们的产品质量都是非常好的，其次这种情况的发生是很少见的，基本上都可以补救成功，所以顾客会更加满意。

5－3. 服务补救是否会影响消费者给店铺好评或差评？会造成怎样的影响？

答：基本上没有影响，他们还是会选择好评。

6. 您认为影响服务补救成功的关键因素是什么？

答：抓住客户的需求。如果因为货物有问题，顾客表现出不满的情绪，我们会选择给客户发些小样，安抚他们。

7. 请您各举一个发生在您的网店中的服务补救成功和服务补救失败的案例。

答：补救成功的案例，就是上次那个面膜少发了，我们马上联系客服，让那边重新补发了一个，还赠送了几瓶小样，客户对这种处理还是比较满意的。补救失败的案例，有一次，客户直接退款了。主要是物流运送超过一星期还没送到客户手上，客户就有点不开心，最后就退款了。

8. 您在进行网购服务补救时，最苦恼的是什么？您在进行服务补救会遭遇哪些问题？您是如何解决的？

答：苦恼的是客户不能理解我们。他们就希望能够马上收到货物。我们这边不仅要和仓库沟通，还要和物流沟通，还是需要一定时间的。

9. 您认为处理网店的服务补救与实体商店的服务补救有哪些明显的区别？

答：实体店的话，当时就可以拿着小票去实体店补救，可以马上退款，没有时间成本。

网络购物的话，程序就比较复杂，关系到仓库还有物流，周期会比较长。

年龄：23 岁　性别：男　从事网络零售业的经验：1 年
月销售额：1 万元　在网店的职位：店主

访谈编号：M026　访谈日期：2019. 5. 11

1. 请问您在网上主要销售的商品是什么？

答：洗眼液、湿疹膏、护肤品等。

2. 您在网络零售过程中发生过哪种类型的服务失败？造成服务失败的原因是什么？该问题是偶然发生还是经常发生？

答：顾客选错商品套餐，经过沟通后同意更换，但是顾客最后并没有换货。只有这一次错误。

3. 您有哪些常用的、有效的服务补救措施？如何运用这些措施？是否会针对不同的顾客选择不同的措施？

答：一般赠送顾客感兴趣的服务体验项目，根据错误发生的类型、程度和频率确定。主要是针对难讲话的顾客，或者是比较计较的顾客，会核算成本。

3 - 1. 发生服务失败后，您如何安抚顾客的不满情绪？

答：一般没有不满情绪，通常以聊天的方式解释一下。

3-2. 您是否会主动向顾客道歉？是否主动承认错误？是否会积极地进行服务补救？

答：如果有错误，会马上道歉，积极地进行服务补救。

3-3. 您进行服务补救时，是否会提供物质补偿？具体金额如何确定？一般选择什么类型的物质去补偿？为什么愿意提供该标准的物质补偿？在什么情况下进行物质补偿效果较好？提供服务补救是否会增加您的经营成本？

答：会的，一般选择顾客有兴趣，可能会购买的体验项目，根据错误发生的类型、程度和频率确定。服务补救会增加成本，体验项目售价大概100~200元。

4. 发生服务失败后，顾客一般通过什么方式联系您？对于顾客的投诉抱怨，您一般多久进行回应？为什么？

答：主要通过微信联系，我回复大部分是通过微信文字，有凭证。目前没有收到顾客投诉，如果有我会马上回应，不会拖着。

5. 您认为服务补救成功的标准是什么？是顾客满意？好评？重复购买？或是其他？

答：让顾客开心，感觉我用心了，这点很重要，是否购买并不是最重要的。只有顾客开心了，才会购买。

5-1. 您所提供的服务补救效果如何？您认为消费者是否对您的服务补救满意？消费者是否还继续在您的网店购物？

答：服务补救效果挺好的，顾客都挺满意，也会继续购买。

5-2. 经历过服务补救之后，消费者是否会比之前更加满意？原因是什么？

答：接受服务补救后，顾客会感觉不好意思，好像占了便宜，是一个惊喜，超出预期。感觉服务补救后，跟顾客的距离更近了，顾客更爱跟我说一些贴心的话，这种效果很明显。

5-3. 服务补救是否会影响消费者给店铺好评或差评？影响程度如何？

答：是微店，所以没有具体文字评价，但是口碑很好，80%~90%的好评度。我平时有意识地收集顾客的评价，顾客到店里很熟悉，很自在和放松。

5-4. 您是否积极以服务补救为契机，改善服务质量？为什么？

答：会积极补救。

6. 您认为影响服务补救成功的关键因素是什么？

答：顾客一般都是圈内的人，比较好讲话和沟通，宝妈较多。

7. 请您各举一个发生在您的网店中的服务补救成功和服务补救失败的案例。

答：失败案例，顾客想买 20 克的湿疹膏，大容量更优惠，但是这款缺货。顾客就要求买 10 克的也给优惠，可是我做不到，就说要赠送她一次体验，但是最后她没买湿疹膏，也没要赠送。跟这个顾客共同语言不多。

成功案例，有个顾客对我的认可度很高，她在群里非常维护我，我会赠送她项目，她也给我介绍其他顾客。

8. 您在进行网购服务补救时，最苦恼的是什么？您在进行服务补救会遭遇哪些问题？您是如何解决的？

答：做完赠送的项目时，希望对方能买单，但是顾客通常就照收了，没有买单。没有遇到问题，开店时间比较短。就是用心去做，都可以克服。

9. 您认为处理网店的服务补救与实体商店的服务补救有哪些明显的区别？

答：区别不大。

年龄：27 岁   性别：女   从事网络零售业的经验：1 年

月销售额：1 万元   职位：店主

访谈编号：M027   访谈日期：2019.5.15

1. 请问您在网上主要销售的商品是什么？

答：藕粉、奶茶、香飘飘果汁茶，整箱卖 80 ~ 130 元。

2. 您在网络零售过程中发生过哪种类型的服务失败？造成服务失败的原因是什么？该问题是偶然发生还是经常发生？

答：晚上 11 点 ~ 早上 8 点无人工作，有人问询，没有及时补救，会有影响。快递延迟、丢件、没有及时更新物流状况、货物破损或变形。这有快递的原因，也有自身包装质量不够的原因。发生频率在 7% 左右。

3. 您有哪些常用的、有效的服务补救措施？如何运用这些措施？是否会针对不同的顾客选择不同的措施？

答：物质补偿和金钱补偿，可以通过跟快递协商获得赔偿，然后赔给顾客，但周期比较长。如果不严重，就店里自己赔，或者是承诺下次优惠或送礼品，或者补寄商品。采取什么补救措施，根据顾客价值来判断。有价值的顾客，赔偿会多点。也根据服务失败的责任以及顾客是否好讲话，情绪是否很生气，时长等，例如扬言要通过平台投诉，就会尽快处理。

3-1. 发生服务失败后，您如何安抚顾客的不满情绪？

答：晓之以理，动之以情。

3-2. 您是否会主动向顾客道歉？是否主动承认错误？是否会积极地进行服务补救？

答：一开始就道歉，主动承认错误，会积极补救。

3-3. 您进行服务补救时，是否会提供物质补偿？具体金额如何确定？一般选择什么类型的物质去补偿？为什么愿意提供该标准的物质补偿？在什么情况下进行物质补偿效果较好？提供服务补救是否会增加您的经营成本？

答：会进行物质补偿。赠品是搅拌勺、毛巾、纸巾、收纳盒或公司送的东西，或者是搭配线下一些临期的食品。例如顾客在江浙沪一带，快递费比较便宜，就考虑用物质补偿，店里用物质补偿会更划算。例如一条毛巾，店里拿只要 1~2 元，顾客认为超过两杯奶茶。很远的地方就直接补钱。多数顾客物质补偿都行，金钱补偿是万能的。但是奶茶之类的破损了，就很难补偿。物质补偿不行时，就用金钱补偿。

4. 发生服务失败后，顾客一般通过什么方式联系您？对于顾客的投诉抱怨，您一般多久进行回应？为什么？

答：两种方式：电话，快递单上有发件人的电话；或者平台上有客服的联系电话。工作时间都是立刻处理的。

5. 您认为服务补救成功的标准是什么？是顾客满意？好评？重复购买？或是其他？

答：好评和反馈给我们的信息，比如跟客服沟通时的话。

5-1. 您所提供的服务补救效果如何？您认为消费者是否对您的服务补救满意？消费者是否还继续在您的网店购物？

答：效果一般。如果处理得很迅速，一般评价就比较好。如果处理时间长，例如超过三天，可能就会失去这名顾客。

复购率比较低，尤其是液体类的。发生严重的服务失败，复购率很低。那些很喜欢这类商品的顾客，常买的人，复购率比较高。应该是常买的人，遇到的问题多，就能理解了。本店的处理在行业内算不错的。

5-2. 经历过服务补救之后，消费者是否会比之前更加满意？原因是什么？

答：有的。

5-3. 服务补救是否会影响消费者给店铺好评或差评？影响程度如何？

答：一般都是默认评价或者好评，影响不太大。有的顾客遇到问题直接差评，不跟我们沟通。我们也跟他们联系，成功率不高，他们比较注重购物体验，不注重赔偿。

5-4. 您是否积极以服务补救为契机，改善服务质量？为什么？

答：因为竞争激烈，利润空间低，所以不太注重改进服务质量。

6. 您认为影响服务补救成功的关键因素是什么？

答：换位思考，态度和给顾客的物质或金钱补偿。

7. 请您各举一个发生在您的网店中的服务补救成功和服务补救失败的案例。

答：成功案例：某顾客收到的奶茶破损并丢失，顾客拍照并称重，当场跟快递交涉，处理很快，顾客满意。

失败案例：顾客从代收点拿回奶茶时，发现外包装有破损变形，但是在快递单上签字了。签字后，快递就不赔了，顾客认为是店里的责任，说店里服务不到位，影响产品美观。顾客很生气，申请退款退货。

8. 您在进行网购服务补救时，最苦恼的是什么？您在进行服务补救会遭遇哪些问题？您是如何解决的？

答：最苦恼遇到恶意差评或者顾客无法沟通的情况。

有一次产品本身有问题，生产日期没印上，结果双倍赔偿。

9. 您认为处理网店的服务补救与实体商店的服务补救有哪些明显的区别？

答：无法判断从商品寄出后到消费者手中的过程中，什么时候发生的问题。沟通过程中有时候无法联系上顾客，联系不方便。

年龄：22 岁　性别：男　从事网络零售业的经验：1 年

月销售额：60 万元　职位：运营

访谈编号：M028　　访谈日期：2019. 5. 21

1. 请问您在网上主要销售的商品是什么？

答：杂货，如杯子、帽子等。

2. 您在网络零售过程中发生过哪种类型的服务失败？造成服务失败的原因是什么？该问题是偶然发生还是经常发生？

答：商品破损，产品有瑕疵，出厂时未检查，快递暴力运输。发生频率比较高。

3. 您有哪些常用的、有效的服务补救措施？如何运用这些措施？是否会针对不同的顾客选择不同的措施？

答：金钱赔偿或者补发，根据客户的需要来选择。

3-1. 发生服务失败后，您如何安抚顾客的不满情绪？

答：一般用言语安抚，然后处理赔偿。

3-2. 您是否会主动向顾客道歉？是否主动承认错误？是否会积极地进行服务补救？

答：是的，是的，对的。

3-3. 您进行服务补救时，是否会提供物质补偿？具体金额如何确定？一般选择什么类型的物质去补偿？为什么愿意提供该标准的物质补偿？在什么情况下进行物质补偿效果较好？提供服务补救是否会增加您的经营成本？

答：根据订单金额来确定。是的。

4. 发生服务失败后，顾客一般通过什么方式联系您？对于顾客的投诉抱怨，您一般多久进行回应？为什么？

答：旺旺客服。看到就回复。会回复"好的""谢谢"。

5. 您认为服务补救成功的标准是什么？是顾客满意？好评？重复购买？或是其他？

答：客户满意。

5-1. 您所提供的服务补救效果如何？您认为消费者是否对您的服务补救满意？消费者是否还继续在您的网店购物？

答：还可以。都非常满意。是的。

5-2. 经历过服务补救之后，消费者是否会比之前更加满意？原因是什么？

答：是的，比较理解商家的无奈。

5-3. 服务补救是否会影响消费者给店铺好评或差评？影响程度如何？

答：没有调查过。

5-4. 您是否积极以服务补救为契机，改善服务质量？为什么？

答：被动处理，肯定存在误差和疏忽所以会尽快解决。

6. 您认为影响服务补救成功的关键因素是什么?

答：服务态度。

7. 请您各举一个发生在您的网店中的服务补救成功和服务补救失败的案例。

答：类似商品瑕疵，先道歉，然后协商处理赔偿金额。一般价格在 2~5 元。

8. 您在进行网购服务补救时，最苦恼的是什么? 您在进行服务补救会遭遇哪些问题? 您是如何解决的?

答：客户一再强调希望赔偿金额加大。

商品有瑕疵或破损，一般都是赔偿或者进行退换或补发。

9. 您认为处理网店的服务补救与实体商店的服务补救有哪些明显的区别?

答：没有实体店的经历。

年龄：23 岁　性别：男　从事网络零售业的经验：2 年

月销售额：6 万~7 万元　职位：店长

附录 3 关于服务补救期望与服务补救公平对顾客公民行为的影响机制的调查问卷

尊敬的朋友:

您好!

网络购物中,包装破损、发错货等服务失败现象很普遍。通常顾客会找商家抱怨,商家会进行道歉、赔偿等服务补救。

请回忆您所经历的印象最深刻的网购服务补救事件,例如买了什么商品、出了什么问题、卖家如何处理,并根据您的感受,协助我们填写以下问卷。"1~7"的分数分别代表"完全不同意、不同意、有点不同意、不确定、有点同意、同意、完全同意",请选择相应的分数。本次调研内容仅用于科学研究,您的隐私将受到法律保护。

一、服务补救前,您对服务补救有怎样的期望。

1. 服务补救前,我对于该网店能公平地处理问题,抱有高度期望;

2. 服务补救前,我对于该网店能给予我应有的尊重,抱有高度期望;

3. 服务补救前,我对于该网店能与我适当沟通,抱有高度期望;

4. 服务补救前,我对于该网店能恰到好处地关注我的问题,抱有高度期望。

二、在服务补救过程中,您对实际获得的服务补救有怎样的感知。

5. 在服务补救过程中,该网店公平地处理问题;

6. 在服务补救过程中,该网店给予我应有的尊重;

7. 在服务补救过程中,该网店与我的沟通是适当的;

8. 在服务补救过程中,该网店的工作人员对我的问题关注恰到好处。

三、在服务补救之后,请您将感知到的服务补救水平与服务补救期望进行比较。

9. 最终,该网店公平地处理了问题,其程度超出了我的期待;

10. 最终,该网店给予我应有的尊重,其程度超出了我的期待;

11. 最终，该网店与我的沟通是适当的，其程度超出了我的期待；

12. 最终，该网店的工作人员对我的问题关注恰到好处，其程度超出了我的期待。

四、服务补救满意度

13. 我对该网店的服务补救流程感到满意；

14. 我对该网店处理问题的方式感到满意；

15. 我对该网店在服务补救上所做的尝试感到满意；

16. 我对该网店在服务补救上的投入感到满意；

五、顾客公民行为

17. 我愿意将该网店推荐给同伴；

18. 我愿意将该网店推荐给对其产品、服务感兴趣的人。

19. 我愿意帮助其他顾客搜索该网店的产品；

20. 我愿意帮助其他顾客购买该网店的产品；

六、请根据您的实际情况填写

21. 您的性别：

①男 ②女

22. 您的年龄是：

①18～24 岁 ②25～30 岁 ③31～40 岁 ④41～50 岁 ⑤≥51 岁

23. 您的最高学历（含目前在读）是：

①高中及以下 ②大学专科 ③大学本科 ④研究生

24. 您的职业是：

①在校学生

②政府/机关干部/公务员

③企业管理者（包括基层及中高层管理者）

④普通职员（办公室/写字楼工作）

⑤专业人员（如医生/律师/文体/记者/老师等）

⑥普通工人

⑦商业服务业职工（如销售人员/商店职员/服务员等）

⑧个体经营者/承包商

⑨自由职业者

⑩其他职业人员（请注明）

25. 您网上购物的经验是：

①1～2 年 ②2～3 年 ③3～4 年 ④4～6 年 ⑤>6 年

26. 您平均每月网络购物的次数是：

①1~3 次　②4~7 次　③8~10 次　④11 次以上

27. 您的平均月收入是：

①≤2500 元　　　　②2501~5000 元　　　　③5001~10000 元

④10001~15000 元　　⑤>15001 元

附录4 关于服务补救期望与服务补救 公平对顾客公民行为的影响 机制的补充调查问卷

尊敬的朋友：

您好！

网络购物中，包装破损、发错货等服务失败现象很普遍。通常顾客会找商家抱怨，商家会进行道歉、赔偿等服务补救。

请回忆您最近一次的网购服务补救经历，例如买了什么商品、出了什么问题、卖家如何处理，并根据您的感受，协助我们填写以下问卷。"1~7"的分数分别代表"完全不同意、不同意、有点不同意、不确定、有点同意、同意、完全同意"，请选择相应的分数。本次调研内容仅用于科学研究，您的隐私将受到法律保护。

一、服务补救前，您对服务补救有怎样的期望。

1. 服务补救前，我对于该网店能公平地处理问题，抱有高度期望；

2. 服务补救前，我对于该网店能给予我应有的尊重，抱有高度期望；

3. 服务补救前，我对于该网店能与我适当沟通，抱有高度期望；

4. 服务补救前，我对于该网店能恰到好处地关注我的问题，抱有高度期望。

二、在服务补救过程中，您对实际获得的服务补救有怎样的感知。

5. 在服务补救过程中，该网店公平地处理问题；

6. 在服务补救过程中，该网店给予我应有的尊重；

7. 在服务补救过程中，该网店与我的沟通是适当的；

8. 在服务补救过程中，该网店的工作人员对我的问题关注恰到好处。

三、在服务补救之后，请您将感知到的服务补救水平与服务补救期望进行比较。

9. 最终，该网店公平地处理了问题，其程度超出了我的期待；

10. 最终，该网店给予我应有的尊重，其程度超出了我的期待；

11. 最终，该网店与我的沟通是适当的，其程度超出了我的期待；

12. 最终，该网店的工作人员对我的问题关注恰到好处，其程度超出了我的期待。

四、服务补救满意度

13. 我对该网店的服务补救流程感到满意；

14. 我对该网店处理问题的方式感到满意；

15. 我对该网店在服务补救上所做的尝试感到满意；

16. 我对该网店在服务补救上的投入感到满意。

五、顾客公民行为

17. 我愿意将该网店推荐给同伴；

18. 我愿意将该网店推荐给对其产品、服务感兴趣的人。

19. 我愿意帮助其他顾客搜索该网店的产品；

20. 我愿意帮助其他顾客购买该网店的产品。

六、请根据您的实际情况填写

21. 您的性别：

①男　②女

22. 您的年龄是：

①18～24 岁　②25～30 岁　③31～40 岁　④41～50 岁　⑤≥51 岁

23. 您的最高学历（含目前在读）是：

①高中及以下　②大学专科　③大学本科　④研究生

24. 您的职业是：

①在校学生

②政府/机关干部/公务员

③企业管理者（包括基层及中高层管理者）

④普通职员（办公室/写字楼工作）

⑤专业人员（如医生/律师/文体/记者/老师等）

⑥普通工人

⑦商业服务业职工（如销售人员/商店职员/服务员等）

⑧个体经营者/承包商

⑨自由职业者

⑩其他职业人员（请注明）

25. 您网上购物的经验是：

①1～2 年　②2～3 年　③3～4 年　④4～6 年　⑤＞6 年

26. 您平均每月网络购物的次数是：

①1～3 次　②4～7 次　③8～10 次　④11 次以上

27. 您的平均月收入是：

①≤2500 元　　　　②2501～5000 元　　　③5001～10000 元

④10001～15000 元　　⑤＞15001 元

附录5 关于服务失败归因与服务补救 公平对品牌推崇的影响机制的 调查问卷

本问卷是针对网购服务失败与服务补救的研究。网购服务补救，是指消费者在网络购物或与服务/产品的提供商（企业、商家、第三方等）沟通时遇到了错误或问题（如缺货少货、尺寸不符、产品缺陷、夸大或虚假宣传、派送延迟或错误、网站问题等），商家就服务失败进行补救（如赔偿、退款、更换、道歉等）的态度和行为。

您在过去一年的网络购物过程中是否经历过服务失败及服务补救？
（　　）

A. 是（若是，调查继续）

B. 否（若否，本次调查到此结束，谢谢）

请根据您最近一次网购服务补救经历，回答下列问题。"1～5"的分数分别代表"完全不同意、不同意、一般、同意、完全同意"，请选择相应的分数。本次调研内容仅用于科学研究，您的隐私将受到法律保护。

一、服务失败归因

（一）归属性

1. 我认为问题是由我引起的；

2. 我认为问题是由网络零售商引起的；

3. 我认为问题是由网店程序引起的；

4. 我认为问题是由网店政策引起的。

（二）稳定性

5. 问题的原因可能经常发生；

6. 问题的原因可能在未来发生；

7. 问题的原因可能是暂时的；

8. 问题的原因不会随时间推移而改变。

（三）可控性

9. 网络零售商本可以轻松防范问题发生；

10. 问题的原因是可控的；

11. 问题的原因是可以避免的；

12. 问题的原因是可以预防的。

二、服务补救公平

（一）分配公平

13. 我认为网络零售商对我进行服务失败补偿时非常公平；

14. 考虑到因服务失败所造成的麻烦和所花费的时间，我从网络零售商处获得的补偿是合适的；

15. 网络零售商的服务补救努力足以提供令人满意的补偿；

16. 网络零售商采取了足够的补偿措施来解决问题。

（二）程序公平

17. 网络零售商试图迅速解决问题；

18. 我相信网络零售商正确解决了我的问题；

19. 我相信网络零售商在解决问题方面有公平的政策；

20. 我认为网络零售商的投诉处理程序是完善的。

（三）互动公平

21. 员工对我的问题给予了相当程度的关注；

22. 员工认真倾听了我的抱怨；

23. 员工向我真诚道歉；

24. 员工努力解决我的问题。

（四）信息公平

25. 员工对服务补救程序的解释很彻底；

26. 员工对服务补救程序的解释很充分；

27. 员工在与我的沟通中一直很诚实；

28. 员工全面而迅速地描述了服务补救的细节。

三、服务补救满意度

29. 我对解决服务失败的方式感到满意；

30. 在我看来，网络零售商提供了令人满意的问题解决方案；

31. 我不后悔选择这家网店；

32. 现在我对这家网店的态度更积极；

33. 我很满意我的问题得到了处理和解决。

四、品牌推崇

34. 很快，我就会从这家网店购买；

35. 我会对这家网店进行口碑传播；

36. 我会向我的朋友推荐这家网店；

37. 如果我的朋友在网上搜索商品，我会告诉他们从这家网店购买；

38. 我想告诉别人这家网店是世界上最好的。

五、情感依恋

39. 我对网络零售商的感情以紧密联系为特征；

40. 我对网络零售商的感情以热情为特征；

41. 我对网络零售商的感情以喜爱为特征；

42. 我对这家网店没有特别的感觉；

43. 我对网络零售商的感情以喜悦为特征。

六、请根据您的实际情况填写

44. 您的性别：

①男　②女

45. 您的年龄是：

①≤29 岁　②30～39 岁　③40～49 岁　④≥50 岁

46. 您的平均月收入是：

①≤2500 元　　　　②2501～5000 元　　　　③5001～10000 元

④10001～15000 元　　⑤>15001 元

附录6 关于服务失败严重性与服务补救 公平对口碑传播意图的影响 机制的调查问卷

本问卷是针对网购服务失败与服务补救的研究。网购服务补救，是指消费者在网络购物或与服务/产品的提供商（企业、商家、第三方等）沟通时遇到了错误或问题（如缺货少货、尺寸不符、产品缺陷、夸大或虚假宣传、派送延迟或错误、网站问题等），商家就服务失败进行补救（如赔偿、退款、更换、道歉等）的态度和行为。

您在过去一年的网络购物过程中是否遭遇过服务失败及服务补救？
（　　）

A. 是（若是，调查继续）

B. 否（若否，本次调查到此结束，谢谢）

请根据您最近一次网购服务补救经历，回答下列问题。"1～5"的分数分别代表"完全不同意、不同意、一般、同意、完全同意"，请选择相应的分数。本次调研内容仅用于科学研究，您的隐私将受到法律保护。

一、服务失败严重性

1. 我经历的服务失败很严重；

2. 我经历的服务失败让我生气；

3. 我经历的服务失败没有造成严重的不便；

4. 我遇到的服务失败是一个重要问题。

二、服务补救公平

（一）分配公平

5. 我受到的赔偿是公平的；

6. 我因服务失败而得到的赔偿是公平的；

7. 网店为我提供了价格折扣以补偿所发生的问题；

8. 服务和我预期的一样好。

（二）程序公平

9. 网络零售商能及时对问题做出反应；

10. 我的问题以正确的方式得到了解决；

11. 网络零售商有公平的服务补救政策来处理我的问题；

12. 网络零售商给了我充足机会进行抱怨。

（三）互动公平

13. 服务人员关心我的问题；

14. 服务人员倾听我的心声并能够共情；

15. 网络零售商进行了真诚的道歉；

16. 网络零售商已经努力地解决了我的问题。

三、服务补救满意度

17. 我对网络零售商提供的补偿满意；

18. 我认为网络零售商为我提供了令人满意的问题解决方案；

19. 我在服务补救过程中没有后悔选择这家网店；

20. 我在服务补救后与这家网店形成了亲密关系。

四、口碑传播意图

21. 我会向尽可能多的人正面讲述自己的服务补救经历；

22. 我会向寻求建议的人积极推荐这家网店；

23. 我会告诉我的同伴和家人从这家网店购买。

五、请根据您的实际情况填写

24. 您的性别：

①男　②女

25. 您购买的产品类型是：

①衣服　②鞋子　③化妆品　④日用品　⑤食品　⑥其他商品

参 考 文 献

1. 常亚平，姚慧平，韩丹，阎俊，张金隆（2009）．电子商务环境下服务补救对顾客忠诚的影响机制研究．管理评论，21（11），30-37.

2. 陈可（2009）．服务补救效果的双期望理论：动态的视角．管理评论，21（1），53-58.

3. 郭晓姝，叶强，祁阿莹，张焱（2020）．解释驳斥管理反馈策略对消费者满意度的影响．管理科学，33（5），58-71.

4. 郭晓姝，张焱，徐健（2021）．道歉承诺类管理反馈策略对顾客二次满意度的影响——基于顾客多样情绪调节效应．中国管理科学，29（2），217-227.

5. 侯如靖，张初兵，易牧农（2012）．服务补救情境下在线消费者后悔对行为意向的影响——基于关系质量的调节．经济管理，34（9），101-111.

6. 李爱国，邓召惠，毛冰洁（2017）．Web2.0环境下在线负面评论及商家回复研究述评．企业经济，36（1），115-121.

7. 秦进，陈琦（2012）．网络零售服务补救情形下的顾客忠诚——基于感知公平与感知转移成本视角的研究．经济管理，34（3），95-102.

8. 汪旭晖，王东明（2017）．多渠道服务商线上服务失败对线下顾客忠诚的影响——解释水平和品牌强度的调节作用．财贸研究，28（10），98-110.

9. 肖雨，袁勤俭（2021）．期望不一致理论及其在信息系统研究领域中的应用和展望．现代情报，41（10），159-167.

10. 杨慧，康海燕（2021）．社交媒体服务补救透明对虚拟在线他人购买意愿的影响：品牌资产的调节作用．江西财经大学学报，4，41-50.

11. 张初兵，张卓苹，韩晟昊，张宇东（2020）．消费者社交媒体抱怨：研究述评与展望．外国经济与管理，42（12），72-88.

12. 张渝，邵兵家（2022）．强制型顾客参与对感知共同创造与在线服务补救满意的影响研究. 管理工程学报, 36 (1), 1 – 12.

13. 郑秋莹, 范秀成 (2007). 网上零售业服务补救策略研究——基于公平理论和期望理论的探讨. 管理评论, 19 (10), 17 – 23.

14. 钟科, 张家银, 李佩镐 (2021). 表情符号在线上服务补救中的语言工具作用. 海南大学学报 (人文社会科学版), 39 (5), 138 – 147.

15. 朱艳春, 张志晴, 张巍 (2017). 服务失败会影响网络卖家信誉吗?. 北京工商大学学报 (社会科学版), 32 (2), 28 – 39.

16. Abd Rashid, M. H., Ahmad, F. S., and Hasanordin, R. (2017). Creating Brand Evangelists Through Service Recovery: Evidence from the Restaurant Industry. *Advanced Science Letters*, 23 (4), 2865 – 2867.

17. Abney, A. K., Pelletier, M. J., Ford, T. – R. S., and Horky, A. B. (2017). I Hate Your Brand: Adaptive Service Recovery Strategies on Twitter. *Journal of Services Marketing* 31 (3), 281 – 294.

18. Adams, J. S. (1965). Inequity in Social-exchange. *Advances in Experimental Social Psychology*, 2 (4), 267 – 299.

19. Ahearne, M., Bhattachary, C. B., and Gruen, T. (2005). Antecedents and consequences of customercompany identification: Expanding the role of relationship marketing. *Journal of Applied Psychology*, 90 (3), 574 – 585.

20. Alenazi, S. A. (2021). Determinants of Pre – Service Failure Satisfaction and Post – Service Recovery Satisfaction and Their Impact on Repurchase and Word-of – Mouth Intentions. *Quality – Access to Success*, 22 (182), 88 – 94.

21. ALhawbani, G. S., Ali, N. A. M., and Hammouda, A. – N. M. (2021). The Effect of Service Recovery Strategies on Satisfaction with the Recovery: The Mediating Role of Distributive Justice. *European Journal of Business and Management Research*, 6 (3), 9 – 16.

22. Alves, H., Ferreira, J. J., and Fernandes, C. I. (2016). Customer's operant resources effects on co-creation activities. *Journal of Innovation & Knowledge*, 1 (2), 69 – 80. doi: 10. 1016/j. jik. 2016. 03. 001.

23. Amin, M. R. B. M., and Piaralal, S. K. (2021). Antecedents and outcomes of service recovery satisfaction: Perspectives on open and distance learning in Malaysia. *International Journal of Business Innovation and Research*,

21 (1), 56 – 78.

24. Anaza, N. , and Zhao, J. (2013). Encounter – Based Antecedents of E – customer Citizenship Behaviors. *Journal of Services Marketing*, 27, 130 – 140.

25. Anderson, E. W. , and Sullivan, M. W. (1993). The Antecedents and Consequences of Customer Satisfaction for Firms. *Marketing Science*, 12 (2), 125 – 143. doi: 10. 1287/mksc. 12. 2. 125.

26. Andreassen, T. W. (2000). Antecedents to satisfaction with service recovery. *European Journal of Marketing*, 34 (1/2), 156 – 175.

27. Aron, A. , and Aron, E. N. (1986). *Love and the expansion of self: Understanding attraction and satisfaction.* Hemisphere.

28. Awa, H. O. , Ukoha, O. , and Ogwo, O. E. (2016). Correlates of justice encounter in service recovery and word-of-mouth publicity. *Cogent Business & Management*, 3 (1), 1 – 16.

29. Azemi, Y. , Ozuem, W. , Howell, K. E. , and Lancaster, G. (2019). An exploration into the practice of online service failure and recovery strategies in the Balkans. *Journal of Business Research*, 94 (1), 420 – 431.

30. Azzahro, F. , Murti, S. S. , Handayani, P. W. , and Yudhoatmojo, S. B. (2020). The effects of perceived justice and emotions on service recovery satisfaction on Indonesian B2B and C2C E – commerce customers. *Journal of Information System*, 16 (1), 38 – 48.

31. Babin, B. J. , Zhuang, W. , and Borges, A. (2021). Managing service recovery experience: Effects of the forgiveness for older consumers. *Journal of Retailing and Consumer Services*, 58, 102222. doi: https: // doi. org/10. 1016/j. jretconser. 2020. 102222.

32. Bacile, T. J. , Wolter, J. S. , Allen, A. M. , and Xu, P. (2018). The effects of online incivility and consumer-to-consumer interactional justice on complainants, observers, and service providers during social media service recovery. *Journal of Interactive Marketing*, 44 (4), 60 – 81.

33. Badawi, B. , Hartati, W. , and Muslichah, I. (2021). Service Recovery Process: The Effects of Distributive and Informational Justice on Satisfaction over Complaint Handling. *Journal of Asian Finance, Economics and Business*, 8 (1), 375 – 383.

34. Bagozzi, R. P. , and Yi, Y. (1988). On the evaluation of structural equation models. *Journal of Academy of Marketing Science*, 16 (1), 74 - 94.

35. Balaji, M. S. , Jha, S. , Sengupta, A. S. , and Krishnan, B. C. (2018). Are cynical customers satisfied differently? Role of negative inferred motive and customer participation in service recovery. *Journal of Business Research*, 86, 109 - 118.

36. Balaji, M. S. , Roy, S. K. , and Quazi, A. (2017). Customers' emotion regulation strategies in service failure encounters. *European Journal of Marketing*, 51 (5/6), 960 - 982.

37. Balaji, M. S. , and Sarkar, A. (2013). Does successful recovery mitigate failure severity? A study of the behavioral outcomes in Indian context. *International Journal of Emerging Markets*, 8 (1), 65 - 81.

38. Bambauer - Sachse, S. , and Rabeson, L. (2015). Determining adequate tangible compensation in service recovery processes for developed and developing countries: The role of severity and responsibility. *Journal of Retailing and Consumer Services*, 22 (1), 117 - 127.

39. Baraket, L. L. , Ramsey, J. R. , Lorenz, M. P. , and Gosling, M. (2015). Severe service failure recovery revisited: Evidence of its determinants in an emerging market context. *International Journal of Research in Marketing*, 32 (1), 113 - 116.

40. Bartikowski, B. , and Walsh, G. (2011). Investigating mediators between corporate reputation and customer citizenship behaviors. *Journal of Business Research*, 64 (1), 39 - 44. doi: 10. 1016/j. jbusres. 2009. 09. 018.

41. Becerra, E. P. , and Badrinarayanan, V. (2013). The influence of brand trust and brand identification on brand evangelism. *Journal of Product & Brand Management*, 22 (5/6), 371 - 383.

42. Belanche, D. , Casalo, L. , V, Flavian, C. , and Schepers, J. (2020). Robots or frontline employees? Exploring customers' attributions of responsibility and stability after service failure or success. *Journal of Service Management*, 31 (2), 267 - 289.

43. Bettencourt, L. A. (1997). Customer voluntary performance: Customers as partners in service delivery. *Journal of Retailing*, 73 (3), 383 - 406. doi: 10. 1016/s0022 - 4359 (97) 90024 - 5.

44. Bhandari, M. , and Rodgers, S. (2018). What does the brand say? Effects of brand feedback to negative eWOM on brand trust and purchase intentions. *International Journal of Advertising*, 37 (1), 125 – 141.

45. Bhattacherjee, A. (2001). Understanding information systems continuance: An expectation-confirmation model. *Mis Quarterly*, 25 (3), 351 – 370. doi: 10. 2307/3250921.

46. Bhatti, A. J. , and Khattak, A. K. (2015). Antecedents and outcomes of consumer relationship proneness after service failure and recovery-moderating role of informational justice: A research on Pakistani mobile telecom industry. *Journal of Marketing and Consumer Research*, 14 (1), 73 – 103.

47. Bies, R. J. , and Shapiro, D. L. (1987). Interactional fairness judgments: The influence of causal accounts. *Social Justice Research*, 1 (2), 199 – 218.

48. Bijmolt, T. H. A. , Huizingh, E. K. R. E. , and Krawczyk, A. (2014). Effects of complaint behaviour and service recovery satisfaction on consumer intentions to repurchase on the internet. *Internet Research*, 24 (5), 608 – 628.

49. Bitner, M. (1990). Evaluating Service Encounters: The Effect of Physical Surroundings and Employee Responses. *Journal of Marketing*, 54 (2), 69 – 82.

50. Bitner, M. J. , Booms, B. H. , and Tetreault, M. (1990). The service encounter: Diagnosing favourable and unfavourable incidents. *Journal of Marketing*, 54 (1), 71 – 84.

51. Blodgett, J. G. , Hill, D. J. , and Tax, S. S. (1997). The effects of distributive, procedural, and interactional justice on post-complaint behavior. *Journal of Retailing*, 73 (2), 185 – 210.

52. Boshoff, C. (1997). An experimental study of service recovery options. *International Journal of Service Industry Management*, 8 (2), 110 – 130.

53. Bove, L. L. , Pervan, S. J. , Beatty, S. E. , and Shiu, E. (2009). Service worker role in encouraging customer organizational citizenship behaviors. *Journal of Business Research*, 62 (7), 698 – 705. doi: 10. 1016/ j. jbusres. 2008. 07. 003.

54. Bowling, N. A. , and Beehr, T. A. (2006). Workplace harassment

from the victim's perspective: A theoretical model and meta-analysis. *Journal of Applied Psychology*, 91 (5), 998 – 1012.

55. Bowling, N. A. , and Michel, J. S. (2011). Why do you treat me badly? The role of attributions regarding the cause of abuse in subordinates' responses to abusive supervision. *Work and Stress*, 25 (4), 309 – 320.

56. Brinkmann, S. , and Kvale, S. (2015). *InterViews: Learning the Craft of Qualitative Research Interviewing* (3rd Ed.). London: Sage Publications.

57. Bryman, A. (2015). *Social Research Methods* (5th Ed.) Oxford: Oxford University Press.

58. Burnham, T. A. , Ridinger, G. , Carpenter, A. , and Choi, L. (2020). Consumer suggestion sharing: Helpful, pragmatic and conditional. *European Journal of Marketing*, 55 (3), 726 – 762.

59. Burton, J. P. , Taylor, S. G. , and Barber, L. K. (2014). Understanding internal, external, and relational attributions for abusive supervision. *Journal of Organizational Behavior*, 35 (6), 871 – 891.

60. Cantor, V. J. M. , and Li, R. C. (2018). Matching service failures and recovery options toward satisfaction. *The Service Industries Journal*, 39, 901 – 924.

61. Cantor, V. J. M. , and Li, R. C. (2019). Matching service failures and recovery options toward satisfaction. *The Service Industries Journal*, 39 (13 – 14), 901 – 924.

62. Chan, K. W. , Gong, T. , Zhang, R. , and Zhou, M. (2017). Do Employee Citizenship Behaviors Lead to Customer Citizenship Behaviors? The Roles of Dual Identification and Service Climate. *Journal of Service Research*, 20 (3), 259 – 274.

63. Chang, H. H. , Lai, M. K. , and Hsu, C. H. (2012). Recovery of online service: Perceived justice and transaction frequency. *Computers in Human Behavior*, 28 (6), 2199 – 2208.

64. Chao, C. – M. , and Cheng, B. – W. (2019). Does service recovery affect satisfaction and loyalty? An empirical study of medical device suppliers. *Total Quality Management & Business Excellence*, 30 (11 – 12), 1350 – 1366. doi: DOI: 10. 1080/14783363. 2017. 1369351.

65. Chebat, J. C. , and Slusarczyk, W. (2005). How emotions mediate the effects of perceived justice on loyalty in service recovery situations: An empirical study. *Journal of Business Research*, 58 (5), 664 –673.

66. Chen, M. J. , Chen, C. D. , and Farn, C. K. (2010). Exploring determinants of citizenship behavior on virtual communities of consumption: the perspective of social exchange theory. *International Journal of Electronic Business Management*, 8 (3), 195 –205.

67. Chen, T. , Ma, K. , Bian, X. , Zheng, C. , and Devlin, J. (2018). Is high recovery more effective than expected recovery in addressing service failure? A moral judgment perspective. *Journal of Business Research*, 82 (1), 1 –9.

68. Chen, X. , Chen, Y. , and Guo, S. (2019). Relationship between organizational legitimacy and customer citizenship behavior: A social network perspective. *Social Behavior and Personality: an International Journal*, 47 (1), 1 –12.

69. Cheng, J. C. , J. , L. S. , H. , Y. C. , and Yang, Y. F. (2016). Brand attachment and customer citizenship behaviors. *The Service Industries Journal*, 36 (7 –8), 263 –277.

70. Cheng, K. , Wei, F. , and Lin, Y. (2019). The trickle-down effect of responsible leadership on unethical pro-organizational behavior: The moderating role of leader-follower value congruence. *Journal of Business Research*, 102, 34 –43.

71. Cheung, F. Y. M. , and To, W. M. (2016). A customer-dominant logic on service recovery and customer satisfaction. *Management Decision*, 54 (10), 2524 –2543.

72. Cho, S. B. , Jang, Y. J. , and Kim, W. G. (2017). The Moderating Role of Severity of Service Failure in the Relationship among Regret/Disappointment, Dissatisfaction, and Behavioral Intention. *Journal of Quality Assurance in Hospitality & Tourism*, 18 (1), 1 –17.

73. Choi, B. – j. , and Choi, B. – J. (2014). The effects of perceived service recovery justice on customer affection, loyalty, and word-of-mouth. *European Journal of Marketing*, 48 (1/2), 108 –131.

74. Choi, L. , and Hwang, J. (2019). The role of prosocial and proactive

personality in customer citizenship behaviors. *Journal of Consumer Marketing*, 36（2）, 288 – 305.

75. Cole, N. D. （2008）. The effects of differences in explanations, employee attributions, type of infraction, and discipline severity on perceived fairness of employee discipline. *Canadian Journal of Administrative Sciences*, 25 （2）, 107 – 120.

76. Colquitt, J. A. （2001）. On the dimensionality of organizational justice: A construct validation of a measure. *Journal of Applied Psychology*, 86 （3）, 386 – 400.

77. Crisafulli, B. , and Singh, J. （2017）. Service failures in e-retailing: Examining the effects of response time, compensation, and service criticality. *Computers in Human Behavior*, 77 （12）, 413 – 424.

78. Curth, S. , Uhrich, S. , and Benkenstein, M. （2014）. How commitment to fellow customers affects the customer-firm relationship and customer citizenship behavior. *Journal of Services Marketing*, 28 （2）, 147 – 158.

79. Dang, A. , and Arndt, A. D. （2017）. How personal costs influence customer citizenship behaviors. *Journal of Retailing and Consumer Services*, 39, 173 – 181.

80. Das, S. , Mishra, A. , and Cyr, D. （2019）. Opportunity gone in a flash: Measurement of e-commerce service failure and justice with recovery as a source of e-loyalty. *Decision Support Systems*, 125 （10）, 113130.

81. De Matos, C. A. , and Vargas Rossi, C. A. （2008）. Word-of-mouth communications in marketing: A meta-analytic review of the antecedents and moderators. *Journal of Academy of Marketing Science*, 36 （4）, 578 – 596.

82. del Rio – Lanza, A. B. , Vazquez – Casielles, R. , and Diaz – Martin, A. M. （2009）. Satisfaction with service recovery: Perceived justice and emotional responses. *Journal of Business Research*, 62 （8）, 775 – 781. doi: 10. 1016/j. jbusres. 2008. 09. 015.

83. Delpechitre, D. , Beeler – Connelly, L. L. , and Chaker, N. （2018）. Customer value co-creation behavior: A dyadic exploration of the influence of salesperson emotional intelligence on cusomer participation and citizenship behavior. *Journal of Business Research*, 92, 9 – 24.

84. Di, E. , Huang, C. – J. , Chen, I. – H. , and Yu, T. – C.

(2010). Organisational justice and customer citizenship behaviour of retail industries. *The Service Industries Journal*, 30 (11), 1919 – 1934.

85. Ding, M. – C. , and Lii, Y. – S. (2016). Handling online service recovery: Effects of perceived justice on online games. *Telematics and Informatics*, 33 (4), 881 – 895.

86. Doss, S. K. (2014). Spreading the good word: Toward an understanding of brand evangelism. *Journal of Management and Marketing Research*, 14 (1), 1 – 15.

87. E. Collier, J. , and C. Bienstock, C. (2006). Measuring Service Quality in E – retailing. *Journal of Service Research*, 8 (3), 260 – 275.

88. Esen, S. K. , and Sonmezler, E. A. (2017). Recovering from services failures: the moderating role of emotional attachment. *International Journal of Innovative Research & Development*, 6 (3), 64 – 77.

89. Fierro, J. C. , Polo, I. M. , and Sesee Olivaan, F. J. (2014). From dissatisfied customers to evangelists of the firm: A study of the Spanish mobile service sector. *Business Research Quarterly*, 17 (3), 191 – 204.

90. Folkes, V. S. (1984). Consumer reactions to product failure: An attributional approach. *Journal of Consumer Research*, 10 (4), 398 – 409.

91. Forbes, L. P. , Kelley, S. W. , and Hoffman, K. D. (2005). Typologies of e-commerce retail failures and recovery strategies. *Journal of Service Marketing*, 19 (5), 280 – 292.

92. Fornell, C. , and F. Larcker, D. (1981). Evaluating structure equations models with unobservable variables and measurement error. *Journal of Marketing Research*, 18, 39 – 50.

93. Fournier, S. (1998). Consumers and their brands: Developing relationship theory in consumer research. *Journal of Consumer Research*, 24 (4), 343 – 373.

94. Fu, X. M. , Zhang, J. H. , and Chan, F. T. S. (2018). Determinants of loyalty to public transit: A model integrating satisfaction-loyalty theory and expectation-confirmation theory. *Transportation Research Part A: Policy and Practice*, 113 (July), 476 – 490.

95. Gallivan, M. J. , Spitler, V. K. , and Koufaris, M. (2005). Does information technology training really matter? A social information processing analysis of

coworkers' influence on it usage in the workplace. *Journal of Management Information Systems*, 22 (1), 153 – 192. doi: 10. 1080/07421222. 2003. 11045830.

96. Gelbrich, K. (2010). Anger, frustration, and helplessness after service failure: coping strategies and effective informational support. *Journal of the Academy of Marketing Science*, 38 (5), 567 – 585. doi: 10. 1007/s11747 – 009 – 0169 – 6.

97. Gidaković, P. , and Čater, B. (2021). Perceived justice and service recovery satisfaction in a post transition economy. *Journal for East European Management Studies*, 26 (1), 10 – 43.

98. Gohary, A. , Hamzelu, B. , and Alizadeh, H. (2016a). Please explain why it happened! How perceived justice and customer involvement affect post co-recovery evaluations: A study of Iranian online shoppers. *Journal of Retailing and Consumer Services*, 31, 127 – 142.

99. Gohary, A. , Hamzelu, B. , Pourazizi, L. , and Hanzaee, K. H. (2016b). Understanding effects of co-creation on cognitive, affective and behavioral evaluations in service recovery: An ethnocultural analysis. *Journal of Retailing and Consumer Services*, 31, 182 – 198.

100. Gong, T. , and Yi, Y. (2019). A review of customer citizenship behaviors in the service context. *The Service Industries Journal*, 41 (3 – 4), 169 – 199. doi: DOI: 10. 1080/02642069. 2019. 1680641.

101. Goodwin, C. , and Ross, I. (1992). Consumer Responses to Service Failures: Influence of Procedural and Interactional Fairness Perceptions. *Journal of Business Research*, 25 (2), 149 – 163.

102. Gouldner, A. W. (1960). The Norm of Reciprocity-a Preliminary Statement. *American Sociological Review*, 25 (2), 161 – 178. doi: 10. 2307/ 2092623.

103. Gregoire, Y. , and Fisher, R. J. (2006). The effects of relationship quality on customer retaliation. *Marketing Letters*, 17 (1), 31 – 46.

104. Grégoire, Y. , Salle, A. , and Tripp, T. M. (2015). Managing social media crises with your customers: The good, the bad, and the ugly. *Business Horizons*, 58, 173 – 182.

105. Grewal, D. , Roggeveen, A. L. , and Tsiros, M. (2008). The effect of compensation on repurchase intentions in service recovery. *Journal of*

Retailing, 84 (4), 424 –434.

106. Gronroos (1988). Service Quality: The Six Criteria of Good Perceived Service Quality. *Review of Business*, 9 (3), 10 – 13.

107. Groth, M. (2005). Customers as good soldiers: Examining citizenship behaviors in Internet service deliveries. *Journal of Management*, 31 (1), 7 – 27. doi: 10. 1177/0149206304271375.

108. Guo, L., Arnould, E. J., Gruen, T. W., and Tang, C. (2013). Socializing to co-produce: Pathways to consumers' financial well-being. *Journal of Service Research*, 16, 549 – 563.

109. Ha, J. J., S. (2009). Perceived justice in service recovery and behavioral intentions: The role of relationship quality. *International Journal of Hospitality Management*, 28 (3), 319 – 327.

110. Hair, J. F., Black, W. C., Babin, B. J., Anderson, R. E., and Tatham, R. L. (2006). *Multivariate Data Analysis* (6*th ed.*). Upper Saddle River, N. J. : Pearson Education Inc.

111. Harris, K. E., Grewal, D., Mohr, L. A., and Bernhardt, K. L. (2006). Consumer responses to service recovery strategies: The moderating role of online versus offline environment. *Journal of Business Research*, 59 (4), 425 – 431.

112. Harrison – Walker, L. J. (2001). The measurement of word-of-mouth communication and an investigation of service quality and customer commitment as potential antecedents. *Journal of Service Research*, 4 (1), 60 – 75.

113. Harrison – Walker, L. J. (2019). The critical role of customer forgiveness in successful service recovery. *Journal of Business Research*, 95, 376 – 391.

114. Hayes, A. F. (2013). *Introduction to Mediation, Moderation, and Conditional Process Analysis: A Regression – Based Approach*. New York: NY: The Guilford Press.

115. Hazée, S., Vaerenbergh, Y. V., and Armirotto, V. (2017). Co-creating service recovery after service failure: The role of brand equity. *Journal of Business Research*, 74 (5), 101 – 109.

116. Hess, J., and Ronald, L. (2008). The impact of firm reputation and failure severity on customers' responses to service failures. *Journal of Service*

Marketing, 22 (5), 385 – 398.

117. Hess, R. L. , Ganesan, S. , and Klein, N. M. (2003). Service failure and recovery: The impact of relationship factors on customer satisfaction. *Journal of the Academy of Marketing Science*, 31 (2), 127 – 145.

118. Hocutt, M. A. , Chakraborty, G. , and Mowen, J. C. (1997). "The impact of perceived justice on customer satisfaction and intention to complain in a service recovery," in *Advances in Consumer Research*, *Vol Xxiv*, eds. M. Brucks & D. J. MacInnis. , 457 – 463.

119. Hogreve, J. , Bilstein, N. , and Hoerner, K. (2019). Service recovery on stage: Effects of social media recovery on virtually present others. *Journal of Service Research*, 22 (4), 421 – 439.

120. Holloway, B. B. , and Beatty, S. E. (2003). Service failure in online retailing: A recovery opportunity. *Journal of Service Research*, 6 (1), 92 – 105.

121. Holloway, B. B. , Wang, S. , and Beatty, S. E. (2009). Betrayal? Relationship quality implications in service recovery. *Journal of Services Marketing*, 23 (6), 385 – 396.

122. Holloway, B. B. , Wang, S. J. , and Parish, J. (2005). The Role of Shopper Experience in Online Service Recovery Management: A Multi – Group SEM Approach. *Journal of Interactive Marketing*, 19 (3), 54 – 65.

123. Homans, G. C. (1958). Social behavior as exchange. *American Journal of Sociology*, 63, 597 – 606.

124. Hossain, M. D. , Moon, J. , Yun, J. W. , and Choe, Y. C. (2012). Impact of psychological traits on user performance in information systems delivering customer service: Is management perspective. *Decision Support Systems*, 54 (1), 270 – 281. doi: 10. 1016/j. dss. 2012. 05. 035.

125. Hsu, L. – C. (2019). Investigating the brand evangelism effect of community fans on social networking sites Perspectives on value congruity. *Online Information Review*, 43 (5), 842 – 866.

126. Huang, R. , and Ha, S. (2020). The effects of warmth-oriented and competence-oriented service recovery messages on observers on online platforms. *Journal of Business Research*, 121, 616 – 627.

127. Hutzinger, C. , and Weitzl, W. J. (2021). Co-creation of online

service recoveries and its effects on complaint bystanders. *Journal of Business Research*, 130, 525 –538.

128. Jha, S. , and Balaji, M. S. (2015). Perceived justice and recovery satisfaction: The moderating role of customer-perceived quality. *Management & Marketing: Challenges for the Knowledge Society*, 10 (2), 132 –147.

129. Jiang, H. (Year). "Research on the impact of service failure attribution and recovery on customer satisfaction", in 2020 *2nd International Conference on Economic Management and Cultural Industry (ICEMCI* 2020), 509 –512.

130. Jimenez, F. R. , and Voss, K. E. (2014). An alternative approach to the measurement of emotional attachment. *Psychology & Marketing*, 31 (5), 360 –370.

131. Joireman, J. , Gregoire, Y. , Devezer, B. , and Tripp, T. M. (2013). When do customers offer firms a second chance following a double deviation? The impact of inferred firm motives on customer revenge and reconciliation. *Journal of Retailing*, 89 (3), 315 –337.

132. Jomnonkwao, S. , Ratanavaraha, V. , Khampirat, B. , Meeyai, S. , and Watthanaklang, D. (2015). Factors influencing customer loyalty to educational tour buses and measurement invariance across urban and rural zones. *Transportmetrica A: Transport Science*, 11, 659 –685.

133. Jones, M. A. , and Su, J. (2000). Transaction-specific satisfaction and overall satisfaction: An empirical analysis. *Journal of Service Marketing*, 14 (2), 147 –159.

134. Jung, N. Y. , and Seock, Y. – K. (2017). Effect of service recovery on customers' perceived justice, satisfaction, and word-of-mouth intentions on online shopping websites. *Journal of Retailing and Consumer Services*, 37, 23 –30.

135. Kang, J. , Kwun, D. J. , and Hahm, J. J. (2020). Turning Your Customers into Brand Evangelists: Evidence from Cruise Travelers. *Journal of Quality Assurance in Hospitality & Tourism*, 21 (6), 617 –643.

136. Karande, K. , Magnini, V. P. , and Tam, L. (2007). Recovery Voice and Satisfaction After Service Failure: An Experimental Investigation of Mediating and Moderating Factors. *Journal of Service Research*, 10 (2), 187 –203.

137. Kim, E. , and Tang, R. (2016). Rectifying failure of service: How customer perceptions of justice affect their emotional response and social media testimonial. *Journal of Hospitality Marketing & Management*, 25 (8), 897 – 924.

138. Kim, H. S. , and Choi, B. (2016). The effects of three customer-to-customer interaction quallity types on customer experiences quality and citizenship behavior in mass service settings *Journal of Services Marketing*, 30 (4), 384 – 397.

139. Kim, I. , and Cho, M. (2014). The Impact of Brand Relationship and Attributions on Passenger Response to Service Failure. *Asia Pacific Journal of Tourism Research*, 19 (12), 1441 – 1462.

140. Kim, M. , Yin, X. , and Lee, G. (2020). The effect of CSR on corporate image, customer citizenship behaviors, and customers' long-term relationship orientation. *International Journal of Hospitality Management*, 88. doi: 10. 1016/j. ijhm. 2020. 102520.

141. Kim, M. G. , Wang, C. , and Mattila, A. S. (2010). The relationship between consumer complaining behavior and service recovery: An integrative review. *International Journal of Contemporary Hospitality Management*, 22 (7), 975 – 991.

142. Kim, T. G. , Kim, W. G. , and Kim, H. B. (2009). The effects of perceived justice on recovery satisfaction, trust, word-of-mouth, and revisit intention in upscale hotels. *Tourism Management*, 30 (1), 51 – 62.

143. Kim, Y. G. (2013). A Study on the Influence of the Recovery Methods of Information Service Failure on Online User Justice and Satisfaction*Journal of the Korean Society for Information Management*, 30 (2), 35 – 59.

144. Kima, K. , and Baker, M. A. (2020). Paying it forward: The influence of other customer service recovery on future co-creation. *Journal of Business Research*, 121, 604 – 615.

145. Kuo, Y. – F. , and Wu, C. – M. (2012). Satisfaction and Post-purchase Intentions with Service Recovery of Online Shopping Websites: Perspectives on Perceived Justice and Emotions. *International Journal of Information Management*, 32 (2), 127 – 138.

146. Lee, B. Y. , and Cranage, D. A. (2018). Causal attributions and

overall blame of self-service technology （SST） failure： Different from service failures by employee and policy. *Journal of Hospitality Marketing & Management*, 27 （1）, 61 – 84.

147. Lee, H. , Shih, C. – F. , and Huang, H. – C. （2020）. The Way to Reconstructing Relationship： The Characteristics and Effects of Consumer Forgiveness in E – Commerce. *NTU Management Review*, 30 （1）, 201 – 234.

148. Lee, Y. , and Kwon, O. （2011）. Intimacy, familiarity and continuance intention： An extended expectation-confirmation model in web-based services. *Electronic Commerce Research and Applications*, 10, 342 – 357.

149. Li, C. Y. , and Fang, Y. H. （2016）. How online service recovery approaches bolster recovery performance? A multi-level perspective. *Service Business*, 10 （1）, 179 – 200.

150. Liao, T. H. , and Keng, C. J. （2013）. Online shopping delivery delay： Finding a psychological recovery strategy by online consumer experiences. *Computers in Human Behavior*, 29 （4）, 1849 – 1861.

151. Lii, Y. S. , and Lee, M. （2012）. The joint effects of compensation frames and price levels on service recovery of online pricing error. *Managing Service Quality： An International Journal*, 22 （1）, 4 – 20.

152. Lii, Y. S. , Pant, A. , and Lee, M. （2012）. Balancing the scales： Recovering from service failures depends on the psychological distance of consumers. *The Service Industries Journal*, 32 （11）, 1775 – 1790.

153. Lin, H. H. , Wang, Y. S. , and Chang, L. K. （2011）. Consumer responses to online retailer' service recovery after a service failure： A perspective of justice theory. *Managing Service Quality*, 21 （5）, 511 – 534.

154. Lin, H. H. , Yen, W. C. , Wang, Y. S. , and Yeh, Y. M. （2018）. Investigating consumer responses to online group buying service failures： The moderating effects of seller offering type. *Internet Research*, 28 （4）, 965 – 987.

155. Liu, C. – F. , and Lin, C. – H. （2020）. Online Food Shopping： A Conceptual Analysis for Research Propositions. *Frontiers in Psychology*, 11 （583768）. doi： https： //doi. org/10. 3389/fpsyg. 2020. 583768.

156. Liu, H. , Jayawardhena, C. , Dibb, S. , and Ranaweera, C. （2019）. Examining the trade-off between compensation and promptness in

eWOM – triggered service recovery: A restorative justice perspective. *Tourism Management*, 75 (6), 381 – 392.

157. Loh, H. S., Gaur, S. S., and Sharma, P. (2021). Demystifying the link between emotional loneliness and brand loyalty: Mediating roles of nostalgia, materialism, and self - brand connections. *Psychology & Marketing*, 38 (3), 537 – 552.

158. Magnini, V. P., Ford, J. B., Markowski, E. P., and Jr, E. D. H. (2007). The service recovery paradox: Justifiable theory or smoldering myth? *Journal of Services Marketing*, 21 (3), 213 – 225.

159. Malombe, H. H., and Choudhury, D. (2020). The link between causal attribution and recovery satisfaction in mobile money transaction failures: The mediating role of negative emotions. *Market Trziste*, 32 (2), 169 – 185.

160. Mandl, L., and Hogreve, J. (2020). Buffering effects of brand community identification in service failures: The role of customer citizenship behaviors. *Journal of Business Research*, 107, 130 – 137. doi: 10.1016/j. jbusres. 2018. 09. 008.

161. Manika, D., Papagiannidis, S., and Bourlakis, M. (2015). Can a CEO's YouTube apology following a service failure win customers' hearts?. *Technological Forecasting and Social Change*, 95 (7), 87 – 95.

162. Mansori, S., Tyng, G. G., and Ismail, Z. M. M. (2014). Service Recovery, Satisfaction and Customers' Post Service Behavior in the Malaysian Banking Sector. *Management Dynamics in the Knowledge Economy*, 2 (1), 5 – 20.

163. Manu, C., and Sreejesh, S. (2021). Addressing service failure and initiating service recovery in online platforms: literature review and research agenda. *Journal of Strategic Marketing*, 29 (8), 658 – 689.

164. Matikiti, R., Roberts – Lombard, M., and Mpinganjira, M. (2019). Customer attributions of service failure and its impact on commitment in the airline industry: An emerging market perspective. *Journal of Travel & Tourism Marketing*, 36 (4), 403 – 414.

165. Mattila, A. S. (2001). The impact of relationship type on customer loyalty in a context of service failures. *Journal of Service Research*, 4 (2), 91 – 101.

166. Mattila, A. S. , Andreau, L. , Hanks, L. , and Kim, E. (2013). The impact of cyberostracism on online complaint handling: Is "automatic re-ply" any better than "no reply"? *International Journal of Retail & Distribution Management*, 41 (1) , 45 – 60.

167. Mattila, A. S. , and Cranage, D. (2005). The impact of choice on fairness in the context of service recovery. *Journal of Services Marketing*, 19 (5) , 271 – 279.

168. Mattila, A. S. , and Patterson, P. G. (2004). The impact of culture on consumers' perceptions of service recovery efforts. *Journal of Retailing*, 80 (3) , 196 – 206. doi: 10. 1016/j. jretai. 2004. 08. 001.

169. Maxham, J. G. , III (2001). Service recovery's influence on con-sumer satisfaction, positive word-of-mouth, and purchase intentions. *Journal of business research*, 54 (1) , 11 – 24.

170. Maxham, J. G. , III, and Netemeyer, R. G. (2002a). A Longitudi-nal Study of Complaining Customers' Evaluations of Multiple Service Failures and Recovery Efforts. *Journal of Marketing*, 66 (4) , 57 – 71.

171. Maxham, J. G. , III, and Netemeyer, R. G. (2002b). Modeling Customer Perceptions of Complaint Handling over Time: The Effects of Per-ceived Justice on Satisfaction and Intent. *Journal of Retailing*, 78 (4) , 239 – 252.

172. Maxham, J. G. I. , and Netemeyer, R. G. (2003). Firms reap what they sow: The effects of shared values and perceived organizational justice on customers' evaluations of complaint handling. *Journal of Marketing*, 67 (1) , 46 – 62.

173. Mazhar, M. , Ting, D. H. , Hussain, A. , Nadeem, M. A. , Ali, M. A. , and Tariq, U. (2022). The Role of Service Recovery in Post-purchase Consumer Behavior During COVID – 19: A Malaysian Perspective. *Frontiers in Psychology*, 12 , 786603. doi: 10. 3389/fpsyg. 2021. 786603.

174. McColl – Kennedy, J. R. , and Sparks, B. A. (2003). Application of fairness theory to service failures and service recovery. *Journal of Service Re-search*, 5 (3) , 251 – 266.

175. McCollough, M. A. , Berry, L. L. , and Yadav, M. S. (2000). An empirical investigation of customer satisfaction after service failure and recovery.

Journal of Service Research, 3, 121 – 137.

176. Miller, J. L. , Craighead, C. W. , and Karwan, K. R. (2000).
Service recovery: A framework and empirical investigation. . *Journal of operations Management*, 18 (4), 387 –400.

177. Mirani, W. , Hanzaee, K. H. , and Moghadam, M. B. (2015).
The effect of service recovery on customer's post-behavior in the banking industry by using the theory of perceived justice. *Journal of Applied Environmental and Biological Sciences*, 5 (5), 465 –474.

178. Moliner – Velázquez, B. , Ruiz – Molina, M. , and Fayos – Gardó, T. (2015). Satisfaction with service recovery: Moderating effect of age in word-of-mouth. *Journal of Consumer Marketing*, 32 (6), 470 –484.

179. Mostafa, R. B. , Lages, C. , Shabbir, H. A. , and Thwaites, D. (2015). Corporate image: A service recovery perspective. *Journal of Service Research*, 18 (4), 468 –483.

180. Munyaradzi W. Nyadzayo, Civilai Leckie, and Lester W. Johnson (2020). The impact of relational drivers on customer brand engagement and brand outcomes. *Journal of Brand Management*, 27, 561 –578.

181. Nadiri, H. (2016). Diagnosing the impact of retail bank customers' perceived justice on their service recovery satisfaction and postpurchase behaviors: An empirical study in financial centre of middle east. *Economic Research – Ekonomska Istraživanja*, 29 (1), 193 –216.

182. Nam, K. , Baker, J. , Ahmad, N. , and Goo, J. (2020). Determinants of writing positive and negative electronic word-of-mouth: Empirical evidence for two types of expectation confirmation. *Decision Support Systems*, 129 (113168).

183. Ngahu, C. (2019). Service failure attribution, perceived justice and customer satisfaction in mobile money service recovery. *African Journal of Business and Management Special Issue*, 5 (1), 1 –17.

184. Ngahu, C. , Kibera, F. , and Kobonyo, P. (2016). Influence of interactional justice strategy on recovery satisfaction among customers of mobile money services in Kenya. *Journal of Marketing and Consumer Research*, 27 (1), 55 –61.

185. Nguyen, H. , Groth, M. , Walsh, G. , and Hennig – Thurau, T.

(2014). The Impact of Service Scripts on Customer Citizenship Behavior and the Moderating Role of Employee Customer Orientation. *Psychology & Marketing*, 31 (12), 1096 – 1109. doi: 10. 1002/mar. 20756.

186. Nguyen, H. M. , and Minh, H. L. (2018). Examining the Effect of Emotion to the Online Shopping Stores' Service Recovery: A Meta – Analysis. *Journal of Environmental Accounting and Management*, 6 (1), 59 – 70.

187. Nikbin, D. , Armesh, H. , Heydari, A. , and Jalalkamali, M. (2011). The effects of perceived justice in service recovery on firm reputation and repurchase intention in airline industry. *African Journal of Business Management*, 5 (23), 9814 – 9822.

188. Nikbin, D. , and Hyun, S. S. (2015). An empirical study of the role of failure severity in service recovery evaluation in the context of the airline industry. *Review of Managerial Science*, 9 (4), 731 – 749.

189. Nikbin, D. , Ismail, I. , Marimuthu, M. , and Armesh, H. (2012). Perceived justice in service recovery and switching intention: Evidence from Malaysian mobile telecommunication industry. *Management Research Review*, 35 (3/4), 309 – 325.

190. Nikbin, D. , Marimuthu, M. , Hyun, S. H. S. , and Ismail, I. (2015). Relationships of perceived justice to service recovery, service failure attributions, recovery satisfaction, and loyalty in the context of airline travelers. *Asia Pacific Journal of Tourism Research*, 20 (3), 239 – 262.

191. Nikbin, D. , Marimuthu, M. , Hyun, S. S. , and Ismail, I. (2014). Effects of stability and controllability attribution on service recovery evaluation in the context of the airline industry. *Journal of Travel & Tourism Marketing*, 31 (7), 817 – 834.

192. Noone, B. M. (2012). Overcompensating for severe service failure: Perceived fairness and effect on negative word - of - mouth intent. *Journal of Services Marketing*, 26 (5), 342 – 351.

193. O'Neill, J. W. , and Mattila, A. S. (2004). Towards the development of a lodging recovery strategy. *Journal of Hospitality & Leisure Marketing*, 11 (1), 51 – 64.

194. Obeidat, Z. M. I. , Xiao, S. H. , Iyer, G. R. , and Nicholson, M. (2017). Consumer revenge using the internet and social media: An examination

of the role of service failure types and cognitive appraisal processes. *Psychology & Marketing*, 34 (4), 496 –515.

195. Odoom, R., Agbemabiese, G. C., and Hinson, R. E. (2020). Service recovery satisfaction in offline and online experiences. *Marketing Intelligence & Planning*, 38 (1), 1 –14.

196. Oflac, B. S., Sullivan, U. Y., and Aslan, Z. K. (2021). Examining the impact of locus and justice perception on B2B service recovery. *Journal of Business & Industrial Marketing*, 36 (8), 1403 –1414.

197. Ofori, K. S., Otu, L. S., and Addae, J. A. (2015). Antecedents of customer switching intention in the Ghanaian telecommunications industry. *Accounting*, 1 (1), 95 –108.

198. Oghuma, A. P., Libaque – Saenz, C. F., Wong, S. F., and Chang, Y. (2016). An expectation-confirmation model of continuance intention to use mobile instant messaging. *Telematics and Informatics*, 33 (1), 34 – 47. doi: 10. 1016/j. tele. 2015. 05. 006.

199. Oh, H. (1999). Service quality, customer satisfaction, and customer value: a holistic perspective. *International Journal of Hospital Management*, 18 (1), 67 –82.

200. Olatunde, P. O., and Nkamnebe, A. D. (2021). Perceived Interactional Justice of Service Recovery and Post-recovery Satisfaction: A Study of Domestic Airline Customers in South West Nigeria*British Journal of Management and Marketing Studies*, 4 (3), 51 –61.

201. Oliver, R. L. (1980). A Cognitive Model of the Antecedents and Consequences of Satisfaction Decisions. *Journal of Marketing Research*, 17 (4), 460 –469. doi: 10. 2307/3150499.

202. Oliver, R. L. (1981). Measurement and Evaluation of Satisfaction Processes in Retail Settings. *Journal of Retailing*, 57 (3), 25 –48.

203. Oliver, R. L., and Bearden, W. O. (1985). Disconfirmation Processes and Consumer Evaluations in Product Usage. *Journal of Business Research*, 13 (3), 235 –246. doi: 10. 1016/0148 –2963 (85) 90029 –3.

204. Oliver, R. L., and Swan, J. E. (1989). Consumer perceptions of interpersonal equity and satisfaction in transactions: A field survey approach. *Journal of Marketing Research*, 53 (2), 21 –35.

205. Ozuem, W. , Patel, A. , Howell, K. E. , and Lancaster, G. (2017). An exploration of consumers' response to online service recovery initiatives. *International Journal of Market Research*, 59 (1), 97 – 115.

206. Park, C. W. , and Macinnis, D. J. (2006). What's in and what's out: Questions over the boundaries of the attitude construct. *Journal of Consumer Research*, 33 (1), 16 – 18.

207. Patton, M. Q. (2015). *Qualitative Research & Evaluation Methods: Integrating Theory and Practice* (4th Ed.). Thousand Oaks: CA: Sage Publications.

208. Piaralal, N. K. , Piaralal, S. K. , and Bhatti, M. A. (2014). Antecedent and Outcomes of Satisfaction with Service Recovery: A Study among Mobile Phone Users in Central Region of Malaysia. *Asian Social Science*, 10 (12), 210 – 221.

209. Podsakoff, P. M. , MacKenzie, S. B. , Lee, J. Y. , and Podsakoff, N. P. (2003). Common Method Biases in Behavioral Research: A Critical Review of the Literature and Recommended Remedies. *Journal of Applied Psychology*, 88 (8), 879 – 903.

210. Podsakoff, P. M. , and Organ, D. W. (1986). Self-reports in organizational research: Problems and prospects. *Journal of Management*, 12 (4), 531 – 544.

211. Rashid, M. H. A. , and Ahmad, F. S. (2014). The role of recovery satisfaction on the relationship between service recovery and brand evangelism: A conceptual framework. *International Journal of Innovation, Management and Technology*, 5 (5), 401 – 405.

212. Rashid, M. H. A. , Hasanordin, R. , and Ahmad, F. S. (2017). Are customers willing to act beyond positive word-of-mouth after service recovery? A PLS – SEM approach in the restaurant industry. *International Journal of Arts & Sciences*, 9 (4), 535 – 548.

213. Revilla – Camacho, M. A. , Vega – Vazquez, M. , and Cossio – Silva, F. J. (2015). Customer participation and citizenship behavior effects on turnover intention. *Journal of Business Research*, 68 (7), 1607 – 1611. doi: 10. 1016/j. jbusres. 2015. 02. 004.

214. Río – Lanza, A. B. d. , Vázquez – Casielles, R. , and Díaz – Martín,

A. M. (2009). Satisfaction with service recovery: Perceived justice and emotional responses. *Journal of Business Research*, 62 (8), 775 – 781.

215. Roehm, M. L. , and Brady, M. K. (2007). Consumer responses to performance failures by high-equity brands. *Journal of Consumer Research*, 34 (4), 537 – 545. doi: 10. 1086/520075.

216. Rosenbaum, M. S. , and Massiah, C. A. (2007). When customers receive support from other customers. *Journal of Service Research*, 9 (3), 257 – 270.

217. Rosenmayer, A. , McQuilken, L. , Robertson, N. , and Ogden, S. (2018). Omni-channel service failures and recoveries: Refined typologies using Facebook complaints. *Journal of Services Marketing*, 32 (3), 269 – 285.

218. Schaefers, T. , and Schamari, J. (2016). Service recovery via social media: The social influence effects of virtual presence. *Journal of Service Research*, 19 (2), 192 – 208.

219. Schneider, S. M. , and Castillo, J. C. (2015). Poverty attributions and the perceived justice of income inequality: A comparison of East and West Germany. *Social Psychology Quarterly*, 78 (3), 263 – 282.

220. Sengupta, A. S. , Balaji, M. S. , and Krishnan, B. C. (2015). How customers cope with service failure? A study of brand reputation and customer satisfaction. *Journal of Business Research*, 68 (3), 665 – 674. doi: 10. 1016/j. jbusres. 2014. 08. 005.

221. Sengupta, S. , Ray, D. , Trendel, O. , and Vaerenbergh, Y. V. (2018). The effects of apologies for service failures in the global online retail. *International Journal of Electronic Commerce*, 22 (3), 419 – 445.

222. Shamim, A. , Siddique, J. , Noor, U. , and Hassan, R. (2021). Co-creative service design for online businesses in post – COVID – 19. *Journal of Islamic Marketing* ahead-of-print (ahead-of-print) . doi: https://doi. org/ 10. 1108/JIMA – 08 – 2020 – 0257.

223. Shankar, V. , Smith, A. K. , and Rangaswamy, A. (2003). Customer satisfaction and loyalty in online and offline environments. *International Journal of Research in Marketing*, 20 (2), 153 – 175.

224. Sharifi, S. S. , and Aghazadeh, H. (2016). Discount reference moderates customers' reactions to discount frames after online service failure.

Journal of Business Research, 69 (10), 4074 – 4080.

225. Singh, J. , and Crisafulli, B. (2016). Managing online service recovery: Procedures, justice and customer satisfaction. *Journal of Service Theory and Practice*, 26 (6), 764 – 787.

226. Smith, A. K. , and Bolton, R. N. (2002). The effect of customers' emotional responses to service failures on their recovery effort evaluations and satisfaction judgments. *Journal of the Academy of Marketing Science*, 30 (1), 5 – 23. doi: 10. 1177/03079450094298.

227. Smith, A. K. , Bolton, R. N. , and Wagner, J. (1999). A model of customer satisfaction with service encounters involving failure and recovery. *Journal of Marketing Research*, 36 (3), 356 – 362.

228. Smith, C. A. , and Lazarus, R. S. (1993). Appraisal components, core relational themes, and the emotions. *Cognition & Emotion*, 7 (3 – 4), 233 – 269.

229. Sousa, R. , and Voss, C. A. (2009). The effects of service failures and recovery on customer loyalty in e-services: An empirical investigation. *International Journal of Operations & Production Management*, 29 (8), 834 – 864.

230. Sparks, B. A. , So, K. K. F. , and Bradley, G. L. (2016). Responding to negative online reviews: The effects of hotel responses on customer inferences of trust and concern. *Tourism Management*, 53 (2), 74 – 85.

231. Spreng, R. A. , Harrell, G. D. , and Mackoy, R. D. (1995). Service Recovery: Impact on Satisfaction and Intentions. *Journal of Services Marketing*, 9 (1), 15 – 23.

232. Sreejesh, S. , and Anusree, M. R. (2016). The impacts of customers' observed severity and agreement on hotel booking intentions: Moderating role of webcare and mediating role of trust in negative online reviews. *Tourism Review*, 71 (2), 77 – 89.

233. Sreejesh, S. , Anusree, M. R. , and Abhilash, P. (2019). Can online service recovery interventions benignly alter customers' negative review evaluations? Evidence from the hotel industry *Journal of Hospitality Marketing & Management*, 28 (6), 711 – 742.

234. Stevens, J. L. , Spaid, B. I. , Breazeale, M. , and Jones, C. L. E.

(2018). Timeliness, transparency, and trust: A framework for managing online customer complaints. *Business Horizons*, 61 (3), 375 – 384.

235. Stewart, M. M. , and Johnson, O. E. (2009). Leader – Member Exchange as a Moderator of the Relationship Between Work Group Diversity and Team Performance. *Group & Organization Management*, 34 (5), 507 – 535. doi: 10. 1177/1059601108331220.

236. Sugathan, P. , Rossmann, A. , and Ranjan, K. R. (2018). Toward a conceptualization of perceived complaint handling quality in social media and traditional service channels. *European Journal of Marketing*, 52 (5/6), 973 – 1006.

237. Sui, N. Y. M. , Zhang, T. J. F. , and Yau, C. Y. J. (2013). The Roles of Justice and Customer Satisfaction in Customer Retention: A Lesson from Service Recovery. *Journal of Business Ethics*, 114 (4), 675 – 686.

238. Susskind, A. , and Viccari, A. (2015). A look at the relationship between service failures, guest satisfaction, and repeat-patronage intentions of casual dining guests. *Cornell Hospitality Quarterly*, 52 (4), 438 – 444.

239. Swanson, S. R. , and Hsu, M. K. (2009). Critical incidents in tourism: failure, recovery, customer switching, and word-of-mouth behaviours. *Journal of Travel and Tourism Marketing*, 26 (2), 180 – 194.

240. Swanson, S. R. , and Hsu, M. K. (2011). The effect of recovery locus attributions and service failure severity on word-of mouth and repurchase behaviors in the hospitality industry. *Journal of Hospitality & Tourism Research*, 35 (4), 511 – 529.

241. Tan, C. – W. , Benbasat, I. , and Cenfetelli, R. T. (2016). An exploratory study of the formation and impact of electronic service failures. *Mis Quarterly*, 40 (1), 1 – 29.

242. Tax, S. S. , and Brown, S. W. (1998). Recovering and learning from service failure. *MIT Sloan Management Review*, 40 (1), 75.

243. Tax, S. S. , Stephen, W. B. , and Murali, C. (1998). Customer evaluations of service complaint experiences: Implications for relationship marketing. *Journal of Marketing*, 62 (2), 60 – 76.

244. Teclaw, R. , Price, M. C. , and Osatuke, K. (2012). Demographic question placement: Effect on item response rates and means of a vet-

erans health administration survey. *Journal of Business & Psychology*, 27 (3), 281 – 290.

245. Thomson, M., MacInnis, D. J., and Park, C. W. (2005). The ties that bind: Measuring the strength of consumers' emotional attachments to brands. *Journal of Consumer Psychology*, 15 (1), 77 – 91.

246. Torres, J. L. S., Rawal, M., and Bagherzadeh, R. (2020). Role of brand attachment in customers' evaluation of service failure. *Journal of Product & Brand Management*, 30 (3), 377 – 391.

247. Tsai, C. C., Yang, Y. K., and Cheng, Y. C. (2014). Does relationship matter? Customers' response to service failure. *Managing Service Quality*, 24 (2), 139 – 159.

248. Tsao, W. C. (2018). Star power: The effect of star rating on service recovery in the hotel industry. *International Journal of Contemporary Hospitality Management*, 30 (2), 1092 – 1111.

249. Tung, V. W. S., Chen, P. J., and Schuckert, M. (2017). Managing customer citizenship behaviour: The moderating roles of employee responsiveness and organizational reassurance. *Tourism Management*, 59, 23 – 35. doi: 10.1016/j.tourman.2016.07.010.

250. Vakeel, K. A., Sivakumar, K., Jayasimha, K. R., and Dey, S. (2018). Service failures after online flash sales: Role of deal proneness, attribution, and emotion. *Journal of Service Management*, 29 (2), 253 – 276.

251. Van Noort, G., and Willemsen, L. M. (2012). Online damage control: The effects of proactive versus reactive webcare interventions in consumer-generated and brand-generated platforms. *Journal of Interactive Marketing*, 26 (3), 131 – 140.

252. Van Vaerenbergh, Y., Orsingher, C., Vermeir, I., and Larivière, B. (2014). A meta-analysis of relationships linking service failure attributions to customer outcomes. *Journal of Service Research*, 17 (4), 381 – 398.

253. Vázquez – Casielles, R., Iglesias, V., and Varela – Neira, C. (2012). Service recovery, satisfaction and behaviour intentions: analysis of compensation and social comparison communication strategies. *The Service Industries Journal*, 32 (1), 83 – 103. doi: 10.1080/02642069.2010.511187.

254. Verleye, K. , Gemmel, P. , and Rangarajan, D. (2014). Managing engagement behaviors in a network of customers and stakeholders evidence from the nursing home sector. *Journal of Service Research*, 17 (1), 68 – 84.

255. Wang, C. y. , and Mattila, A. S. (2011). A cross-cultural comparison of perceived informational fairness with service failure explanations. *Journal of Services Marketing*, 25 (6), 429 – 439.

256. Wang, J. , and Wang, X. (2012). *Structural Equation Modeling: Applications Using Mplus*. West Sussex, UK: John Wiley & Sons.

257. Wang, S. , and Huff, L. C. (2007). Explaining buyers' responses to sellers' violation of trust. *European Journal of Marketing*, 41 (9/10), 1033 – 1052.

258. Wang, Y. S. , Wu, S. C. , Lin, H. H. , and Wang, Y. Y. (2011). The relationship of service failure severity, service recovery justice and perceived switching costs with customer loyalty in the context of e-tailing. *International Journal of Information Management*, 31 (4), 350 – 359. doi: 10. 1016/j. ijinfomgt. 2010. 09. 001.

259. Webster, C. , and Sundaram, D. S. (1998). Service consumption criticality in failure recovery. *Journal of Business Research*, 41 (2), 153 – 159. doi: 10. 1016/s0148 – 2963 (97) 00004 – 0.

260. Wei, J. (2021). The Impacts of Perceived Risk and Negative Emotions on the Service Recovery Effect for Online Travel Agencies: The Moderating Role of Corporate Reputation. *Frontiers in Psychology*, 12, 685351. doi: doi: 10. 3389/fpsyg. 2021. 685351.

261. Wei, J. , Hou, Z. , and Zhou, X. (2021). Research on the Influence of Emotional Intelligence and Emotional Labor on the Service Recovery Effect of Online Travel Agency. *Frontiers in Psychology*, 12, 735756. doi: doi: 10. 3389/fpsyg. 2021. 735756.

262. Wei, J. , and Lin, X. (2020). Research on the influence of compensation methods and customer sentiment on service recovery effect. *Total Quality Management & Business Excellence*. doi: DOI: 10. 1080/14783363. 2020. 1856650.

263. Wei, S. M. , Ang, T. , and Anaza, N. A. (2019). The power of information on customers' social withdrawal and citizenship behavior in a crowded service environment. *Journal of Service Management*, 30 (1), 23 – 47.

264. Weiner, B. (1979). A theory of motivation for some classroom experiences. *Journal of Educational Psychology*, 71 (1), 3 – 25.

265. Weiner, B. (2000). Attributional thoughts about consumer behavior. *Journal of Consumer Research*, 27 (3), 382 – 387.

266. Weitzl, W., and Hutzinger, C. (2017). The effects of marketer- and advocate-initiated online service recovery responses on silent bystanders. *Journal of Business Research*, 80 (11), 164 – 175.

267. Weitzl, W., Hutzinger, C., and Einwiller, S. (2018). An empirical study on how webcare mitigates complainants' failure attributions and negative word-of-mouth. *Computers in Human Behavior*, 89, 316 – 327.

268. Weitzl, W. J. (2019). Webcare's effect on constructive and vindictive complainants. *Journal of Product & Brand Management*, 28 (3), 330 – 347.

269. Weitzl, W. J., and Einwiller, S. A. (2020). Profiling (un –) committed online complainants: Their characteristics and post-webcare reactions. *Journal of Business Research*, 117, 740 – 753.

270. Weitzl, W. J., and Hutzinger, C. (2019). Rise and fall of complainants' desires: The role of pre-failure brand commitment and online service recovery satisfaction. *Computers in Human Behavior*, 97 (8), 116 – 129.

271. Wen, B., and Chi, C. G. q. (2013). Examine the cognitive and affective antecedents to service recovery satisfaction. *International Journal of Contemporary Hospitality Management*, 25 (3), 306 – 327.

272. Westbrook, R. A. (1987). Product – Consumption – Based Affective Responses and Postpurchase Processes. *Journal of Marketing Research*, 24 (3), 258 – 270. doi: 10. 2307/3151636.

273. Weun, S., Beatty, S. E., and Jones, M. A. (2004). The impact of service failure severity on service recovery evaluations and post-recovery relationships. *Journal of Service Marketing*, 18 (2), 133 – 146.

274. Whyte, W. (1954). The web of word-of-mouth. *Fortune*, 50 (5), 140 – 143.

275. Wind, J., and Rangaswamy, A. (2001). Customerization: The next revolution in mass customization. *Journal of interactive marketing*, 15 (1),

13 – 32.

276. Wirtz, J. , and Mattila, A. S. (2004). Consumer responses to compensation speed of recovery and apology after a service failure. *International Journal of Service Industry Management*, 15 (2), 150 – 166.

277. Wu, J. , Wang, F. , Liu, L. , and Shin, D. (2020a). Effect of Online Product Presentation on the Purchase Intention of Wearable Devices: The Role of Mental Imagery and Individualism – Collectivism. *Frontiers in Psychology*, 11 (56). doi: doi: 10. 3389/fpsyg. 2020. 00056.

278. Wu, X. , Du, S. , and Sun, Y. (2020b). E – tailing service recovery and customer satisfaction and loyalty: Does perceived distributive justice matter? *Social Behavior and Personality: an International Journal*, 48 (5), e9048.

279. Xie, L. S. , Poon, P. , and Zhang, W. X. (2017). Brand experience and customer citizenship behavior: The role of brand relationship quality. *Journal of Consumer Marketing*, 34 (3), 268 – 280. doi: 10. 1108/jcm – 02 – 2016 –1726.

280. Xu, X. a. , Wang, L. , Wang, L. , and Xue, K. (2020). Effects of online service failure on customers' intentions to complain online. *Social Behavior and Personality: An International Journal*, 48 (10), e9394.

281. Xu, Y. , Yap, S. F. C. , and Hyde, K. F. (2016). Who is talking, who is listening? Service recovery through online customer-to-customer interactions. *Marketing Intelligence & Planning*, 34 (3), 421 –443.

282. Yeoh, P. – L. , Woolford, S. W. , Eshghi, A. , and Butaney, G. (2015). Customer response to service recovery in online shopping. *Journal of Services Research*, 14 (2), 33 –56.

283. Yi, N. Y. (2011). The Effects of Service Failure Magnitude on Perceived Justice, Positive Emotion, and Revisit Intention in Restaurants – A Comparison of Korean and American Customer Perceptions. *The Korean Journal of Food and Nutrition*, 24 (3), 329 –339.

284. Yi, Y. , and Gong, T. (2008). The effects of customer justice perception and affect on customer citizenship behavior and customer dysfunctional behavior. *Industrial Marketing Management*, 37 (7), 767 – 783. doi: 10. 1016/j. indmarman. 2008. 01. 005.

285. Yi, Y. , Gong, T. , and Lee, H. (2013). The Impact of Other Customers on Customer Citizenship Behavior. *Psychology & Marketing*, 30 (4), 341 –356. doi: 10. 1002/mar. 20610.

286. Yi, Y. , and Kim, S. (2017). The role of other customers during self-service technology failure. *Service Business*, 11 (4), 695 –715.

287. Yim, C. K. B. , Gu, F. F. , Chan, K. W. , and Tse, D. K. (2003). Justice-based Service Recovery Expectations: Measurement and Antecedents. *Journal of Consumer Satisfaction, Dissatisfaction and Complaining Behavior*, 16, 36 –52.

288. Yoon, I. H. , and Jung, C. H. (2016). Effects of Service Recovery Justice on the Post-recovery Satisfaction and Loyalty: Focused on the Family Restaurant. *Asia-pacific Journal of Multimedia Services Convergent with Art, Humanities, and Sociology*, 6 (3), 423 –431.

289. Zboja, J. , and Voorhees, C. (2006). The impact of brand trust and satisfaction on retailer repurchase intentions. *Journal of Services Marketing*, 20 (6), 381 –390.

290. Zhang, M. , Dai, X. , and He, Z. (2015). An empirical investigation of service recovery in e-retailing: An operations management perspective. *Journal of Service Theory and Practice*, 25 (3), 348 –367.

291. Zhao, X. , Liu, Y. , Bi, H. , and Law, R. (2014). Influence of coupons on online travel reservation service recovery. *Journal of Hospitality and Tourism Management*, 21, 18 –26.

292. Zhu, T. , Liu, B. , Song, M. , and Wu, J. (2021). Effects of service recovery expectation and recovery justice on customer citizenship behavior in the e-retailing context. *Frontiers in Psychology*, 12, 658153.

293. Zhu, T. , and Park, S. K. (2022). Encouraging brand evangelism through failure attribution and recovery justice: The moderating role of emotional attachment. *Frontiers in Psychology*, 13, 877446.

294. Zhu, T. , Park, S. K. , and Liu, B. (2020). An empirical study of the role of failure severity in service recovery evaluation in the context of online retailing industry: Focus on the moderating effect of failure severity. *Revista Argentina de Clínica Psicológica*, 29 (3), 1170 –1184.

295. Zhu, X. , and Zolkiewski, J. (2015). Exploring service failure in a

business-to-business context. *Journal of Services Marketing*, 29 (5), 367 - 379.

296. Zhu, Z. , Nakata, C. , and Sivakumar, K. , & Grewal, D. (2013). Fix it or leave it? Customer recovery from self-service technology failures. *Journal of Retailing*, 89 (1), 15 - 29.